N° 4

ÉTUDES SOCIALES

L'HÉRÉDITÉ de l'ETAT

OU

LA RÉFORME DE L'IMPOT

Faire de l'existence humaine le premier objet de l'attention sociale;
Aimer, vénérer, respecter, servir l'existence humaine;
La protéger au-dessus de toutes choses dans l'individu, dans la famille et dans la société;
Telle est la mission de la politique.

GODIN.

VUE DU FAMILISTÈRE DE GUISE – PALAIS SOCIAL

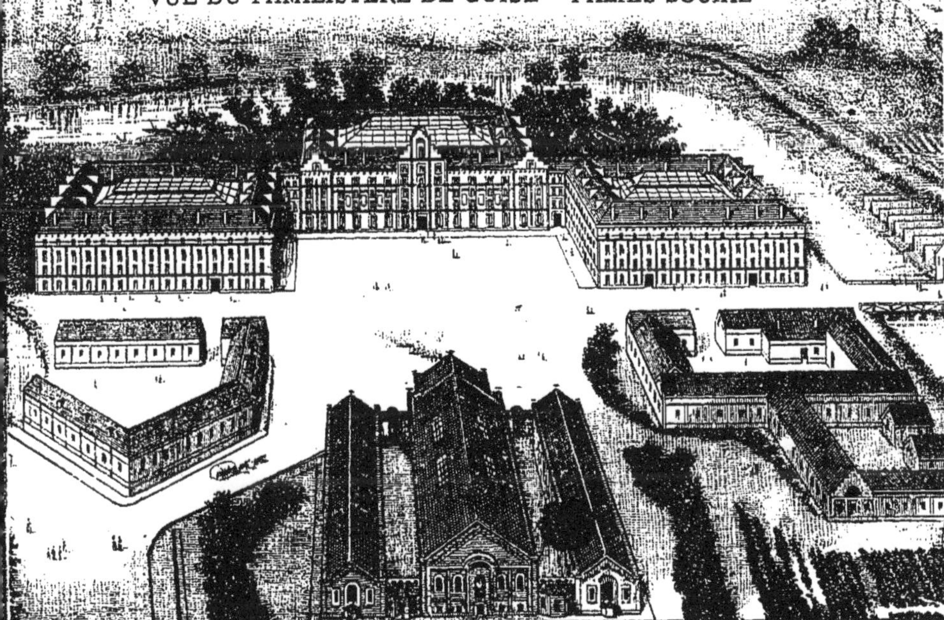

Prix 25 centimes

EN VENTE à la Librairie du Familistère à Guise (Aisne)

GUISE. — IMPRIMERIE BARÉ.

BROCHURES DE PROPAGANDE

ÉTUDES SOCIALES

N° 1. — Le Familistère. — *Brochure illustrée contenant cinq vues du Familistère et de ses dépendances, fait connaître les résultats obtenus au Familistère de Guise par l'ASSOCIATION DU CAPITAL ET DU TRAVAIL, association ouvrière au capital de 6,600,000 francs.*

PRIX : Un exemplaire 40 centimes. — 10 exemplaires 2 fr. 50

N° 2. — La Réforme électorale et la Révision constitutionnelle.

N° 3. — L'Arbitrage international et le Désarmement européen.

N° 4 L'Hérédité de l'État ou la Réforme de l'Impôt

PRIX : Un exemplaire 25 centimes. — 10 exemplaires 2 fr. — 100 exemplaires 15 fr.

PARAITRA PROCHAINEMENT

N° 5 La Mutualité Nationale

N° 6 La Réforme de l'habitation

Dans la **Mutualité nationale**, nous analyserons les institutions susceptibles de garantir le droit à la vie à chaque citoyen, nous ferons l'évaluation des charges probables de ces institutions, et nous démontrerons combien il serait facile de les doter suffisamment en y consacrant une partie des produits annuels de l'hérédité de l'État.

Dans la **Réforme de l'habitation** nous dirons quelles transformations doit subir l'habitation pour permettre l'application générale des connaissances architecturales de notre époque, pour faciliter les fréquentations de parenté et d'amitié, pour rendre possible l'organisation économique des services de coopération et d'association de Mutualité, d'éducation et de réjouissances publiques, et de tous les moyens de favoriser le bien-être général conformément aux données sociologiques qui prévaudront bientôt, sous peine de décomposition sociale.

Pour répondre aux demandes d'un grand nombre de nos lecteurs nous résumerons en quelques numéros exceptionnels les doctrines défendues par le *Devoir*.

Indépendamment des brochures annoncées, cette collection sera continuée et réservée à toutes les réformes sociales urgentes de manière à présenter les solutions vraiment pratiques qu'elles comportent.

L'administration du *Devoir*, s'imposant de grands sacrifices de temps et d'argent pour mener à bonne fin cette propagande, nous comptons sur le zèle et le dévouement de nos lecteurs pour nous seconder dans cette tâche. Cela leur est possible en faisant leurs efforts pour placer nos publications que nous leur adressons en échange du prix du papier et du tirage.

L'HÉRÉDITÉ de l'ETAT

OU

LA RÉFORME DE L'IMPOT

Faire de l'existence humaine le premier objet de l'attention sociale ;
Aimer, vénérer, respecter, servir l'existence humaine ;
La protéger au-dessus de toutes choses dans l'individu, dans la famille et dans la société :
Telle est la mission de la politique.

GODIN.

I. -- Les Préventions.

Cette étude devrait être lue par tous les hommes chargés de diriger les nations et par toutes les personnes inquiètes, pour l'avenir, de l'antagonisme qui va s'accentuant tous les jours entre le capital et le travail.

Elle devrait être méditée par tous les hommes comprenant l'importance du courant universel d'opinion qui s'empare des masses et attribue au droit de propriété perpétuelle et au défaut de justice distributive dans la répartition des richesses, tous les maux dont les classes laborieuses ont à souffrir.

Il est à prévoir, en effet, que si les esprits divulgateurs de ces vérités dans les multitudes sont la minorité, aujourd'hui, ils deviendront la majorité, demain ; et que, si l'on ne fait rien pour remédier aux abus signalés, l'avenir est gros de dangers.

Ce serait donc un acte de souveraine prudence d'étudier le remède que j'apporte et de s'en emparer, au moment où il fait tant besoin. Combien de convulsions cela pourrait éviter !

Mais nul doute que bien des gens ne se récrient à l'annonce d'un droit d'hérédité au profit de l'Etat et que nos Chambres, bien que l'idée ait déjà trouvé de l'écho chez elles, soient peu disposées à accueillir un moyen aussi certain de salut.

C'est le sort réservé à toute idée nouvelle : avant de l'examiner en elle-même, d'en étudier les conséquences et les bienfaits, on s'arrête généralement, par esprit de contradiction, à supposer toutes les difficultés, tous les embarras imaginables, avant de porter l'attention sur le fond du sujet.

La pétition que j'ai présentée au président de la Chambre et aux députés, le 24 février 1883, sur l'organisation de la Mutualité nationale par l'hérédité de l'Etat, m'a valu les objections les plus diverses pouvant se résumer ainsi :

1° Avec le droit d'hérédité de l'Etat, le droit de propriété ne sera-t-il pas sacrifié ?

2° Les liens d'affections familiales et autres ne seront-ils pas atteints dans un mode essentiel de satisfaction ?

3° L'hérédité de l'Etat sera-t-elle autre chose qu'une spoliation de la fortune des citoyens ?

4° Le travail ne perdra-t-il pas son principal stimulant ?

5° La liberté d'initiative individuelle ne sera-t-elle pas entravée ?

6° L'ordre public n'aura-t-il pas à souffrir des changements survenus dans le droit de propriété ?

7° L'action de l'Etat, déjà trop prépondérante, ne sera-t-elle pas exagérée encore par les conséquences du droit de l'hérédité nationale ?

8° L'Etat ne sera-t-il pas bientôt le propriétaire de toute la richesse du pays, le grand administrateur de la fortune publique, le directeur de l'industrie ?

9° Ne verra-t-on pas la France livrée au fonctionnarisme à outrance ?

10° Toute la richesse foncière ne se constituera-t-elle pas à l'état de biens de main-morte ?

11° Ne se soustraira-t-on pas au droit d'hérédité nationale par les testaments ?

Qu'on étudie sans prévention le présent opuscule et l'on trouve réponse à toutes ces objections :

1° Le droit de propriété est débarrassé de ses abus. L'hérédité ne faisant pas de l'Etat un propriétaire exploitant, celui-ci se contente du revenu ; il vend, il afferme ses biens à titre temporaire ou viager; la propriété devient plus accessible à tous les citoyens et le droit en est étendu et affermi, puisque l'Etat n'impose plus rien à la personne de son vivant.

2° Toute famille trouve, avec l'appui de l'hérédité de l'Etat, le bien-être au foyer, les joies et les affections tranquilles, sans perdre son droit de transmission des biens entre pères, mères et enfants.

La liberté de tester donne, en outre, satisfaction à tous les sentiments d'affection et de reconnaissance, à l'égard de ceux qui nous sont chers.

3° Le droit d'hérédité nationale, loin d'être une spoliation de la richesse, n'est que le prélèvement de la part due aux concours de la nature et de la société dans la création de toutes les fortunes.

C'est à la mort seulement, c'est-à-dire quand l'individu a cessé de jouir de ses biens qu'intervient l'Etat, pour une part ou pour la totalité de l'héritage suivant les cas.

Mais du vivant des personnes l'hérédité nationale respecte tellement le droit de propriété que les citoyens n'ont plus même à payer ni impôts ni prestations, et qu'ils jouissent de l'intégralité des fruits de leurs labeurs.

4° Le travail, au lieu d'avoir la faim pour stimulant, a en perspective le bien-être et le sentiment du devoir accompli par la création de choses utiles.

5° Par l'instauration du droit d'hérédité de l'Etat, l'initiative individuelle est dotée d'un champ d'action plus largement ouvert qu'il ne l'a jamais été.

6° L'ordre public est d'autant plus affermi que tous les citoyens sont déchargés des impôts et que l'Etat, pourvu de ressources suffisantes, n'est plus embarrassé pour donner aux masses laborieuses la sécurité du lendemain. L'organisation de la mutualité nationale ne présente plus de difficultés ; elle s'établit presque d'elle-même, sous l'influence de l'opinion publique.

L'hérédité de l'Etat n'est ni un moyen révolutionnaire, ni un moyen empirique ; c'est le procédé rationnel et équitable de conciliation des droits de la propriété et de ceux du travail.

7° L'action de l'Etat est simplifiée par la perception d'un revenu unique, s'ajoutant chaque année à ce que produit le droit d'hérédité nationale.

8° L'hérédité nationale ne fait pas de l'Etat le propriétaire exploitant de la richesse publique ; elle ne fait pas davantage de l'Etat l'administrateur de la richesse générale; on verra qu'elle tend à diminuer le nombre des agents de l'Etat.

L'Etat ne se fait héritier que dans la limite propre à assurer les garanties sociales et l'action régulière des services publics, laissant toujours aux citoyens l'exploitation des choses mêmes qui lui échoient.

9° La multiplicité des fonctionnaires exigée aujourd'hui par la multiplicité des impôts, est rendue à des occupations productives.

10° Quant à prétendre que ce régime constituerait des biens de main-morte, ce sont là des mots qu'on peut jeter en pâture à l'ignorance, mais qui ne sont pas dignes d'attention pour les hommes comprenant l'économie sociale ; toute communauté, toute association étant un composé d'individus, l'Etat intervient au décès des membres en vertu de la part propre à chacun d'eux dans l'association ou la communauté.

11° Quant aux subterfuges qu'on pourra employer pour soustraire les biens au droit d'hérédité nationale, nous établirons que, quoiqu'on fasse, on n'empêchera pas l'Etat de trouver chaque année environ deux milliards de parts d'héritage, indépendamment de la constitution du revenu national remplaçant tous les impôts.

* *

A notre époque, c'est par le jugement et la raison que nous devons nous conduire. Il ne suffit pas de faire de la libre-pensée en religion, il faut aussi faire de la libre-pensée dans les questions d'héritage et de législation.

N'acceptons comme bon que ce que notre raison proclame tel. Et surtout, mettons-nous en garde contre les habitudes qui tiennent la raison en tutelle au sujet des lois comme en tout le reste. Il est du plus grand intérêt social d'exercer le libre examen sur les maux qu'une législation surannée fait peser sur nous.

L'hérédité de l'Etat sera le point de départ de la conciliation des intérêts entre le capital et le travail, ce sera une œuvre d'apaisement et de justice ; c'est dans cette pensée que je soumets cette étude à l'attention du lecteur espérant dissiper, par les démonstrations qu'elle renferme, les préventions que je viens d'indiquer.

II. — Les Impôts et leurs Conséquenses

S'il est une question digne de l'attention de nos représentants c'est assurément celle de l'impôt.

C'est par l'impôt que les mauvais gouvernements ont toujours pressuré le peuple ; c'est par la réforme de l'impôt que le gouvernement de la République doit commencer l'amélioration du sort des masses laborieuses.

Les impôts indirects enlèvent, aujourd'hui, aux familles ouvrières, le quart ou le cinquième de leurs ressources. Au lieu de paralyser la consommation et la production, il faut faciliter leur essor ; il faut créer pour l'industrie des débouchés à l'intérieur, en affranchissant les classes laborieuses des impôts qui font obstacle à leur avènement au bien-être. Cela vaudrait mille fois mieux que les débouchés imaginaires de la politique coloniale.

L'impôt est un obstacle à la libre expansion de l'activité des citoyens ; il est préjudiciable au progrès, au développement de la richesse générale; il est surtout un obstacle à l'émancipation des classes laborieuses parce qu'il épuise les ressourses du travail au profit du capital.

Le mot *impôt* caractérise en lui-même les défauts et les vices des ressources actuelles de l'Etat.

Chose imposée est une atteinte à l'indépendance et à la liberté du citoyen. La perception des impôts actuels exige une armée de fonctionnaires improductifs portant atteinte à la liberté des autres citoyens.

Les citoyens actifs sont obligés de perdre leur temps et de dépenser leur argent à des formalités inutiles.

Les impôts indirects sont une cause de contraventions même souvent involontaires.

En faisant payer aux ouvriers des droits sur les denrées de consommation, on fait augmenter le prix de la main-d'œuvre. L'augmentation de la main-d'œuvre entraîne celle du prix des produits ; on tourne ainsi dans un cercle vicieux qui ruine l'industrie et l'agriculture.

L'ouvrier ne trouve qu'une amélioration passagère dans l'augmentation des salaires ; car les produits renchérissant, la situation reste la même ; mais, pour l'homme sans ouvrage et privé de salaire, la gêne est d'autant plus grande qu'il est obligé d'acheter plus cher ce dont il a besoin.

Autrefois, le manant et le serf taillables et corvéables à merci payaient tout l'impôt. Les détenteurs de la propriété et de la richesse en étaient exempts. Cette iniquité s'est amoindrie. La propriété et la richesse sont aujourd'hui soumises à la contribution ; mais la tradition et la puissance de l'habitude ont maintenu des inégalités choquantes. Les classes dirigeantes et riches ne paient encore qu'une faible partie des ressources nécessaires à l'Etat, tandis que les classes ouvrières et laborieuses paient la plus forte partie de l'impôt par toutes les taxes dont le travail et la consommation sont chargés.

En réalité, l'impôt indirect c'est la taille ancienne, changée de nom et prélevée par l'Etat sur le travailleur. Cet impôt est absolument contraire à l'esprit démocratique. C'est sur la richesse acquise que doit se prélever l'impôt, et non sur la subsistance et le travail des citoyens. C'est le superflu et non le nécessaire qui doit pourvoir aux dépenses publiques. Au contraire, les classes dirigeantes faisant la loi, ont fait que le pauvre, par toutes sortes d'impôts indirects, est atteint dans ses moyens d'existence.

Il est indispensable que la République efface cette iniquité. Mais elle doit le faire avec ordre et intelligence ; elle doit, en donnant satisfaction aux intérêts lésés des classes laborieuses, sauvegarder avec justice et mesure les intérêts de tous les citoyens ; tous doivent recevoir une égale protection.

L'iniquité qu'il s'agit d'effacer s'appuie sur les siècles passés ; elle a, par conséquent, la consécration du temps et semble avoir revêtu la forme d'un droit ; elle est dans les mœurs et les usages ; il y a plus : elle est à peine comprise comme iniquité.

Telle est la puissance des faits que si l'on voulait, sans prudence et sans art, établir brusquement les droits des citoyens dans leur juste équilibre, cela revêtirait le caractère d'une spoliation de la classe riche et apporterait un trouble si profond dans la société que les classes ouvrières, au lieu d'en bénéficier, seraient plongées dans les plus grandes douleurs de la misère. Il est donc de souveraine prudence de prévenir de tels maux par une sage réforme de l'impôt. Commençons, en conséquence, par analyser l'impôt et les conditions de sa réforme.

Les ressources de l'Etat se divisent en quatre branches principales :

Les impôts directs,

Les impôts indirects et les douanes,

Les produits des domaines et des services publics.

Les prestations et les subventions.

De là des combinaisons diverses afin de fixer, le plus approximativement possible, le revenu, la valeur ou le capital représentés par la propriété, l'immeuble ou la chose imposables.

L'impôt direct se subdivise en impôt foncier, en impôt des portes et fenêtres, des patentes et du mobilier.

Les centimes additionnels, s'appliquant à l'impôt même, peuvent-être considérés comme partie intégrante de celui-ci.

L'impôt foncier s'applique à la propriété ; il est sensiblement proportionné à la valeur, car des classes diverses déterminent approximativement cette valeur. L'impôt foncier est donc un impôt sur le capital ou sur la valeur.

L'impôt des portes et fenêtres s'applique aux maisons, à la chaumière et aux palais. Les maisons sont aussi divisées en catégories, et chaque maison est imposée pour le nombre de fenêtres qu'elle contient. Le nombre des portes et fenêtres est censé représenter l'importance et la valeur de l'immeuble. L'impôt sur les portes et fenêtres est donc aussi un impôt sur le capital ou sur la valeur.

Mais ces diverses manières d'apprécier la valeur et l'importance des immeubles est un procédé vieilli, suranné, donnant lieu à toutes sortes d'inégalités choquantes.

L'impôt des patentes à un caractère plus indéterminé encore. Dans certains cas, il s'appuie sur l'importance des instruments de travail ; dans beaucoup d'autres, il vise tout spécialement l'exercice de la profession même. A ce titre, l'impôt des patentes s'applique à l'activité et au travail des citoyens et non plus à la richesse possédée. Aussi cet impôt est-il sujet à beaucoup d'arbitraire et d'une application qui exige une attention soutenue de la part des employés de l'Etat ; car il leur faut exercer une inquisition constante sur chaque industrie et sur chaque établissement. L'impôt sur les patentes sera à remplacer aussitôt après les impôts indirects.

L'impôt personnel et mobilier n'a pas de base sérieuse ; il est livré à l'arbitraire des répartiteurs et des contrôleurs ; il s'établit par tâtonnements, par voie de comparaisons plus ou moins fondées ; et chacun, généralement, s'incline devant le chiffre qu'on a jugé bon de lui imputer. Que les choses soient faites le plus consciencieusement possible dans le plus grand nombre des cas, je ne veux pas le nier ; je fais seulement observer que l'on est peu garanti contre l'arbitraire, en face de cet impôt évalué selon l'appréciation de quelques personnes.

La prestation, cet impôt variable désigné encore par le peuple sous le nom de corvée, est surtout un impôt sur l'individu. Chacun doit ses jours de prestations, mais la plupart du temps le pauvre fait ses corvées au profit du propriétaire qui souvent n'en fait pas. Cet impôt s'appliquant aux personnes habitant la commune, il arrive que de grands propriétaires domiciliés hors de la commune et possédant une forte partie du territoire, ne sont point assignés à la prestation, puisqu'ils sont étrangers au village. Les paysans et les fermiers font les corvées, établissent de bons chemins, améliorent la circulation au profit de terres qui ne leur appartiennent pas.

La circulation devenue facile, la terre augmente de valeur et de loyer, au bénéfice du propriétaire absent qui n'a en rien contribué à l'amélioration des chemins. Mais, dans le cas même où ce propriétaire est domicilié dans la commune et donne sa prestation, il est à remarquer qu'il ne donne pas plus que le simple artisan. Ce sont les paysans et les fermiers qui font le travail à son profit; c'est l'ancienne corvée, commandée autrefois pour le seigneur, qui reparaît aujourd'hui au profit du propriétaire. Ces privilèges sur l'accroissement de la richesse sont à faire disparaître.

Les impôts indirects, voilà la grande plaie du peuple. C'est par cet artifice machiavélique que l'Etat soutire l'impôt, à tous les instants, centime à centime, du salaire de l'ouvrier, en prélevant, sur les choses nécessaires à la subsistance, les sommes qu'il n'oserait ni ne pourrait demander aux individus.

Si, par exemple, on proposait aujourd'hui d'abolir les impôts indirects et de prélever directement, sur le salaire de chaque ouvrier, employé ou fonctionnaire, seulement le quart de ce que chacun paie au moyen de ces mêmes impôts, cela provoquerait une résistance considérable, et serait envisagé comme une iniquité fiscale même par nos députés. L'ignorance publique est si profonde sur le mécanisme compliqué des impôts que la masse ne comprendrait pas qu'il en résulterait pour elle une économie des trois-quarts des impôts qu'elle paie.

L'impôt indirect est un raffinement des procédés des anciens régimes par lesquels on exigeait du peuple son travail et son bled. Aujourd'hui, on l'oblige à donner son salaire par les prélèvements faits sur les produits nécessaires à sa subsistance, produits grevés, par avance, de taxes exhorbitantes qui enlèvent aux masses laborieuses le quart de leurs ressources. Il faut être bien habitué au mal pour ne pas voir l'énormité de cette iniquité publique, pour ne pas comprendre que renchérir la subsistance du peuple est un crime contre la vie humaine.

A l'imitation de l'Etat, les communes ont établi des impôts indirects qui leur sont propres : ce sont les octrois. Inutile d'ajouter que ces impôts ne peuvent pas plus se justifier que les impôts indirects perçus par l'Etat. Les octrois ont, comme les impôts indirects, l'inconvénient de taxer les denrées et les objets de consommation sortant des mains du producteur. Ces taxes étant ajoutées à la valeur des choses nécessaires à la vie sont remboursées par les masses populaires et sont une cause du renchérissement des subsistances.

En résumé les impôts directs, tant qu'on maintiendra des impôts, sont les seuls justes à percevoir, parce qu'ils s'adressent à ceux qui possèdent, parce qu'ils sont la représentation d'un capital acquis, d'un capital de réserve.

Mais, pour abolir les impôts, il faut les remplacer par d'autres ressources; c'est ce que je veux faire. Je veux démontrer comment, par l'organisation du droit d'hérédité de l'Etat, on peut arriver à la réforme des impôts et à toutes les réformes indispensables aujourd'hui.

III. — Déni de Justice des Impôts à l'égard des classes laborieuses.

Nous établirons bientôt que la richesse publique de la France a une valeur de trois cent trente cinq milliards, et que son revenu est supérieur à dix milliards, pour trente sept millions de Français. Cela représente en richesse plus de neuf mille francs par tête, soit un capital de plus de trente six mille francs, et un revenu de onze cents francs par famille de quatre personnes.

Conçoit-on qu'en présence de tant de richesse il y ait, en France, 20 millions de prolétaires ne possédant rien, n'ayant que leur travail pour vivre et aucune garantie lorsque le travail leur fait défaut ? Et n'est-ce pas un triste déni de justice que devant une telle situation la plus forte partie des impôts soit encore mise à la charge des classes laborieuses ?

Cette immense richesse de trois cent trente cinq milliards verse à l'Etat, en contribution annuelle, seulement la somme de 435,448,000 fr., lorsque le travail et les travailleurs paient, de leur côté, environ 1,500,000,000 en impôts indirects et douanes. Mais, négligeons de faire intervenir les droits de douanes qui, pourtant, grèvent la consommation générale au profit du monopole financier et industriel, et examinons les faits en ce qui concerne les impôts indirects.

Les impôts indirects perçus en 1883 se sont élevés à la somme de 1,095,440,000 fr. (Bulletin de statistique, février 1884).

Divisée par la population de la France cette somme représente, par personne, environ . . . . 30 fr. 00

L'octroi des villes est un autre impôt indirect appliqué aux principaux objets de consommation.

A Paris, cet impôt s'élève à la somme totale de 143,245,000 fr., ce qui représente, par personne ou par tête, environ fr. . . . . 70 fr. 00

Total d'impôt par personne . . . . . . 100 fr. 00

et par famille de quatre personnes. . . . . 400 fr. 00

Évaluons à 2.000 francs le salaire annuel de l'ouvrier et de l'employé, ce sera 20 0/0 qu'ils auront payé de leurs salaires mêmes à l'impôt; mais quels que soient les chômages et la détresse des familles, il faut que celles-ci acquittent cet impôt sur ce qu'elles consomment; le fisc a perçu par avance, il n'y a pas de remise possible. Connaissant l'impôt prélevé sur le salaire, revenu du travail, cherchons quel est l'impôt prélevé sur le revenu du capital.

La statistique du ministère des finances (voir tableau page 60) démontre que la valeur de la propriété immobilière étant en

France de	170.665.169.920
son revenu est de	4.930.189.320
payant en impôts	221.482.000

D'où il suit que le propriétaire paie 4f,50 centimes 0/0 francs sur le revenu de la propriété.

Nous venons de constater que la fiscalité prélève 20 0/0 d'impôts à Paris sur le salaire, seul revenu du travail ; nous constatons maintenant que le fisc ne prélève que 4f 50 0/0 sur le revenu du capital de la propriété.

Ainsi, la famille de l'ouvrier doit abandonner au fisc 400 fr. d'impots sur 2.000 fr. de salaire gagnés par des efforts incessants, lorsque le capitaliste ne paye que 90 fr. sur la même somme de revenus obtenus sans peine ni travail ! En d'autres termes, quand le travailleur est obligé de payer 400 fr. d'impôts sur deux mille francs tirés de son travail, le propriétaire jouit de dix mille francs de revenu et, par conséquent, de trois à quatre cent mille francs de fortune avant de payer la même somme, et quelle que soit sa richesse, il ne paye pas plus d'impôts indirects que le pauvre, car tout ce que le pauvre consomme est le plus frappé par l'impôt.

Nos appréciations sont au-dessous de la vérité, nous avons négligé les impôts des douanes, lesquel sauraient augmenté d'un tiers environ les chiffres des impôts indirects. L'énormité des abus en matière d'impôts est telle qu'il est prudent de ne pas la montrer tout entière afin ne n'être pas taxé d'exagération.

Voilà pourtant ce que défend la prétendue science de l'économie politique, et ce que doit réformer la science de l'économie sociale.

Mais quand les yeux s'ouvriront-ils à la lumière ? Quand la cataracte de l'égoïsme pourra-t-elle se dissiper ?

IV. --- L'équilibre du Budget.

Un puissant argument en faveur de l'urgence de l'application du droit d'Hérédité de l'État, c'est le besoin d'équilibre dans les budgets de la nation, des départements et des communes. Les moyens de recette deviennent insuffisants et les dépenses tendent à s'accroître considérablement.

Cela tient aux progrès nécessaires qu'engendre la civilisation ; et aux abus de l'organisation sociale actuelle.

Le plus considérable de ces abus est certainement le pied de guerre sur lequel se maintiennent les nations européennes. Dans le numéro 2 des Études Sociales : *L'Arbitrage international et le désarmement européen*, il est établi que les dépenses provenant de ce fait dépassent annuellement une somme de deux milliards.

Par cela seul, on voit que rien ne serait plus propre à alléger immédiatement le sort des peuples que l'entente des nations pour organiser la paix.

En attendant, il faut satisfaire aux exigences des dépenses. Nos gouvernants n'ont d'autres ressources que les emprunts, accumulant ainsi de nouvelles charges budgétaires ; car, si l'emprunt procure momentanément des ressources, il entraine aussi de nouvelles charges ; c'est ainsi que vont à la ruine les débiteurs obérés, et c'est dans cette voie que nous emportent des gouvernants inhabiles dont la devise semble être : Faisons les affaires, après nous le déluge !

Dès qu'on entrera dans l'application de l'Hérédité de l'État, il deviendra possible à nos gouvernants d'équilibrer les budgets. Quelque minime que soit cette application, on conçoit qu'elle donnera des ressources réelles, puisque j'établis dans le chapitre VII: «Bases d'application de l'hérédité nationale» que les produits directs de l'Hérédité de l'État peuvent donner annuellement 2,442,216,134 francs.

On comprend qu'avec de pareilles ressources il n'est pas indispensable d'entrer bien avant dans la pratique de ce système financier pour mettre fin aux emprunts, même pour opérer le remboursement de la dette.

V. -- Dette publique. Dangers des emprunts.

La dette publique en France atteint, aujourd'hui, plus du quart de la valeur du territoire national : une telle situation mérite une attention particulière. Il faut songer que cela représente environ vingt-six milliards et que cette lourde hypothèque nous mène droit à la banqueroute, si les pouvoirs publics ne prennent bientôt des mesures propres à conjurer ce danger.

C'est en face de telles charges que surgit, en outre, le besoin impérieux d'opérer les réformes sociales indispensables aux classes ouvrières et de leur accorder les garanties nécessaires à l'existence.

Aux grands maux les grands remèdes. Ou bien il faut tirer de la richesse générale de quoi payer la dette publique et entrer dans la voie des améliorations sociales nécessaires, ou bien il faut se résigner à la banqueroute.

Le parti le plus intelligent et le plus honnête serait d'aviser au moyen de payer ses dettes, en créant un nouveau système de ressources publiques ; mais je doute que la classe riche soit assez intelligente et assez sage pour y consentir.

Il y a pourtant là matière à réflexion. La France doit 26 milliards. A qui ? A elle-même, du moins pour la plus grande partie.

Quel avantage y a-t-il à entretenir une dette dont on se paye soi-même les intérêts ? C'est en apparence une chose inutile et l'on peut se demander par quelle singularité les citoyens d'un Etat en sont arrivés à prêter à l'Etat lui-même pour toutes choses qui tournent à leur profit. Il serait beaucoup plus simple que la richesse contribuât directement aux charges publiques suivant l'importance des besoins.

Les hommes d'Etat, les hommes de finances, les classes riches enfin ne l'entendent pas ainsi. Si chacun contribuait aux charges publiques, proportionnellement à sa fortune, les classes ouvrières et laborieuses ne contribueraient pas ou presque pas. De grands travaux publics seraient à entreprendre, la classe riche en ferait les fonds. On entreprendrait la guerre, la classe riche en payerait les frais.

Les classes dirigeantes et riches arrangent les choses d'une autre façon : on veut accomplir des travaux publics, recours à l'emprunt; on veut faire la guerre, recours à l'emprunt.

Et pourquoi ? Parce que les emprunts se font à des taux usuraires dont la classe dirigeante et riche profite ; c'est elle qui se livre à la curée des emprunts.

L'emprunt fait, à qui paye-t-on les intérêts ?

A ceux qui ont prêté usurairement 80 fr. à l'Etat pour un titre de 100 fr., comme cela a eu lieu en 1871.

Qui ensuite paye les intérêts ? Ce ne sont pas bien entendu les prêteurs ; ceux qui payent les intérêts ce sont les pauvres diables, ce sont les ouvriers.

Voilà ceux qui paient toutes les rançons, celles de guerre et autres, et toujours pour le plus grand profit de la richesse.

Telles sont les combinaisons de la science et de l'économie politique moderne ; telles sont les œuvres monstrueuses des classes dirigeantes ; attendons-nous à ce qu'elles nous conduisent aux catastrophes si une main habile ne sait bientôt nous faire sortir de cette voie de malheur, en établissant le droit d'hérédité de l'Etat, dont une partie des produits pourra être destinée au remboursement de la dette.

VI -- Principe du droit d'Hérédité de l'Etat

Découvrir les lois de la justice distributive parmi les hommes est chose nécessaire pour mettre fin aux abus. Pour cela il est nécessaire d'analyser les éléments de la production et de les bien distinguer les uns des autres, afin de pouvoir reconnaitre ce qui est le droit de tous et ce qui est le droit de chacun dans la répartition de la richesse.

Quelques économistes ont entrevu qu'à côté de ce qui est attribuable à l'individu dans la production, il y a des résultats dus à une autre action ; mais ils ne s'y sont arrêtés que pour considérer le fait existant qu'ils ont appelé les utilités gratuites, et ils ont accepté ce fait, sans rechercher si cette prétendue gratuité n'était pas chèrement payée par le peuple, et si elle ne renfermait pas quelque grande iniquité sociale.

Quant à moi, je veux établir que toute force, toute activité a une valeur propre, et qu'il est conforme à la loi morale et à la justice distributive d'assigner, à chaque chose, son droit et sa destination naturels.

Arrêtons-nous un instant aux éléments qui entrent dans toute œuvre, dans tout travail; nous y voyons :

1° D'abord, la partie matérielle fournie par la terre, par les matériaux que celle-ci renferme et par le sol; ensuite, les forces naturelles qui nous aident à extraire, à travailler toutes ces choses ; enfin, l'action de la nature elle-même qui verse sans cesse la puissance vivifiante, laquelle fait naitre, croitre et vivre tout ce qui nous est utile et nécessaire : voilà la base de toute production, le premier élément qui entre dans la création de toute chose consommable. Rien ne se fait sans qu'on emprunte à la terre et à la nature, ce domaine commun à tous les hommes, l'élément essentiel de toute production ; aussi est-ce le point de départ du droit social de l'Etat à une part dans la richesse accumulée par les citoyens, droit subsistant, malgré toutes les lois civiles contraires, parce que les abus ne peuvent jamais constituer le droit légitime, parce que jamais les hommes ne peuvent accepter d'être définitivement dépouillés de ce que la nature a fait pour eux tous.

2° Après l'intervention de la nature vient celle de la société qui, elle aussi, livre à la production un contingent de ressources considérables nous aidant et nous servant dans tout ce que nous faisons ; c'est le travail de l'humanité passée dont l'Etat est dépositaire dans l'intérêt de tous et qu'il met au service de ceux qui peuvent en jouir. Cela comprend les chemins, routes, canaux, voies ferrées, ports, édifices et services publics, enfin toutes les ressources que la société met au service de ceux qui peuvent en user.

En outre, la société fait annuellement la dépense de plusieurs milliards fournis par le peuple, dépenses aidant à la fortune de ceux que la chance favorise. L'Etat est donc, sous différentes formes, un second élément de la production et, à ce titre, il représente un second droit social à une part dans toutes les fortunes, au profit de la société et du peuple puissants facteurs de toutes les grandes fortunes.

Voilà les utilités que l'économie politique a jusqu'ici considérées comme gratuites, parce que des privilégiés se sont emparés de leurs avantages au détriment de la masse des autres citoyens. Mais si, au lieu de baser le droit sur un fait établi, on examine ce qui devrait être fait au nom de la saine morale et de la justice distributive, on est vite convaincu que les individus qui ont fait fortune sous la protection de l'Etat sont redevables envers la nation des sacrifices que celle-ci a faits en leur faveur.

Etant de principe que chacun doit jouir des fruits de son travail, que tout concours et toute activité utiles ont droit aux richesses à la production desquelles ils contribuent, il est contraire à la morale et à la justice que quelques-uns accaparent les utilités sociales, pour ne laisser aux autres que la charge de l'entretien de ces mêmes utilités ; il est inique que l'Etat abandonne gratuitement à ceux qui en profitent la part due à son action et à l'action de la nature dans la création de la richesse et fasse payer les frais de cette double action aux travailleurs qui n'en profitent guère.

L'action et les services de l'Etat donnent lieu à des dépenses que ceux qui en profitent doivent payer. L'Etat doit donc prélever sur la richesse acquise les dépenses qu'il fait en vue de la prospérité publique, plus une part des bénéfices produits proportionnée à ses services : voilà ce que réclame la science de l'économie sociale qui se donne pour mission d'établir la valeur des forces dans la société et de déterminer comment ces forces peuvent recevoir leur juste récompense.

Au lieu de cela, la répartition de la richesse fourmille d'erreurs et d'abus que l'économie politique a pris sous sa protection ; les impôts sont du nombre.

Pour éclairer le sujet, il est important de déterminer tout d'abord comment l'Etat, représentant la société, est un des premiers agents de la production ou de la création de la richesse ; comment, à ce titre, il a des droits légitimes à une part de la richesse générale, et comment il peut prélever cette part, sans recourir aux procédés vexatoires de l'impôt.

Nous venons de voir que le premier et le plus important des agents de la production c'est la nature, c'est la terre qui donne à la société non-seulement le théâtre de l'activité sociale, mais aussi les forces vivantes et agissantes que tous les hommes sont appelés à employer, à utiliser, enfin à faire servir aux besoins de la société entière.

Le second agent de la production c'est l'Etat lui-même dépositaire du sol et du travail accumulé des générations, offrant à tous les citoyens et surtout à ceux qui possèdent les moyens d'action, la possibilité d'arriver à la fortune, en dépensant ses ressources et ses forces à leur profit.

Les garanties données à la propriété, les moyens de production résultant du travail et des découvertes des générations précédentes, les facilités tirées des services publics, toutes choses dont l'Etat est le seul représentant, sont assurément les facteurs les plus puissants des grandes fortunes.

Je pose donc en principe que la terre et les ressources de la nature en même temps que celles du domaine public constituent en faveur de l'Etat un droit sur la richesse publique, suffisant pour donner à tout être humain les garanties indispensables à la vie, et que la société, sous peine de forfaiture, doit prélever sur la richesse acquise, au profit de tous les citoyens, de quoi assurer ces garanties.

Oui, à côté de la nature, dont l'action incessante s'exerce en vue du genre humain, il y a la société ou la nation qui, elle aussi, possède une somme de moyens productifs devant être le partage de tous les citoyens et aux bénéfices desquels tous les citoyens ont droit.

L'Etat est par lui-même un agent considérable de production ; il est le premier auxiliaire de toute entreprise. L'Etat est l'agent social résultant du travail de nos pères.

Les chemins, les routes, les canaux, les voies ferrées, les ports, les halles, les marchés, les entrepôts, les édifices publics, les écoles, les bibliothèques et tous les services publics constituent des moyens d'action indispensables à l'activité sociale, et qui servent de base à la production nationale.

Il est évident que si, de nos jours, l'activité individuelle était privée des immenses ressources de l'Etat, elle se trouverait presque réduite à l'impuissance et verrait alors pour quelle part considérable le capital social vient en aide à l'agriculture, à l'industrie, au commerce ; elle pourrait, ainsi, mesurer ce qui revient à la société dans la création de la richesse.

Avant toute action individuelle il y a donc deux grandes puissances qui concourent à la création de la richesse, non en vue de classes, de castes ni de familles, mais en vue du bien commun de tous les citoyens :

1° La terre et ses ressources naturelles donnant à la société ses premiers éléments d'existence et d'action, lui donnant le sol et sa puissance de fructification, en même temps que tous les matériaux dont l'homme se sert pour s'élever au bien-être ;

2° L'Etat qui ajoute aux éléments naturels de production les instruments sociaux de travail : routes, canaux, chemins de fer, postes, télégraphes, institutions sans nombre venant en aide aux particuliers et multipliant à l'infini l'efficacité de leurs efforts, en dépensant les deniers publics pour leur venir en aide.

Il est donc de toute justice que l'Etat représentant l'ensemble des citoyens retire le double bénéfice de son action et de l'action de la nature au profit du peuple entier.

Car, pour l'homme en société, les droits naturels se convertissent en droits sociaux; c'est pourquoi les ressources naturelles et les ressources sociales forment un ensemble dont l'Etat doit disposer et qu'il doit utiliser pour donner à tous les citoyens les garanties de l'existence.

Tels sont les principes sur lesquels repose le premier des droits de l'homme en société : le droit à la vie et à la subsistance ; principes en vertu desquels l'Etat est mis en demeure d'établir la Mutualité nationale qui, garantissant le droit à la vie, extirpera de nos sociétés le paupérisme et la misère.

Les classes dirigeantes, en accaparant la part de richesse due au concours de la nature et de la société, en faisant tourner à leur seul avantage les dépenses de l'Etat, ont commis le déni de justice le plus grave à l'égard du peuple en lui faisant supporter la plus forte partie de l'impôt qui sert à les enrichir.

Cet accaparement est entrevu et sévèrement apprécié d'un nombre toujours grandissant d'individus parmi les déshérités ; il est dénié avec autant d'ardeur par ceux qui en profitent ; c'est ce qui constitue le plus grave des dangers de la société moderne. Il importe donc de bien établir le principe et la limite du droit social de l'Etat sur la richesse générale, afin de faire cesser au plus vite l'antagonisme entre les classes laborieuses et les classes privilégiées. L'accord s'établira le jour où l'Etat entrera en possession des biens qui doivent constituer, au profit de tous les malheureux, le droit à l'existence et donner aux travailleurs la sécurité du lendemain.

Cela leur est dû au nom de la terre, fonds commun naturel dont la nation est dépositaire, au nom du travail des générations passées, que l'Etat met à la disposition de ceux qui peuvent en profiter, et au nom des dépenses sociales annuelles faites en vue de la prospérité publique.

Si la bourgeoisie est assez sage pour comprendre les avantages de mesures prises à propos, elle saura mettre un terme aux revendications sociales, mais il est à craindre qu'elle se laisse aller de plus en plus à l'accaparement de la richesse en repoussant systématiquement tout moyen de pacification sociale; alors, tant pis, les événements s'accompliront et le présent travail servira à l'organisation de la société nouvelle. Il est inéluctable que l'on arrive à reconnaître un jour que la société a pour devoir de prélever sur la richesse acquise la réserve nécessaire aux garanties sociales, la réserve de l'humanité.

VII.- Application de l'Hérédité nationale

Lorsque les hommes feront abstraction de leurs sentiments égoïstes, ils reconnaîtront que l'intervention de la nature et de l'Etat est pour plus de moitié dans la création de la richesse, particulièrement dans celle des grandes fortunes; ils admettront facilement qu'à ce titre l'Etat a droit, au moins, à 50 0/0 dans le partage de ces fortunes, au moment où la mort vient en dessaisir leurs possesseurs, et que dans le cas où, de son vivant, le propriétaire sans héritier direct n'a pris aucune disposition testamentaire, il n'est pas de plus légitime héritier que l'Etat lui-même puisqu'il hérite ainsi au nom et au bénéfice de la société tout entière.

Ceux qui trouveront excessive cette évaluation moyenne de 50 0/0 de la valeur des concours donnés par l'Etat dans la création des fortunes n'ont qu'à se rendre compte du faible degré d'aisance auquel peut arriver l'homme le plus fort, le mieux doué, le plus intelligent lorsqu'il n'a d'autres moyens de production et d'échange que son action individuelle ; assurément, il n'arrivera jamais à la fortune.

Quel que soit le degré de parenté qui arrive à l'héritage, même le degré direct entre père, mère et enfants, les bénéficiaires sont toujours en présence de ce fait que la nature et l'Etat ont été parties intervenantes pour aider leurs ancêtres dans toutes leurs entreprises et dans tous leurs travaux. A ce titre, il est donc légitime que l'Etat retrouve au moment de la transmission de la propriété l'équivalence de ses dépenses et de ce qu'il a concouru à produire, et cela en progression de l'étendue des fortunes.

En raison de la large place qu'occupent les affections de famille et de la communauté d'efforts entre pères, mères et enfants, il est naturel de maintenir dans une juste mesure l'hérédité en ligne directe, tout en faisant à l'Etat la restitution qui lui est due. Mais ce droit d'héritage ne doit pas atteindre le pécule des parents pauvres; il doit prendre peu sur les petites fortunes, davantage sur les fortunes moyennes, et la moitié au moins des grandes fortunes, de manière à établir une échelle graduée comme serait la suivante :

Au-dessous de deux mille francs de capital, un pour cent	1 0/0
De deux mille à cinq mille francs , . . .	3 0/0
De cinq mille à dix mille francs	5 0/0
De dix mille à vingt mille francs	7 0/0
De vingt mille à cinquante mille francs . . .	10 0/0
De cinquante mille à cent mille francs . . .	15 0/0
De cent mille à cinq cent mille francs. . .	20 0/0
De cinq cent mille francs à un million. . .	30 0/0
D'un million à cinq millions de francs . . .	40 0/0
Au-dessus de cinq millions de francs. . . .	50 0/0

Ces droits d'hérédité en ligne directe seraient, pour tous les citoyens, le moyen d'acquitter la dette sociale.

Ils doivent paiement de cette dette : Comme restitution de ce qu'ils ont détenu du domaine national, que la puissance créatrice a fait pour tous les hommes ; comme payement des services et des dépenses de l'Etat qu'ils ont employés à la création de leur fortune ; comme reconnaissance en faveur des travailleurs pour le concours que ceux-ci apportent sans cesse à faire fructifier la richesse aux mains des classes fortunées ; comme indemnité due au travail pour les longues exactions exercées sur lui par l'impôt indirect, au grand avantage de la richesse.

Quant à ceux qui n'ont pas d'héritiers directs, dès que le droit de tester est laissé au citoyen, celui qui se connaît des amis, peut les désigner comme héritiers d'une partie ou de la totalité de ses biens, sauf le droit social de l'Etat.

En vertu de quel principe, dans le cas où le citoyen ne prend aucune disposition testamentaire concernant l'usage à faire de ses biens après sa mort, voyons-nous aujourd'hui la loi disposer de ces biens autrement que pour en faire tourner l'usage au profit des travailleurs qui, pris en général, sont les édificateurs de toutes les fortunes ?

La solution du paupérisme est là. Il y a des pauvres, il y a des personnes condamnées à la misère parce que la richesse ne fait jamais retour à la société, parce que la richesse se perpétue et s'accroît au bénéfice de familles privilégiées, et au détriment des travailleurs auteurs de toute richesse.

Si la société rentrait, au contraire, à la mort des personnes dans la somme de biens dus à son concours et à celui de la nature, elle pourrait entourer le citoyen, dès la naissance, de toutes les garanties nécessaires à la vie humaine, à tous égards.

Dès qu'il en sera ainsi, le meilleur usage à faire de la fortune sera de la laisser à la société, moyen le plus sûr de la faire servir au bien général.

La tradition de l'héritage se conçoit des pères et mères aux enfants; c'est pourquoi le droit d'hérédité peut être maintenu dans une juste mesure en ligne directe, sans qu'il y ait testament; mais en ligne collatérale il n'en est plus ainsi.

Les collatéraux sont presque généralement étrangers à la création de la fortune de ceux dont ils héritent ; chacun d'eux travaille de son côté à se créer une petite fortune indépendante, quelque fois les uns au détriment des autres ; tandis que l'Etat met sans cesse les ressources dont il dispose au service de chacun : envers l'Etat, l'hérédité est une restitution; à l'égard des collatéraux, elle est un don gratuit.

Même entre frères, chacun travaille pour soi ; deux frères sont souvent plus étrangers à la création de leur fortune respective que le plus simple des ouvriers employés par eux.

S'il est vrai que dans bien des cas le droit d'héritage entre frère et sœur ne se justifie ni par le lien d'affection ni par les services rendus, à plus forte raison en est-il ainsi entre oncle et neveu, tante et nièce, cousin et cousine. On ne peut même concevoir comment la loi a pu pousser le droit d'hérédité jusqu'au douzième degré, si ce n'est par esprit d'imitation, de généalogie nobiliaire. Le droit d'hérédité et de succession poussé à l'extrême scus la Révolution française a eu son moment d'utilité pour démolir la féodalité nobiliaire ; aujourd'hui, il est contraire au progrès et au droit naturel des citoyens.

Le droit d'hérédité de l'Etat, nous l'avons démontré, n'est qu'un retour des biens à leur source primitive. En s'étendant à la part disponible et à tous les biens tombant en ligne collatérale, cette réforme dans nos lois sur les successions et l'héritage ne toucherait à aucun droit positif, puisque la volonté du décédé aurait pu dépouiller l'héritier de ses espérances.

Pour déterminer équitablement le taux de l'hérédité de l'Etat suivant les différents cas, il faut tenir compte que les services de la nature et ceux de l'Etat ont concouru dans une bien plus forte proportion à l'édification des fortunes princières qu'à la création du pécule du travailleur. Ce dernier doit pour la plus forte part son avoir à ses labeurs et à ses sueurs, tandis que les grandes fortunes se sont pour la plupart élevées au détriment de la richesse publique, soit par les extorsions au moyen desquelles les peuples vainqueurs se sont autrefois emparés des biens des peuples vaincus, soit par les libéralités du prince enrichissant quelques favoris au préjudice des populations, soit par les convoitises, l'âpreté et la ruse des puissances sacerdotales.

C'est ainsi que la grande propriété s'est constituée dans les siècles passés ; en France, la Révolution en a brisé le faisceau ; mais elle existe encore en Irlande, en Angleterre, en Allemagne, en Russie et dans presque tous les Etats d'Europe.

De nos jours, les spoliations de la fortune nationale ne s'effectuent plus à main armée ; elles n'ont plus le caractère du brigandage ; mais combien d'exactions et de monopoles donnent lieu à de grandes fortunes, à l'édification desquelles ni le travail, ni les œuvres de ceux qui les acquièrent n'ont donné lieu. Combien de grandes fortunes naissent de la complaisance des pouvoirs publics ; combien de grandes richesses s'accumulent par l'art savamment combiné des *krachs*, des majorations de capitaux, des monopoles, pour soutirer au travail du peuple ses réels bénéfices.

Quelle plus grande difficulté et quelle plus grande injustice y aurait-il pour nos députés à établir sur les successions de nouveaux droits en faveur de l'Etat, qu'à opérer la conversion de la rente ? Dans ce cas, on touche aux intérêts existants, à des droits que des rentiers avaient achetés ; l'hérédité de l'Etat ne toucherait qu'à des intérêts futurs, non acquis, incertains, et cela au profit des masses laborieuses.

Déjà, l'Etat s'attribue une certaine part dans toutes les successions, part bien timide, il est vrai, mais qui n'en est pas moins une première reconnaissance du droit de l'Etat sur la propriété.

Les tableaux suivants contiennent, à côté des droits d'enregistrement actuellement perçus et des droits hypothétiques d'hérédité nationale appliqués aux valeurs successorales et donations entre vifs de l'année 1882, les revenus qu'aurait donnés dans les mêmes circonstances l'hérédité nationale.

J'ai adopté dans ce tableau un chiffre moyen de 25 0/0, pour l'hérédité en ligne directe. Dans les héritages entre époux et dans les successions testamentaires, le droit de l'Etat serait uniformément de 50 0/0 ; dans tous les autres cas, la totalité des successions reviendrait à l'Etat.

Les tableaux suivants établis d'après les valeurs successorales et donations entre vifs de l'année 1882 fournis par le Bulletin de statistique du ministère des finances, *livraison de mai 1884, pages 544 à 553, indiquent quelles ressourses annuelles l'Etat retirerait de l'hérédité instituée d'après les taux precédents.*

Tableau des mutations par décès, année 1882. — Produit de l'Hérédité de l'Etat

MUTATIONS par décès	DROIT ACTUEL	Taux du droit d'hérédité de l'Etat	MUTATIONS de Meubles	MUTATIONS d'Immeubles	Droit d'hérédité de l'Etat sur les Meubles	Droit d'hérédité de l'Etat sur les Immeubles	Total de l'hérédité de l'Etat
En ligne directe, droit progressif d'hérédité représentant une moyenne de	% 1f,25	% 25f	1,495,300,244f	1,856,570,257f	373,825,061f	464,142,564f	837,967,625f
Entre époux	3f,75	50	249,904,201	255,828,462	124,952,100	127,914,231	252,866,331
Entre frères, oncles, tantes, neveux et nièces. . . .	8f,125	100	384,422,225	381,976,572	384,422,225	381,976,572	766,398,797
Entre grand'oncles, grand'-tantes, petits-neveux, petites nièces, cousins germains.	8f,75	100	61,063,802	49,460,119	61,063,802	49,460,119	110,523,921
Entre parents au delà du quatrième degré jusqu'au 12e.	10f,00	100	56,186,847	47,516,236	56,186,847	47,516,236	103,703,083
Par testament entre personnes non parentes	11f 25	50	121,206,194	67,470,557	60,603,097	33,735,278	94,338,375
TOTAUX. . . .			2,368,083,513	2,658,822,203	1,061,053,132	1,104,745,000	2,165,798,132

Tableau des Donations entre vifs, année 1882.

Produit de l'hérédité de l'Etat

DONATIONS entre-vifs	DROIT ACTUEL	Taux du droit d'hérédité de l'Etat	DONATIONS de Meubles	DONATIONS d'Immeubles	Droit annuel d'hérédité de l'Etat sur les Meubles	Droit annuel d'hérédité de l'Etat sur les Immeubles	TOTAL de l'Hérédité de l'Etat
En ligne directe. . . .	0/0 1f25	0/0 25f	576,868,522f	410,272,455f	144,217,130f	102,568,114f	246,785,244f
Entre époux	1f87 à 3f62	50	3,132,600	1,672,792	1,566,300	836,396	2,402,696
Entre frères, oncles, tantes neveux et nièces . . .	9f12	50	9,384,796	20,014,683	4,692,398	10,007,342	14,699,740
Entre grand'oncles, grand'tantes, petits-neveux et nièces et cousins germ.	8f75	50	1,562,222	3,935,848	781,111	1,967,924	2,749,035
Entre parents du 4e au 12e degré	6f87 à 10f » »	50	1,147,111	938,020	573,555	469,010	1,042,565
Entre personnes non parentes	7f50 à 11f25	50	8,034,183	9,443,263	4,017,091	4,721,631	8,738,722
Donations entre-vifs. . .			600,129,435	446,277,062	155,847,585	120,570,417	276,418,002
Mutations par décès. . .			2,368,083,513	2,658,822,203	1,061,053,132	1,104,745,000	2,165,798,132
TOTAUX			2,968,212,948	3,105,099,265	1,216,900,717	1,225,315,417	2,442,216,134

L'exercice du droit d'hérédité de l'Etat eût donc donné en 1882 :

En biens meubles. . . . 1.216.900.717 fr.
En biens immeubles. . . 1.225.315.417

Soit un total de. . . 2.442 216.134

Outre un revenu perpétuel sur les biens déjà tombés en succession, revenu dont nous aurons à examiner l'importance.

Passons à l'examen de quelques objections. On a prétendu qu'en respectant le droit de tester on risquait de faire disparaître la majorité des ressources attendues du droit d'hérédité nationale ; c'est une erreur. Dès qu'au nom des principes et des règles précédemment posées on respecte les droits de l'Etat, les testaments ne peuvent rien enlever sinon en ligne collatérale, et la part dont peuvent disposer les testateurs ne peut être que de la moitié de l'héritage ; de sorte que les valeurs successorales tombant en succession annuellement en ligne collatérale étant de francs. . . . 980.625.801 »

La moitié serait de francs. 490.312.900,50

Le pis aller serait donc de réduire à deux milliards environ la part d'héritage revenant annuellement à l'État, part suffisante pour ne pas prétendre que l'hérédité de l'Etat serait rendue sans effet par l'opposition des testateurs.

Parler ainsi, c'est oublier qu'il n'est pas moins facile aux citoyens de frauder aujourd'hui sur les mille impots dont le fisc opère le recouvrement et que ce recouvrement a lieu quand même.

Pourquoi nos députés et nos sénateurs ne seraient-ils pas en état de faire de bonnes lois pour recueillir les ressources de l'Etat, lorsque ces ressources n'auraient qu'une base unique, lorsqu'il n'y aurait plus de taxes ni d'impôts à prélever du vivant des citoyens, lorsque la consommation et la production seraient affranchies de toutes charges et qu'il n'y aurait plus qu'à prélever sur les biens, au décès des personnes, un droit d'héritage tenant lieu des impôts que chacun paye aujourd'hui de son vivant, impôts dont les pauvres versent la plus forte partie par les mille combinaisons machiavéliques inventées sous l'influence malfaisante des traditions du passé.

Il serait certainement facile à nos législateurs, avec l'unité des ressources dérivant du droit de l'Etat dans les successions, de prendre les mesures nécessaires pour assurer le parfait recouvrement des revenus publics.

Que les financiers disent: L'hérédité de l'Etat ne vous donnera pas tout ce que vous en attendez, car on dissimulera les grandes fortunes.

Ah ! la belle difficulté que feront là les archi-millionnaires ! Nous répondons : Dissimulez, messieurs, l'Etat se contentera de la richesse que vous ne dissimulerez pas, en attendant que l'expérience soit acquise et le droit bien assis. Mais soyons certain que l'efficacité de votre recette ne vous paraîtra pas tellement sure que vous ne fassiez tout vos efforts pour empêcher d'ériger en loi le droit d'hérédité de l'Etat.

Prétendre que l'hérédité de l'Etat donnerait lieu à la constitution des biens de main-morte est une objection tout aussi mal fondée que celle tirée des dissimulations par voie testamentaire.

Les biens de main-morte sont ceux qui, aujourd'hui, au moyen de certains artifices usités surtout par les communautés religieuses se perpétuent dans la même situation sans subir aucune mutation. Rien au monde n'est donc plus éloigné de constituer la fortune publique à l'état de main-morte que le droit d'hérédité de l'Etat, puisqu'au nom de ce droit l'Etat lui-même hérite dans les couvents, dans les communautés religieuses comme partout, au moment du décès des personnes.

L'Etat enfin fait rentrer les biens de main-morte sous l'empire du droit commun, nulle corporation, nulle association, nulle communauté ne pouvant se substituer au droit de la société entière sur la richesse immobilière, ni se soustraire au droit d'hérédité de l'Etat.

VIII. -- Richesse générale de la France

Pour se rendre compte de ce que pourront être les ressources de l'Etat, lorsque le revenu des biens immobiliers sera nationalisé par l'exercice du droit d'hérédité, il est indispensable de connaître l'importance de la richesse nationale.

Jusqu'ici la statistique n'a donné à ce sujet que des approximations difficilement vérifiables ; je vais asseoir celle-ci sur des bases nouvelles, officielles, plus exactes et plus certaines, ayant surtout le mérite de donner des éléments de contrôle et de vérification.

Les évaluations dressées en vertu de la loi du 9 août 1879 et publiées dans le *Bulletin de statistique du ministère des finances* (livraisons de février, mars, juin et juillet 1883) établissent que la valeur vénale de la propriété non bâtie de la France est de . . . 91.583.966.075 fr.
(bulletin de mars, pages 308 à 311.)
produisant un revenu total de . . . 2.645.505.565
(bulletin de juillet, pages 49 et 58.)
soit 2 fr. 89 0/0 de revenu (bulletin de février, page 131.)

Cette même statistique (livraison de juillet 1883, page 36) confirme qu'un franc d'impôt correspond au revenu net imposable de 22 fr. 26 et à la valeur en propriété foncière non bâtie de 770 fr. 56 ; d'où il suit qu'en multipliant le principal de l'impôt foncier inscrit au budget par 22 fr. 26, on obtient le revenu général de la propriété foncière non bâtie de la France ; et que si l'on multiplie la même somme d'impôts par 770 fr. 56, on obtient la valeur de cette même propriété, résultats présentés ci-dessus.

Si nous avions une statistique analogue pour toutes les autres parties de la richesse nationale : propriétés bâties, maisons, richesse industrielle, commerciale et mobiliaire, valeurs françaises et étrangères, nous aurions la statistique générale de la France, mais cela n'existe pas encore ; les valeurs mobiliaires fournissent seules un élément d'appréciation.

A défaut de ces données, il est raisonnable d'admettre que les impôts directs sont assez pondérés pour être considérés comme atteignant, dans des proportions à peu près égales, les diverses branches de la richesse des citoyens, et qu'en leur appliquant les mêmes calculs, on approcherait plus de la vérité qu'on ne l'a jamais fait. Nous aurons, du reste, la preuve évidente de la vérité de mes déductions dans la comparaison des valeurs successorales mobiliaires et immobiliaires ; leur rapport annuel étant très approximativement dans la proportion que j'établis.

Donc, si comme cela a été fait pour la propriété non bâtie, nous prenons comme multiplicande la somme de chacun des impôts directs et comme multiplicateur l'un ou l'autre des chiffres suivants : soit 22 fr. 26 si nous voulons déterminer le revenu des biens compris dans les quatre contributions directes, soit 770 fr. 56 si nous cherchons l'importance de la richesse correspondant à ces différents impôts, il est vraisemblable que nous aurons une approximation très fondée de la fortune qu'ils représentent en revenu et en capital, et que nous serons plutôt au-dessous qu'au-dessus de la réalité.

Quant à la fortune mobiliaire en valeurs françaises et étrangères, elle peut se déterminer par l'impôt même. Cet impôt étant de 3 fr. par 100 fr. de revenu, 1 fr. d'impôt correspond à 33 fr. 33 de revenu ; de sorte que si l'on multiplie le produit total des impôts sur les valeurs françaises et étrangères, par 33 fr. 33, on a le revenu général de ces valeurs ; et que si l'on multiplie ce même impôt par le facteur 770 fr 56 appliqué à la propriété foncière, on a le capital de ces mêmes valeurs Ce capital sera, il est vrai, au-dessous de la réalité ; mais cette approximation suffit à nos calculs qui, par ce motif même, ne pourront être taxés d'exagération.

Ce sont ces calculs que je résume dans le tableau suivant, d'après le budget des recettes de 1884. (Voir pour les documents le *Bulletin de statistique du ministère des finances*, livraison de décembre 1883, page 620, et livraison de mai 1884, pages 544 à 569).

Revenus et richesses de la France

EXTRAIT DU BUDGET DES RECETTES pour 1884	Contributions directes en principal pour l'année 1884	Evaluation du revenu national calculé sur la base de 1f d'impôt pr 22f 26 de revenu	Evaluation de la richesse nationale calculée sur la base de 1f d'impôt pr 770f56 de propriété ou de capital.
Contributions foncières { Propiétés non bâties . . .	118 620 000	2 640 481 200	91 403 827 200
Contributions foncières { Propriétés bâties	57 700 000	1 284 402 000	44 461 312 000
Contributions des portes et fenêtres, maisons	45 162 000	1 005 306 120	34 800 030 720
Totaux des contributions, revenu et capital de la richesse immobilière	*221 482 000*	*4 930 189 320*	*170 665 169 920*
Impôt des patentes.	98 618 000	2 195 236 680	75 991 086 080
Impôt personnel et mobilier	65 403 000	1 455 870 780	50 396 935 680
	Impôt de 3 % sur le revenu	Calculé sur la base de 1f d'impôt pr 33f33 de revenu	Même base que ci-dessus
Valeurs mobiliaires françaises et étrangères	49 945 000	1 664 830 000	38 485 619 200
Totaux des impôts, revenu et richesse industrielle et mobiliaire.	*213 966 000*	*5 315 937 460*	*164 873 640 960*
Totaux généraux.	435 448 000	10 246 126 780	335 538 810 880

Les évaluations précédentes ne comprennent pas : le domaine de l'Etat, les palais et édifices nationaux, les ports, canaux, routes et chemins de fer de l'Etat, les forteresses, le matériel de guerre, les flottes et les armements.

Mais elles représentent le total de la richesse possédée individuellement, en d'autres termes, le total de la richesse transmissible des citoyens.

Pour les personnes portées à douter de l'exactitude de ces évaluations, j'ajoute :

Les données de l'enregistrement nous offrent une preuve évidente de l'exactitude de nos calculs par le rapport existant entre les valeurs successorales mobilières et immobilières, rapport qui, évidemment, est celui de la richesse générale, puisque tous les biens mobiliers et immobiliers tombent en succession et sont passibles des droits d'enregistrement.

La livraison de mai 1884 du *Bulletin de statistique* nous donne (pages 552 et 553) le détail des successions taxées en 1877, 1878, 1879, 1880, 1881 et 1882 par nature de valeurs.

Si, pour ces années, on divise la somme des biens meubles tombés en succession, par celle des biens immeubles, on trouve 90,09 0[0 comme rapport numérique moyen pour les six années, rapport qui, du reste, varie très-peu d'une année à l'autre.

Ce rapport nous fournit un moyen de contrôle pour vérifier le degré d'exactitude de la précédente évaluation.

Le total de la fortune immobilière étant de. . . . . 170.665.169.920 fr.

Le rapport entre la fortune immobilière et mobilière étant de 90,09 0[0 pour la seconde, nous aurons en fortune mobilière 153.752.250.828

Total de la richesse. . . . 324.417.420.748 fr.

Dans le précédent tableau nous avons trouvé 335.000.000 000 environ; avec la dernière méthode nous trouvons dix milliards en moins, ce qui n'est pas une différence importante, étant donné les sommes considérables de la richesse publique. Nous sommes donc pleinement autorisés à conclure que la France possède actuellement, en richesses diverses, une valeur de 324 à 335 milliards produisant un revenu annuel supérieur à 10 milliards.

IX.--Nationalisation du revenu et constitution des ressources budgétaires

La réforme de nos lois sur l'héritage et le droit de l'Etat reconnu à une part des biens dans les successions conduisent à deux conséquences sociales d'une importance capitale :

En premier lieu, l'Etat entre en possession, annuellement, de ressources considérables s'élevant :

En biens meubles à . . . . . 1.216.900.717 fr.

En biens immeubles à. 1.225.315.417

Ces ressources rendent possibles toutes les réformes nécessaires.

La seconde de ces conséquences consiste à remplacer les impôts abusifs par un revenu annuel remplaçant à la fois les fermages et les impôts actuels, revenu se tenant toujours au niveau des besoins du développement de la richesse nationale.

L'établissement du revenu national est solidaire du droit d'hérédité, mais ce sera sans doute la partie de cette étude la dernière comprise. Pourtant, il n'est pas plus difficile de concevoir le percepteur actuel des contributions recevant les revenus d'une ferme ou d'une propriété quelconque que percevant l'impôt. Le droit au revenu se conçoit aussi bien que le droit de l'Etat à l'entrée en possession de ces biens.

La simplication est même très grande pour le fisc ; car il n'a plus à consulter ni les classes, ni les catégories du cadastre ; c'est le fermage par adjudication publique en suivant la valeur vénale établie qui sert à sa perception. Il en est de même pour les immeubles maisons : plus de portes et fenêtres à compter, plus de valeur locative à établir ; il y a loyer à recevoir et tout est dit.

Si, au contraire, l'Etat vend ses propriétés, il entre en possession de la valeur avec laquelle il rembourse la dette nationale, et il devient lui-même le rentier de la valeur en sa possession.

Mais l'obstacle que rencontrera l'établissement du revenu se trouve dans le contraste que cette mesure présente avec nos mœurs et nos coutumes et, surtout, dans la difficulté à concevoir le loyer uniforme pour le propriétaire comme pour le fermier. Les préjugés qui s'attachent au mode actuel du droit de propriété permettront difficilement d'examiner avec impartialité le fondement légitime de cette obligation qui place les acquéreurs des biens de l'Etat sur le même rang que les fermiers, en ce qui a trait au revenu.

Pourtant,je ne demande en ceci qu'un privilège bien simple au profit de l'Etat, privilège qui est dans nos lois au profit des individus, et qui se pratique sur une grande échelle en Angleterre et dans d'autres pays,mais au profit des seigneurs.

Je demande qu'une fois rentré aux mains de l'Etat le fonds immobilier soit inaliénable ; mais je demande en même temps que l'Etat puisse vendre ou concéder pour un temps déterminé, par baux ou concessions emphytéotiques, le droit d'user et d'abuser des biens, sauf pour le détenteur à rendre ces biens à l'expiration de la concession. C'est donc seulement ce droit que le nouveau propriétaire achète à l'Etat, le fonds ne pouvant être aliéné à perpétuité.

En ce moment, l'Etat écrasé de dette n'éprouvera aucun embarras pour placer les sommes, les valeurs et le prix même des propriétés qu'il recevra en héritage ; mais lorsque la dette sera remboursée, l'Etat n'aura plus besoin de sommes disponibles pour autre chose que les travaux et services publics. Alors,force lui sera de conserver les biens-fonds qui lui écherront et de les louer ; mais, comme il devra vendre lorsque les amateurs se présenteront, on peut entrevoir qu'alors l'Etat sera embarrassé de ses recettes.

Mais *ne comprend-on pas combien* il lui sera facile de supprimer la misère, d'aider à faire disparaitre de nos campagnes et de nos villes, les huttes et taudis, les chaumes délabrés, les maisons et les rues insalubres, et d'introduire à leur place la réforme architecturale rétablissant à neuf la commune sur un plan propre à donner le bien-être et les agréments de la vie, en même temps qu'à permettre de constituer l'exploitation agricole productive et débarrassée des vieux errements anti-économiques, cause de la menace de ruine qui pèse sur nous.

Admettons qu'à titre de ressources extraordinaires, l'Etat retienne :

Sur les valeurs mobilières ci-dessus. .	216.900.717 fr.
Sur les valeurs immobilières . . .	225.315.417
Total. . . .	442.216.134 fr.

L'Etat aurait donc disponible, chaque année, une somme de quatre cent quarante-deux millions environ qu'il pourrait employer pour ses besoins extraordinaires et le dégrèvement des impôts.

En outre, le milliard des valeurs mobilières au taux actuel d'environ 4 0/0 de la rente permettrait chaque année un rachat de rente de.	40.000.000 fr.
Le milliard compris en immeubles donnerait lieu à un loyer ou fermage pouvant être évalué, quant à present, à 2 0/0. Ce serait un revenu annuel de.	20.000.000
Au total.	60.000.000 fr.

Soixante millions de revenu qui, chaque annnée, s'accumuleraient et donneraient à l'Etat: en 10 ans, six cents millions de ressources nouvelles; en 20 ans, un milliard deux cents millions, en même temps que la dette nationale serait remboursée. L'Etat pourrait encore, s'il le jugeait utile, étendre la mesure du revenu à tous les biens tombant en succession, ce qui augmenterait considérablement son revenu.

Quel que soit le mode de transition et d'emploi adopté par le législateur au sujet des ressources de l'hérédité de l'Etat, et de la nationalisation du revenu, il est dès maintenant à constater que, lorsque le revenu sera établi sur les 170 milliards de richesse immobilière que possède aujourd'hui la France, en admettant que le revenu soit seulement de 1 0/0, cela donnerait un revenu total de	1.700.000.000 fr.
Admettons que les biens fonciers passant aux mains de l'Etat diminuent de valeur dans la proportion de la diminution du revenu réduit à 1 0/0, le 1,000,000,000 d'héritage en biens fonciers ne produirait qu'environ . . .	400,000,000
A Reporter. . . .	2,100,000,000 fr.

Report. . . .	2,100,000,000 fr.
Quant aux valeurs mobilières elles augmenteront certainement dans des proportions considérables ; néanmoins admettons-les pour le chiffre qu'elles présentent aujourd'hui, soit	1,216,900,417
Supposons encore les revenus des services publics à peu près ce qu'ils sont aujourd'hui, soit environ. . . .	320.000.000
	3,636,900,417 fr.
Ce budget serait libéré des rentes et amortissement payés aujourd'hui. .	1.270.000.000
Ce qui équivaudrait actuellement à un budget de	4.906.900.417

On voit donc que par l'application du droit d'hérédité, la France pourrait se créer un budget de trois, quatre milliards et plus, sans porter aucune perturbation dans les affaires, sans déranger la marche d'aucune entreprise.

Le budget de l'Etat serait ce que le ferait le législateur, sans toucher ni à la propriété ni aux revenus des vivants ; il dépendrait de la part que le vote des Chambres assignerait à l'Etat dans les biens des personnes décédées et, cela, en vertu des principes précédemment établis du droit de l'Etat dans les fortunes acquises.

Mais, je le répète, le droit d'hédédité de l'Etat peut être mis en pratique dans des proportions aussi faibles qu'on le jugera à propos ; il peut servir à équilibrer le budget, à augmenter les ressources de l'Etat, des départements et des communes, à remplacer tous les impôts et les emprunts devenus endémiques. Au lieu de retirer du droit d'hérédité plus de deux milliards, les Chambres pourraient se contenter de retirer 100, 200, 300, 400, 500 millions, en appliquant le droit d'hérédité de l'Etat dans une mesure et des proportions qui passeraient presque inaperçues des citoyens.

Supposons qu'au lieu des quotités de droits fixés dans le tableau du chapitre VII et qui donnent à l'Etat .	2.442.216.435 fr.
on réduise ces droits de moitié, ce serait pour l'Etat	1.221.108.067
Les réduirait-on des trois quarts, cela donnerait encore.	610.554.033

Qui donc oserait contester le droit de l'Etat dans des proportions aussi faibles et si peu en rapport avec celles des forces mises par la société au service des heureux de ce monde, surtout lorsque la conséquence immédiate serait d'éviter des emprunts avec intérêts à la charge du peuple.

L'hérédité de l'Etat et la constitution du revenu national auraient, en outre, le mérite de résoudre victorieusement la question de la propriété qui agite si profondément les esprits en Europe

Devant l'antagonisme social grandissant, dont les nombreuses enquêtes constatent la marche ascendante, il est donc opportun d'examiner comment le droit d'hérédité de l'État et la constitution du revenu national résoudraient ces difficultés, sans tomber dans l'iniquité de l'expropriation gratuite, préconisée avec beaucoup d'éloquence en Angleterre et aux Etats-Unis, par Monsieur Henry Georges, ou de l'expropriation violente demandée par certains partis ouvriers et les anarchistes de tous pays.

L'hérédité de l'Etat et la nationalisation du revenu ne tombent dans aucun de ces excès ; elles maintiennent même et affermissent le principe et le droit de propriété individuelle, en l'établissant sur une base juste qui sert les intérêts du peuple et de tous les travailleurs sans desservir les propriétaires.

L'entrée en possession de l'Etat par voie d'hérédité, justifiée par l'étendue des services qu'il rend à la richesse, est diamétralement l'opposé de l'expropriation plus ou moins violente et forcée. L'hérédité ouvre une voie régulière au droit de l'Etat ; l'autre n'en est que l'expédient révolutionnaire.

X. — La rente payée à l'Etat et la rente payée au propriétaire

Faisons ressortir en quoi la rente payée à l'Etat par les nouveaux propriétaires, et les fermages payés par les locataires de l'Etat différeraient de l'impôt et des fermages actuels.

En vertu des principes que j'ai posés, l'Etat, par droit de succession, devient, chaque année, le propriétaire d'une partie des biens de la nation ; il a la faculté de vendre et d'affermer à titre temporaire ou viager ces biens aux conditions les plus avantageuses pour la nation même. Il profite de cette situation pour supprimer l'impôt sur ces biens et y instituer une rente qui, désormais, est le seul fermage, la seule contribution, que le citoyen ait à payer à l'Etat, au département et à la commune, soit à titre de fermier, soit à titre de propriétaire.

De cette façon, la propriété se dégrève peu à peu des loyers exorbitants qu'elle impose actuellement au fermier et au locataire ; le travail devient plus lucratif et le travailleur se relève de son abaissement. La rente et le loyer ne soutirent plus la plus belle partie des ressources créées par le travail ; les ouvriers citoyens, déchargés, d'un côté, des impôts indirects, de l'autre, des fermages et loyers écrasants, travaillent pour leur propre bien-être. Le travailleur s'appartient ; il est sa propre fortune, il est indépendant, car son travail est de beaucoup plus que suffisant pour l'entretien de sa famille.

Sous le régime actuel de la propriété l'Etat n'ayant aucun droit d'intervention, les rentiers s'interposent entre le travail et la terre, entre le locataire et l'habitation, entre l'ouvrier et l'usine, de sorte que le labeur tourne au profit du propriétaire, de l'usinier, du fabricant, du patron.

On voit par là de quelle importance économique serait la constitution de la rente en faveur de l'Etat au lieu de la rente payée au propriétaire ; mais exagérant toute idée nouvelle, on montre l'hérédité faisant de l'Etat le monopolisateur de tous les biens, quand il ne faudrait voir dans le droit d'hérédité que le principe régulateur de la juste répartition de la richesse, la constitution du revenu national toujours suffisant, le moyen équitable de créer les ressources publiques capables de donner aux masses les garanties de l'existence.

Ne serait-ce pas une ère de justice de voir chacun se faire sa place suivant ses œuvres, l'activité utile remplacer le parasitisme égoïste, la fraternité générale trouver place dans nos sociétés, en donnant aux faibles, aux impuissants, aux infirmes une part du superflu, tandis que maintenant les ressources créées par le travail sont prises par l'impôt et accaparées par les oisifs de la richesse, les spéculateurs et les intermédiaires inutiles.

Il ne faut supprimer ni la propriété ni les propriétaires ; il faut, au contraire, les multiplier ; mais ce qu'il faut aussi, c'est que, par le droit d'hérédité nationale, l'Etat puisse faire que la terre et tous les immeubles ne soient plus assujettis à payer tout à la fois l'impôt et le fermage.

Tant qu'il y aura des hommes spéculant sur le revenu de la propriété, c'est-à-dire faisant la fonction de propriétaires intermédiaires, disposant perpétuellement par eux-mêmes et leurs familles de la terre et des immeubles, il y aura exploitation de l'homme par l'homme, mais on conçoit que cela puisse être évité si l'Etat institue le loyer à son profit sur tous les biens tombés en succession. Alors, le revenu ne sera plus perçu au profit de quelques-uns, mais au profit des masses. Par cette réforme toute pacifique qui se réaliserait au jour le jour et n'apporterait aucune perturbation dans la marche des affaires, on éviterait l'écueil de revendications violentes qui ne pourront avoir d'effet que dans le sang et la spoliation.

En économie sociale, les problèmes se vérifient par les mathématiques; le raisonnement et le calcul en viennent à bout. Voyons quels effets produirait l'hérédité de l'Etat supprimant l'impôt et le fermage pour les réduire à une rente due à l'Etat.

Prenons pour exemple un petit cultivateur. Il tient en location dix hectares de terre et prairies d'une valeur de 30.000 fr.
plus une maison d'habitation valant 5.000
Total. . . . 35.000 fr.
dont il a à servir le revenu.

Il paie en impôts :

Cote personnelle et mobilière	16f 10
Contribution sur voiture à 2 roues et 2 chevaux.	7 80
Prestations pour un homme.	6 »
» » deux chevaux.	19 40
» » voiture à deux roues. . . .	3 75
Impôts indirects pour 4 personnes à 29 fr. par tête.	116 »
Total des impôts. . . .	169 05

Il paie en fermages calculés à – fr. 89 0|0 du revenu du capital terre (*Bulletin de statistique*, livraison de février 1883, page 131) :

Pour ses dix hectares à 86 fr. 70 l'hectare.	867 »
Pour sa maison à 4 0|0 de la valeur . . .	200 »
Total des impôts et fermages. .	1.236 05

C'est donc mille deux cent trente-six francs cinq centimes que le fermier doit faire produire à sa petite exploitation avant d'en rien retirer pour lui-même.

Etant admis que sous le régime du revenu nationalisé, l'Etat ne percevra plus que 1 0|0 environ de fermage, notre fermier aura à payer :

Pour ses dix hectares. . . .	300 fr.	400 00
Pour sa maison à 2 0|0	100	

Le fermier-cultivateur réaliserait donc, sur 1.236 fr. 05, une économie de. 836 05

Quelle différence dans la situation des classes laborieuses, si chaque famille voyait augmenter ses ressources annuelles de 800 à 900 fr. Les charges diminuées de plus des deux tiers. Quelle cause d'économie et de bien-être !

Cet exemple prouve, une fois de plus, comment les plus purs produits du travail vont à la richesse, et sont la proie d'un accaparement nuisible aux intérêts sociaux. Car, lorsque le cultivateur-laboureur paie 1.200 fr. de fermages à son propriétaire et 169 fr. d'impôts à l'Etat sur le produit de ses labeurs lesquels, à grand'peine, lui donnent un revenu égal à ces fermages, quels sont les impôts du rentier à qui les revenus arrivent sans labeur et sans peine ? Il ne paie à l'Etat pour ses 1.200 fr. de revenu que 53 fr. d'impôts.

53 fr. d'impôt sur 1.200 fr. de revenu et 169 fr. d'impôt pour 1.200 fr. de travail sont une inégalité choquante.

L'hérédité de l'Etat ramènerait insensiblement la nation à un juste équilibre des charges publiques.

La spéculation ne pourrait plus se porter sur la terre sans avoir à faire payer double rente : celle due à l'Etat et celle due au propriétaire. Cela rendrait difficile, si ce n'est impossible, l'office du propriétaire non exploitant, attendu que tout citoyen préférerait louer ou acheter à l'Etat un bien sur lequel un seul revenu direct serait à prélever, que de louer à un intermédiaire une propriété devant payer double rente.

La propriété passerait donc insensiblement entre les mains de la population active et laborieuse, et toute la population, à son tour, deviendrait laborieuse et active. Riches et pauvres tourneraient leurs regards vers les gloires et les honneurs du travail ; il n'y aurait plus d'oisiveté ni de misère ; il n'y aurait plus que des citoyens concourant tous au bien commun. L'initiative individuelle et collective trouverait un champ d'action libre d'entraves ; le travail s'accomplirait en toute liberté ; chaque individu, indépendant, s'exercerait à l'abri de toute exploitation et avec la certitude de recueillir le fruit de ses œuvres.

XI. -- Conclusion

Dès qu'on envisage l'instauration du droit d'hérédité de l'Etat sans prévention, on est étonné de l'étendue des avantages immédiats qui en résulteraient et de l'immensité des résultats que cette réforme permettrait à l'Etat de poursuivre.

L'hérédité de l'Etat enlèverait aux revenus publics le caractère de taxes imposées sous toutes sortes de formes. Le budget de l'Etat, des départements et des communes serait basé sur des ressources représentant des services rendus.

La fixation, le contrôle et l'emploi de ces ressources seraient placés sous la sauvegarde des Chambres, comme l'impôt y est aujourd'hui placé par le vote du budget.

L'hérédité de l'Etat ne doit être qu'un moyen d'opérer les recettes nécessaires à la marche des services publics et à l'instauration, à l'entretien des garanties à donner aux citoyens. L'Etat prélève ce qui est nécessaire à ce but et il modère la quotité de l'hérédité suivant les besoins de la nation.

Par le droit d'hérédité ainsi limité, l'Etat ne devient donc pas et ne peut pas devenir l'administrateur de la fortune publique, pas plus qu'il ne peut devenir le directeur de l'activité des citoyens. L'Etat reste dans son rôle, les citoyens conservent le leur, et cela bien mieux avec l'hérédité de l'Etat qu'avec les impôts actuels au moyen desquels l'Etat intervient à chaque instant dans notre droit de propriété.

Je suis donc aussi éloigné que possible de faire de l'Etat le possesseur exploitant de la richesse territoriale, immobilière et mobilière du pays.

Loin de porter atteinte à la propriété, le droit d'hérédité de l'Etat, comme je le définis, la consolide. Il assure plus efficacement à chacun les fruits de son travail, il augmente les avantages actuels dont jouissent les citoyens et leur donne, en outre, des garanties d'existence qui leur font aujourd'hui défaut.

Les impôts directs, les octrois et autres taxes taxes étant abolis, la consommation se ferait à meilleur marché, puisque les objets nécessaires à la vie seraient exonérés de toutes charges.

La production et le commerce se feraient aux conditions les plus économiques, puisque rien ne viendrait plus les grever de taxes entrant forcément dans les prix de vente. On pourrait travailler et fabriquer au meilleur marché possible. C'est alors que la France serait en état de lutter de concurrence avec les autres nations, puisque la production se trouverait du même coup délivrée de toutes les charges qui pèsent sur elle.

Avec un budget de six milliards, l'Etat serait à l'aise pour l'accomplissement de tous les travaux publics, la création des écoles, des chemins de fer, pour toutes les réformes et entreprises utiles. On ne verrait plus ces choses traîner, comme aujourd'hui, en lenteurs, en études qui n'aboutissent qu'à gaspiller les ressources publiques et à les détourner de leur destination.

Les réformes demandées par les classes ouvrières se feraient pour ainsi dire d'elles-mêmes.

L'évolution qui s'accomplirait dans le travail amènerait promptement les classes laborieuses à la participation aux bénéfices de la production, à l'association de toutes les forces productives, à l'organisation du bien-être pour tous, le paupérisme et la misère disparaîtraient de la société.

Les ressources de l'hérédité serviraient aux garanties générales des assurances nationales contre le besoin, le dénument et la misère, en cas de veillesse, d'infirmité, d'incapacité de travail, etc... Ces garanties comme celles de l'instruction à tous les degrés, primaire, secondaire et supérieure, deviendraient le lot du peuple entier. La classe ouvrière hériterait ainsi du fruit de ses travaux. Rien ne serait plus propre à préparer progressivement les classes laborieuses à leur émancipation et à les disposer favorablement à faire crédit de patience à la nation ayant accepté le principe de l'hérédité de l'Etat.

Il est plus que jamais évident que les classes ouvrières aspirent à des réformes capables d'améliorer leur sort. Il est évident aussi que les masses travailleuses, aujourd'hui cause et partie dans l'Etat, sont une puissance dont les gouvernants doivent tenir compte. Ceci explique comment, au désespoir des classes dirigeantes, les questions ouvrières naissent et renaissent, naîtront et renaîtront sans cesse, jusqu'à ce que la société ait donné aux travailleurs les garanties matérielles, intellectuelles et sociales nécessaires. C'est pourquoi on reconnaît l'urgence de s'occuper :

Au point de vue matériel, de l'habitation et des assurances mutuelles ;

Au point de vue intellectuelle, de l'instruction publique ;

Au point de vue social, des questions qui se rattachent au travail et au droit des masses aux fruits de leur labeur.

Classes dirigeantes, il faut résoudre ces questions.

Quel moyen plus simple que celui de conserver vos habitudes, de ne rien changer de votre vivant à votre fortune, mais de restituer, après votre mort, une part de vos biens, dans des proportions équitables et justes.

Si vous preniez une telle disposition, la réforme commencerait immédiatement. Immédiatement, l'Etat serait doté de ressources nouvelles ; immédiatement, le fonds de la mutualité nationale s'ouvrirait et grandirait chaque jour, car chaque jour les générations se succèdent; les morts laisseraient ainsi, aux vivants malheureux, aux vivants torturés dans les angoisses de la faim et de la misère, la part à la vie que la nature leur assigne.

Ainsi, classes dirigeantes, vous permettriez de donner le logement à ceux qui n'ont que le plein air pour dormir et la nuit froide pour couverture ;

Vous permettriez à ceux qui sont nus d'avoir des vêtements ;

Vous permettriez à ceux qui ont faim d'avoir à manger.

Enfin, par cette restitution qui ne vous coûterait aucun sacrifice, vous chasseriez le dégoût de la vie et le désespoir du cœur des malheureux.

Quelles que soient vos résolutions, je suis tranquille sur ma proposition : l'avenir est à elle. Ce que je veux, c'est le triomphe du vrai et du juste ; or, quelque résistance qu'on lui oppose, l'hérédité de l'Etat prélevant les ressources publiques sur le capital après la mort des citoyens, triomphera de l'absurdité, de l'iniquité des impôts et des entraves qu'ils mettent à la liberté des citoyens.

GODIN.
Fondateur du Familistère.
Ancien Député.

L'un des Gérants : A. Doyen. — Guise. — Imp. Baré.

LIBRAIRIE DU FAMILISTÈRE

GUISE (AISNE)

OUVRAGES DE M. GODIN

Fondateur du Familistère

VIENT DE PARAITRE :

Le Gouvernement, *ce qu'il a été, ce qu'il doit être et le vrai socialisme en action*

Ce volume met en lumière le rôle des pouvoirs et des gouvernements, le principe des droits de l'homme, les garanties dues à la vie humaine, le perfectionnement du suffrage universel de façon à en faire l'expression de la souveraineté du peuple, l'organisation de la paix européenne, une nouvelle constitution du droit de propriété, la réforme des impôts, l'instruction publique première école de la souveraineté, l'association des ouvriers aux bénéfices de l'industrie, les habitations ouvrières, etc., etc.

L'ouvrage est terminé par une proposition de loi à la Chambre des députés sur l'organisation de l'assurance nationale de tous les citoyens contre la misère.

In-8° broché, avec portrait de l'auteur . . . . 8 fr.

Solutions sociales. — Exposition philosophique et sociale de l'œuvre du Familistère avec la vue générale de l'établissement, les vues intérieures du palais, plans et nombreuses gravures :

Édition in-8° . . . . 10 fr.
Édition in-18 . . . . 5 fr

Mutualité sociale et Association du Capital et du Travail *ou extinction du paupérisme par la consécration du droit naturel des faibles au nécessaire et du droit des travailleurs à participer aux bénéfices de la production.*

Ce volume contient les statuts et règlements de la Société du Familistère de Guise.

In-8° broché, avec la vue générale des établissements de l'association . . . . . 5 fr.
Sans la vue . . . . 4 fr.

Mutualité nationale contre la Misère. — *Pétition et proposition de loi a la Chambre des députés.*

Brochure in-8°. extraite du volume « *Le Gouvernement* » . . . . 1 fr. 50

Les quatre ouvrages ci-dessus se trouvent également :
Librairie GUILLAUMIN et Cie, *14, rue Richelieu, Paris.*
Librairie GHIO *1. 3. 5. 7. galerie d'Orléans, Palais-Royal, Paris.*

BROCHURES A 40 CENTIMES

Les Socialistes et les Droits du travail	0,40 cent.	*La Politique du travail et la Politique des privilèges*	0,40
La Richesse au service du peuple	0,40 cent.	*La Souveraineté et les Droits du peuple*	0,40

OUVRAGES RECOMMANDÉS AUX COOPÉRATEURS

Histoire de l'Association agricole de Ralahine (Irlande). Résumé des documents de M. E. T. CRAIG, secrétaire et administrateur de l'association. Ouvrage d'un intérêt dramatique, traduit par Marie MORET. 0,75 cent

Histoire des équitables pionniers de Rochdale, de G. J. HOLYOAKE. Résumé traduit de l'anglais, par Marie MORET . . . . 0,75 cent.

ROMAN SOCIALISTE

La Fille de son père. Roman socialiste américain, de Mme Marie HOWLAND, traduction de M. M., vol. broché . . . . 3 fr. 50

La première édition de ce roman publiée par M. John JEWETT, l'éditeur de « *la Case de l'Oncle Tom* », a eu un grand succès en Amérique. Ce Roman est aux questions sociales qui agitent le monde civilisé, ce que « *la Case de l'Oncle Tom* » fut pour la question de l'esclavage.

Se vend aussi chez GHIO. 1. 3. 5. 7. galerie du Palais-Royal, Paris.

PROGRAMME SOMMAIRE

DES

RÉFORMES SOCIALES ET POLITIQUES

Produites et défendues par « *Le Devoir* »

1. — Placer le bien de la vie humaine au-dessus de toutes choses, dans les institutions, dans les lois et dans la protection sociale.

2. — Faire des garanties de la vie humaine et de la liberté, la base de la constitution nationale.

3. — Réforme du régime parlementaire par le concours éclairant l'élection et par la liberté de tous les moyens d'investigation sur la valeur des candidats.

4. — Organisation du suffrage universel par l'unité de collège national pour l'élection des députés; chaque électeur votant, par bulletin de liste, pour autant de députés qu'il y a de ministères. Dépouillement dans chaque commune, recensement général à Paris.

Ce système établit :

La liberté de l'électeur dans le choix des députés avec la presque certitude de donner un vote utile;

L'égalité du suffrage pour tous les citoyens ;

La possibilité pour les minorités de se faire représenter ;

La représentation par les supériorités.

5. — Renouvellement annuel de moitié de la Chambre des députés et de tous les corps élus. La volonté du peuple souverain toujours mise en évidence.

6. — Rétribution de toutes les fonctions publiques dévolues par le suffrage universel.

7. — Égalité civile et politique de l'homme et de la femme.

8. — Le mariage, lien d'affection.

Faculté du divorce.

9. — Éducation et instruction primaire, gratuites et obligatoires pour tous les enfants.

Les examens et concours généralisés avec élection des élèves par leurs pairs dans toutes les écoles. Diplôme constatant la série des mérites intellectuels et moraux de chaque élève.

10. — Écoles spéciales, nationales, correspondantes aux grandes divisions des connaissances et de l'activité humaines, gratuitement accessibles à tous les élèves qui en seront reconnus dignes par les concours, les examens et les élections.

11. — Suppression du budget des cultes. Séparation de l'Église et de l'État.

12. — Réforme des impôts et suppression des impôts indirects.

13. — Plus d'impôt du vivant des personnes.

Les ressources publiques constituées par le droit d'héritage national dans la fortune des citoyens après la mort, et par les revenus que l'État retirera des biens passés entre ses mains.

14. — Hérédité progressive de l'État suivant l'importance des successions en ligne directe, des cessions volontaires et par testaments.

Droit d'hérédité complète de l'État en ligne collatérale à moins de testaments.

Les grandes fortunes faisant ainsi, dans une juste mesure, retour à la société qui a aidé à les produire.

15. — Remboursement des dettes publiques avec les ressources de l'hérédité.

16. — Organisation nationale des garanties et de l'assurance mutuelles contre la misère.

17. — Suppression des emprunts d'Etat.

18. — Lois protectrices du travail, et de la participation des travailleurs aux bénéfices de la production.

19. — Liberté d'association.

20. — Réforme des habitations insalubres dans les villes et villages.

Amélioration dans l'architecture des villages et des logements du peuple par la construction d'habitations unitaires ou palais sociaux.

21. — Libre échange entre les nations.

22. — Abolition de la guerre offensive.

23. — Arbitrage international jugeant tous les différends entre nations.

24. — Désarmement européen.

25. — Les nations maîtresses de leur sort et de leur propre territoire.

N° 6

ÉTUDES SOCIALES

Ni Impôts, ni Emprunts

L'HÉRÉDITÉ DE L'ETAT
DANS
LES SUCCESSIONS, BASE DES RESSOURCES PUBLIQUES

Faire de l'existence humaine le premier objet de l'attention sociale,
Aimer, vénérer, respecter, servir l'existence humaine ;
La protéger au-dessus de toutes choses dans l'individu, dans la famille et dans la société;
Telle doit être la mission de la politique.

GODIN.

VUE DU FAMILISTÈRE DE GUISE — PALAIS SOCIAL

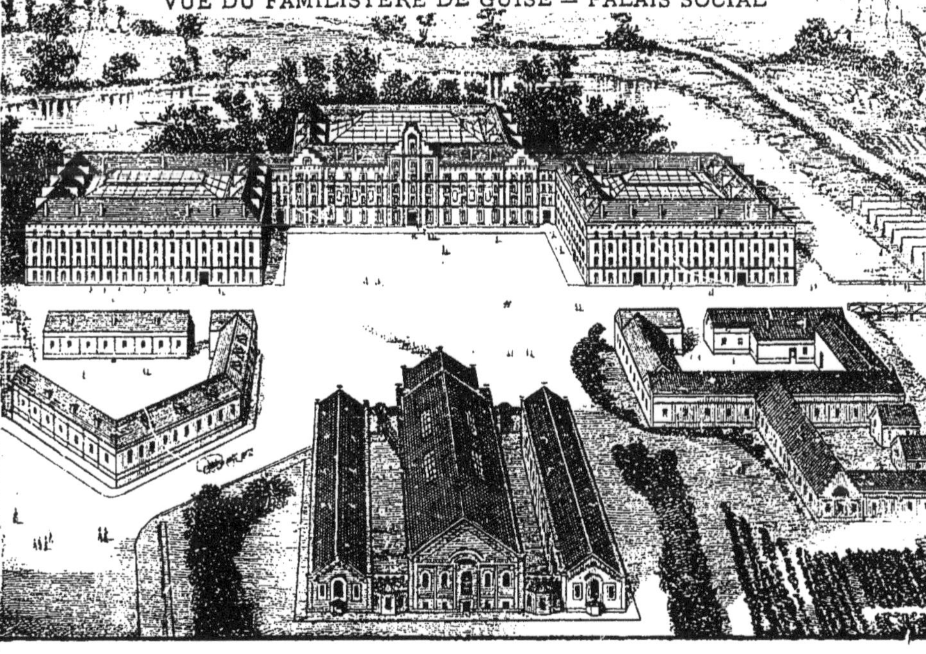

Prix 25 centimes

EN VENTE à la Librairie du Familistère à Guise (Aisne)

GUISE. — IMPRIMERIE BARÉ.

PROGRAMME POLITIQUE D'ACTUALITÉ

RÉFORMES POLITIQUES

Placer la protection et le respect de la vie humaine au-dessus de toutes choses dans la loi et dans les institutions.

Eviter la guerre, la remplacer par l'arbitrage entre nations.

Faire des garanties de la vie humaine la base de la constitution politique et sociale du gouvernement.

Consolider la République en inaugurant la souveraineté nationale par l'organisation du suffrage universel.

Fonder cette organisation du suffrage sur la base du *scrutin de liste nationale* pour l'élection des députés et du *renouvellement partiel et annuel* de la Chambre.

Election et dépouillement à la commune.

Recensement départemental au chef-lieu du département.

Récensement national à Paris.

Proclamation du quart des députés à élire parmi les candidats qui auraient obtenu le plus de voix au premier tour de scrutin.

Affichage de cette proclamation dans toutes les communes de France, avec la liste de tous les candidats qui auraient obtenu plus de 10,000 voix.

Second tour de scrutin, le troisième dimanche après l'affichage de la liste des candidats sortis du vote.

Proclamation des députés restant à élire dans les candidats ayant obtenu le plus de voix au second tour.

Ce système aurait pour conséquences :

La moralité dans les élections ;

La liberté de l'électeur dans le choix de ses candidats, avec la presque certitude de donner un vote utile ;

L'égalité des citoyens devant l'urne, chaque électeur votant, partout la France, pour autant de noms qu'il y a de Ministères, c'est-à-dire de départements des affaires publiques ;

La possibilité de la représentation proportionnelle et, par conséquent, des minorités ;

La représentation par les supériorités ;

Le contrôle des électeurs sur leurs mandataires ;

Cette organisation du suffrage universel rendrait la candidature vraiment démocratique et la rendrait possible aux hommes de talent et de mérite, sans fortune.

Elle moraliserait le régime représentatif, les députés qui failliraient à leur programme et à leurs engagements étant vite remplacés ;

Avec ce système, les députés élus par le collège national seraient les députés de la France ; ils ne seraient plus élus qu'en raison de leur conduite législative ; ils seraient responsables devant la nation de l'observation loyale de leurs engagements et du programme qui leur aurait mérité l'élection.

RÉFORMES CIVILES.

Abolition régulière et progressive des abus de l'impôt en prélevant les ressources nécessaires à l'Etat sur la richesse acquise ; mais en faisant ce prélèvement après la mort des personnes et non de leur vivant.

A cet effet, établissement du droit d'hérédité de l'Etat dans les successions.

Droit d'hérédité progressive sur les héritages en ligne directe ; l'État prélevant peu de chose sur les petites successions, mais élevant son droit progressivement jusqu'à 50 0/0 sur les fortunes dépassant cinq millions.

Droit de 50 0/0 sur tous les testaments.

Droit complet d'hérédité de l'Etat en ligne collatérale et sur tous les biens n'ayant ni héritiers directs ni légataires.

Abolition de l'impôt sur tous les biens tombés en héritage à l'Etat, mais substitution à cet impôt d'un revenu sur tous les biens revendus par l'Etat et d'un fermage sur tous les biens loués par lui.

Suppression régulière, par ce moyen, des fermages payés aux propriétaires intermédiaires; la propriété immobilière devant être exploitée par ceux qui la détiennent soit comme fermiers, soit comme propriétaires.

RÉFORMES SOCIALES

Institutions de garanties sociales en faveur des classes laborieuses et pauvres par l'hérédité de l'Etat.

Protection à l'association entre le capital et le travail.

Ni Impôts, ni Emprunts

L'HÉRÉDITÉ DE L'ETAT

DANS

LES SUCCESSIONS, BASE DES RESSOURCES PUBLIQUES[1]

Faire de l'existence humaine le premier objet de l'attention sociale,
Aimer, vénérer, respecter, servir l'existence humaine,
La protéger au-dessus de toutes choses dans l'individu, dans la famille et dans la société,
Telle doit être la mission de la politique.

SOMMAIRE. — **I. Vice essentiel des impôts quelles que soient leurs dénominations. — II. Les services publics et le droit d'hérédité nationale. — III. Difficultés de nouveaux impôts. — IV. Rendement du droit d'hérédité de l'Etat. — V. Evolution sociale pacifique ou révolution à court terme. — VI L'hérédité nationale ne doit pas s'exercer sous forme d'impôt.**

I. — Vice essentiel des Impôts quelles que soient leurs dénominations.

Il faut des réformes, tout le monde le sent : mais beaucoup veulent les retarder le plus longtemps possible et ne les feront que contraints et forcés. D'autres, moins égoïstes, seraient disposés à faire quelque chose, mais ne sachant pas quoi, ils restent dans l'inaction, crainte de se tromper.

Un certain nombre ont entendu répéter quelques clichés devenus familiers comme, par exemple, l'impôt sur le capital et le revenu, et sans avoir étudié le mécanisme de l'impôt, sans avoir compris la justice ou l'injustice du principe de ce qu'on propose, sans avoir étudié ce que produirait l'impôt sur le capital ni sur le revenu, ils s'emparent de ces dénominations nouvelles comme d'un drapeau, afin de montrer qu'ils veulent faire quelque chose.

Enfin, ceux qui voient plus clair dans les réformes à accomplir savent que les impôts sur le capital ou le revenu ne seraient qu'un changement de nom à l'impôt, et ne produiraient absolument rien d'avantageux pour remédier aux difficultés présentes. Il faut des conceptions plus approfondies pour répondre aux besoins de notre temps.

L'impôt est un procédé vieilli que les gouvernements ont emprunté aux régimes primitifs des sociétés. L'impôt est un reste de la tyrannie et du despotisme des gouvernements monarchiques et autoritaires. L'impôt, son nom le dit assez, est un acte du fort opprimant le faible, lui créant des obligations contraires à sa liberté.

Il est dans l'essence de la démocratie bien comprise de laisser intacte la liberté des citoyens, en leur procurant la plus grande somme d'avantages possibles.

C'est là le véritable problème du gouvernement parfait : mais qu'on change le nom de l'impot, qu'au lieu de l'appeler impôt foncier, impôt des portes et fenêtres, impôt mobilier, etc, etc ; ou l'appelle impôt sur le capital, impôt sur le revenu, impôt progressif etc, etc : cela ne change rien aux multiples inconvénients de l'impôt. L'impôt reste une mauvaise chose par essence.

Il y a plus : l'impôt sur le capital et celui sur le revenu ne feront absolument rien qu'augmenter les embarras de la situation par des complications nouvelles dans le mode de perception.

Les impôts sans exception sont une mauvaise chose : ils sont sans exception une source d'abus : ce qui est à faire, c'est d'arriver à supprimer les impôts. Est-ce possible ? dira-t-on. A cela je réponds avec certitude : Oui, c'est possible.

Je dois tâcher d'éclairer ce point et de dissiper les illusions de ceux qui pensent qu'en donnant à l'impôt une nouvelle dénomination, il est possible d'opérer une réforme de l'impôt.

Sans davantage nous occuper, quant à présent, de la légitimité de l'impôt, n'est-il pas évident que lorsque le propriétaire est taxé de cent francs d'impôt pour une propriété quelconque, il doit tirer

(1) Ce travail fait suite à l'Etude sociale N° 4 intitulée : *L'Hérédité de l'Etat ou la Réforme de l'Impôt.*

PROGRAMME POLITIQUE D'ACTUALITÉ

RÉFORMES POLITIQUES

Placer la protection et le respect de la vie humaine au-dessus de toutes choses dans la loi et dans les institutions.

Eviter la guerre, la remplacer par l'arbitrage entre nations.

Faire des garanties de la vie humaine la base de la constitution politique et sociale du gouvernement.

Consolider la République en inaugurant la souveraineté nationale par l'organisation du suffrage universel.

Fonder cette organisation du suffrage sur la base du *scrutin de liste nationale* pour l'élection des députés et du *renouvellement partiel et annuel* de la Chambre.

Election et dépouillement à la commune.

Recensement départemental au chef-lieu du département.

Récensement national à Paris.

Proclamation du quart des députés à élire parmi les candidats qui auraient obtenu le plus de voix au premier tour de scrutin.

Affichage de cette proclamation dans toutes les communes de France, avec la liste de tous les candidats qui auraient obtenu plus de 10,000 voix.

Second tour de scrutin, le troisième dimanche après l'affichage de la liste des candidats sortis du vote.

Proclamation des députés restant à élire dans les candidats ayant obtenu le plus de voix au second tour.

Ce système aurait pour conséquences :

La moralité dans les élections ;

La liberté de l'électeur dans le choix de ses candidats, avec la presque certitude de donner un vote utile ;

L'égalité des citoyens devant l'urne, chaque électeur votant, partout la France, pour autant de noms qu'il y a de Ministères, c'est-à-dire de départements des affaires publiques ;

La possibilité de la représentation proportionnelle et, par conséquent, des minorités ;

La représentation par les supériorités ;

Le contrôle des électeurs sur leurs mandataires ;

Cette organisation du suffrage universel rendrait la candidature vraiment démocratique et la rendrait possible aux hommes de talent et de mérite, sans fortune.

Elle moraliserait le régime représentatif, les députés qui failliraient à leur programme et à leurs engagements étant vite remplacés ;

Avec ce système, les députés élus par le collège national seraient les députés de la France ; ils ne seraient plus élus qu'en raison de leur conduite législative ; ils seraient responsables devant la nation de l'observation loyale de leurs engagements et du programme qui leur aurait mérité l'élection.

RÉFORMES CIVILES.

Abolition régulière et progressive des abus de l'impôt en prélevant les ressources nécessaires à l'Etat sur la richesse acquise ; mais en faisant ce prélèvement après la mort des personnes et non de leur vivant.

A cet effet, établissement du droit d'hérédité de l'Etat dans les successions.

Droit d'hérédité progressive sur les héritages en ligne directe ; l'État prélevant peu de chose sur les petites successions, mais élevant son droit progressivement jusqu'à 50 0/0 sur les fortunes dépassant cinq millions.

Droit de 50 0/0 sur tous les testaments.

Droit complet d'hérédité de l'Etat en ligne collatérale et sur tous les biens n'ayant ni héritiers directs ni légataires.

Abolition de l'impôt sur tous les biens tombés en héritage à l'Etat, mais substitution à cet impôt d'un revenu sur tous les biens revendus par l'Etat et d'un fermage sur tous les biens loués par lui.

Suppression régulière, par ce moyen, des fermages payés aux propriétaires intermédiaires; la propriété immobilière devant être exploitée par ceux qui la détiennent soit comme fermiers, soit comme propriétaires.

RÉFORMES SOCIALES

Institutions de garanties sociales en faveur des classes laborieuses et pauvres par l'hérédité de l'Etat.

Protection à l'association entre le capital et le travail.

Ni Impôts, ni Emprunts

L'HÉRÉDITÉ DE L'ETAT DANS LES SUCCESSIONS, BASE DES RESSOURCES PUBLIQUES[1]

Faire de l'existence humaine le premier objet de l'attention sociale,
Aimer, vénérer, respecter, servir l'existence humaine ;
La protéger au-dessus de toutes choses dans l'individu, dans la famille et dans la société;
Telle doit être la mission de la politique.

SOMMAIRE. — I. Vice essentiel des impôts quelles que soient leurs dénominations. — II. Les services publics et le droit d'hérédité nationale. — III. Difficultés de nouveaux impôts. — IV. Rendement du droit d'hérédité de l'Etat.— V. Evolution sociale pacifique ou révolution à court terme. — VI L'hérédité nationale ne doit pas s'exercer sous forme d'impôt.

I. -- Vice essentiel des Impôts quelles que soient leurs dénominations.

Il faut des réformes, tout le monde le sent; mais beaucoup veulent les retarder le plus longtemps possible et ne les feront que contraints et forcés. D'autres, moins égoïstes, seraient disposés à faire quelque chose, mais ne sachant pas quoi, ils restent dans l'inaction, crainte de se tromper.

Un certain nombre ont entendu répéter quelques clichés devenus familiers comme, par exemple, l'impôt sur le capital et le revenu, et sans avoir étudié le mécanisme de l'impôt, sans avoir compris la justice ou l'injustice du principe de ce qu'on propose, sans avoir étudié ce que produirait l'impôt sur le capital ni sur le revenu, ils s'emparent de ces dénominations nouvelles comme d'un drapeau, afin de montrer qu'ils veulent faire quelque chose.

Enfin, ceux qui voient plus clair dans les réformes à accomplir savent que les impôts sur le capital ou le revenu ne seraient qu'un changement de nom à l'impôt, et ne produiraient absolument rien d'avantageux pour remédier aux difficultés présentes. Il faut des conceptions plus approfondies pour répondre aux besoins de notre temps.

L'impôt est un procédé vieilli que les gouvernements ont emprunté aux régimes primitifs des sociétés. L'impôt est un reste de la tyrannie et du despotisme des gouvernements monarchiques et autoritaires. L'impôt, son nom le dit assez, est un acte du fort opprimant le faible, lui créant des obligations contraires à sa liberté.

Il est dans l'essence de la démocratie bien comprise de laisser intacte la liberté des citoyens, en leur procurant la plus grande somme d'avantages possibles.

C'est là le véritable problème du gouvernement parfait ; mais qu'on change le nom de l'impôt, qu'au lieu de l'appeler impôt foncier, impôt des portes et fenêtres, impôt mobilier, etc, etc ; on l'appelle impôt sur le capital, impôt sur le revenu, impôt progressif etc, etc ; cela ne change rien aux multiples inconvénients de l'impôt. L'impôt reste une mauvaise chose par essence.

Il y a plus : l'impôt sur le capital et celui sur le revenu ne feront absolument rien qu'augmenter les embarras de la situation par des complications nouvelles dans le mode de perception.

Les impôts sans exception sont une mauvaise chose ; ils sont sans exception une source d'abus ; ce qui est à faire, c'est d'arriver à supprimer les impôts. Est-ce possible? dira-t-on. A cela je réponds avec certitude : Oui, c'est possible.

Je dois tâcher d'éclairer ce point et de dissiper les illusions de ceux qui pensent qu'en donnant à l'impôt une nouvelle dénomination, il est possible d'opérer une réforme de l'impôt.

Sans davantage nous occuper, quant à présent, de la légitimité de l'impôt, n'est-il pas évident que lorsque le propriétaire est taxé de cent francs d'impôt pour une propriété quelconque, il doit tirer

(1) Ce travail fait suite à l'Etude sociale N° 4 intitulée : *L'Hérédité de l'Etat ou la Réforme de l'Impôt.*

ces cent francs du revenu de sa propriété même et que, si celle-ci ne les lui fournit pas, il est obligé de les prélever sur son capital? La preuve est qu'en cas de non-paiement, l'Etat fait saisir le capital pour se payer de l'impôt : donc, l'impôt foncier est un impôt sur le capital en même temps que sur le revenu.

Cet exemple peut s'appliquer à tous les autres impôts directs.

Les partisants de l'impôt sur le capital et le revenu pourront dire : cela est vrai, mais nous trouvons que le capital ne concourt pas suffisamment aux ressources de l'État, que la richesse devrait seule contribuer aux dépenses publiques dont elle profite pour s'accroître sans cesse, sans que le sort des classes laborieuses en retire aucune garantie pour le lendemain.

C'est là une toute autre question à la solution de laquelle, il est vrai, la réforme de l'impôt devrait aider ; mais c'est ce que ne peuvent faire ni l'impôt sur le capital ni l'impôt sur le revenu, par les procédés législatifs ordinaires.

Ne perdons pas de vue que l'impôt sur le capital et l'impôt sur le revenu se confondent dès qu'ils s'appliquent aux choses foncières et immobilières par leur nature, seules choses facilement imposables. Eh bien, l'impôt foncier ou direct s'élève en France à environ 400 millions ; proposez de doubler cet impôt ; nulle puisssance ne pourra faire accepter cela par la multitude des propriétaires ; ceux-ci coalisés avec les monarchistes renverseraient la République.

Le capital foncier est un instrument de travail qu'il faut, au contraire, débarrasser des charges et des priviléges qui le rendent presque inaccessible aux travailleurs.

Le problème de l'impôt est donc très-mal posé, quand on vient prétendre que les impôts sur le capital et le revenu pourraient être un moyen de parer à nos difficultés budgétaires et d'aborder les réformes sociales. Ces impôts, représentés aujourd'hui, comme je viens de le rappeler, par les impôts directs, ne donnent que 400 millions environ ; quelque augmentation qu'on ajoute on n'aura que des sommes insignifiantes en regard de nos charges budgétaires ; il faut une mesure plus efficace que celle-là et surtout plus juste ; il ne faut pas que la République accentue les vices de l'impôt; il faut, au contraire, qu'elle réforme et supprime l'Impôt lui-même.

II. -- Les services publics et le droit d'hérédité nationale.

C'est en rendant des services aux citoyens, et non en leur imposant des contributions, que l'Etat doit arriver à rembourser ses dettes et à équilibrer ses budgets.

Mais, pour cela, il faut réformer les monopoles en commençant par ceux attachés à la propriété ; il faut que, peu à peu, les choses immobilières deviennent accessibles à tous les citoyens ; et que nos préjugés et nos habitudes de transmission héréditaire, en ligne collatérale surtout, disparaissent.

Il faut que l'Etat trouve les ressources qui lui sont nécessaires de la même manière que l'individu trouve les siennes. Celui-ci les tire du produit de son activité et des services qu'il rend par son travail ; l'Etat doit faire la même chose ; il doit tirer ses revenus et ses ressources des services combinés qu'il rend, et peut rendre beaucoup mieux encore à la société.

Déjà, l'État apporte au budget une somme assez ronde provenant d'une source qui n'a causé aux citoyens que des sujets de satisfaction : car personne n'a eu à se plaindre de recevoir lettres et télégrammes et d'être délivré de la charge d'organiser soi-même ces services.

Les postes et télégraphes sont une source de profits pour l'État, tout en étant utiles aux citoyens.

Le secret pour atteindre au but que nous venons d'indiquer est d'opérer le retour des monopoles à la société. Les traditions d'un passé despotique et barbare ont entretenu ces monopoles au profit des individus et des familles ; il faut réformer cet état de choses en commençant par le monopole de la propriété, puis en continuant par ceux constitués de nos jours : concessions de chemins de fer, canaux, mines, allumettes chimiques, etc, etc.

On sera surpris de m'entendre dire ici que la propriété soit en France à l'état de monopole. Rien n'est pourtant plus vrai, mais nos habitudes séculaires s'opposent à ce que la vérité soit visible pour nous.

Autrefois, nous avions la Féodalité nobiliaire ; aujourd'hui, nous avons la Féodalité capitaliste.

Les noms ont changé, les choses se sont modifiées, mais elles ont conservé leur caractère de Féodalité.

Autrefois, il y avait les serfs et les vilains. sans droits, à la merci de la noblesse et de la force : maintenant. il y a les ouvriers et les pauvres à la merci de la richesse et de la faim.

Ce qui est cause de ces malheureux abus sociaux. c'est toujours les monopoles héréditaires de la propriété et l'absence d'équité dans la répartition de la richesse.

Ces abus des monopoles entraînent les abus de l'impôt. Ceux qui possèdent font la loi au détriment de ceux qui n'ont rien. Au moyen des impôts indirects sur les denrées de consommation. ils font payer la plus forte partie de l'impôt aux classes les plus pauvres.

Il n'y a pas d'impôts qui puissent porter remède à ces abus ; il n'y a qu'un moyen simple et facile à comprendre, c'est que l'État se réserve tout simplement le monopole des services publics et les ressources auxquelles il a droit sur les richesses accumulées, au lieu de prélever ce qui lui est nécessaire sur les labeurs des travailleurs par les mille moyens artificieux des impôts indirects.

Il faut bien comprendre que le mérite des propositions sociales que je fais consiste surtout en ce qu'il n'est en aucune façon nécessaire d'avoir recours à la révolution violente pour les mettre en pratique ; ce sont des moyens rationnels auxquels on aura recours par la force des choses ; le mieux serait donc d'en faire immédiatement l'application.

Or, ces propositions se réduisent à ceci : établir le droit d'hérédité qu'a l'État sur les fortunes accumulées, en raison du concours qu'il a apporté à leur formation. par tous les services publics qu'il a organisés, par les routes, par les chemins de fer. par les canaux. enfin par toutes les ressources accumulées des générations passées et de la société présente dont l'État est le représentant et le conservateur.

Au moyen de toutes ces choses l'État intervient dans la création de toutes les fortunes, il est donc abusif que les classes riches aient le monopole de jouir, à elles seules et avec droit de succession, de toutes les richesses enfantées à l'aide du concours de toutes ces forces sociales ; cela est d'autant plus abusif qu'indépendamment du concours de l'Etat la richesse monopolise, accapare, en outre, les forces et les ressources que la nature a mises au service de la société entière.

Le droit d'hérédité de l'État dans les successions est donc un droit strict. fondé en justice et en équité ; il est même inconcevable qu'il ait été méconnu jusqu'à ce jour et qu'il n'ait été exercé jusqu'ici que dans de faibles proportions. sous la forme de l'impôt d'enregistrement. quand il est un droit cent fois plus légitime que tous les droits d'hérédité consacrés par notre législation.

La terre est un don naturel auquel tous les hommes ont le même droit ; c'est par les iniquités séculaires qu'elle tombe en monopole dans l'héritage d'un certain nombre de familles, au préjudice des autres. Elle doit être le partage de tous ou la société doit donner, à chaque citoyen, l'équivalence de ce partage.

Que faut-il pour établir ce régime de justice ? Tout simplement que l'État hérite de la part des richesses qu'il aide à créer par tous les services qu'il met à la disposition de ceux qui possèdent déjà ; qu'avec les ressources que produira le droit d'hérédité dans les successions, il supprime les charges indirectes qui accablent les masses populaires ; qu'il crée, en outre, les assurances mutuelles nationales et toutes les garanties nécessaires aux classes laborieuses.

Cela est bien plus facile à faire qu'on ne pense, et surtout cela est bien plus équitable et plus juste que ce qu'on pratique. N'est-il pas plus juste, en effet, que l'État reprenne, à la mort des personnes, la part de biens qu'il les a aidées à mettre en réserve, que de donner ces biens à des héritiers qui n'ont en aucune façon contribué à les produire. L'État, lui, a mis tous ses services publics à la disposition de ceux qui se sont enrichis ; il est donc juste qu'il hérite d'une part au moins de leurs richesses après leur mort, surtout pour employer ces biens en faveur des déshérités de la société et des travailleurs qui, eux, ont concouru si sérieusement à l'édification de toute richesse.

Oui, la classe ouvrière, par l'intermédiaire de l'État, doit hériter d'une partie de la fortune qu'elle crée sans cesse ; il est temps d'organiser, à l'aide de l'hérédité de l'État, les assurances nationales qui garantiront les citoyens et les familles contre la misère et l'abandon.

Cet énoncé paraîtra utopique, subversif même, aux tempéraments égoïstes. Pourtant, il n'est que la théorie rationnelle du précepte : *Aidez-vous les uns les autres* ; *Aimez-vous les uns les autres.*

Ainsi, l'on peut faire entrer dans la politique le précepte le plus élevé de la morale, on peut réaliser le bonheur social, tandis que les procédés de l'égoïsme n'ont engendré jusqu'ici que privations et douleurs pour les masses populaires.

L'iniquité de la transmission absolue de la richesse par voie de succession a été ressentie dans tous les temps. Aux époques les plus reculées, on voit les législateurs s'en occuper et les peuples revendiquer contre elle.

De nos jours, le peuple plus éclairé par les études sociales comprend encore mieux ce qu'il y a d'exorbitant dans l'exploitation faite de son travail pour constituer la propriété ; celle-ci devient le partage de ceux qui n'ont rien fait pour son établissement, quand lui, travailleur, qui a tout créé, tout produit, est complètement déshérité du fruit de ses œuvres.

Il ne faut pas que la République entretienne dans les masses le sentiment de découragement et d'aigreur que cet état de choses fait naître ; il faut qu'elle établisse sans retard l'hérédité de l'État et qu'elle procède à l'organisation des garanties ouvrières indispensables à notre époque, si l'on veut éviter des cataclysmes sociaux.

Les ressources que l'État doit faire rentrer en sa possession doivent être l'équivalent des services qu'il a rendus dans la création de la richesse, mais il doit faire crédit au citoyen de ces services : il ne doit rien demander à la personne de son vivant. L'activité, le travail et la consommation du citoyen doivent être débarrassés de toute charge et de toute entrave. Mais si l'État doit s'abstenir de tracasser le citoyen durant son existence, il est juste qu'il se récompense des services qu'il a rendus aux individus, en reprenant à leur mort, sur la richesse qu'ils ont pu acquérir, la part légitimement due à la société pour les sacrifices qu'elle a faits à leur avantage.

En agissant ainsi, l'État ne contrevient en rien à ce principe qu'il doit, par toutes ses mesures, travailler au progrès et au développement de l'existence humaine. En supprimant les ennuis, les charges et les abus de l'impôt, il donne plus ample carrière à la liberté et au plein essor des facultés du citoyen, et en reprenant sur les richesses abandonnées à la mort des individus, les ressources que la société avait prêtées pour l'édification de ces richesses, il fait un acte de justice.

On reconnaît qu'il y a justice surtout si l'on considère qu'à côté de ceux qui ont eu la chance de faire fortune, le plus grand nombre de ceux qui les ont aidés de leur travail sont restés pauvres ; ils ont donc les premiers droits à l'héritage des biens créés par leur labeur.

Or, la part des pauvres, la part des travailleur ne pouvant être faite individuellement sur les biens ainsi délaissés, c'est à l'État qu'il appartient de la recueillir pour donner au peuple les garanties de l'existence qu'il n'a pu tirer du travail.

La fortune acquise ainsi recueillie par l'État doit donc servir aux institutions nationales destinées à assurer les populations contre le délaissement, les souffrances causées par le besoin et la misère.

Au nombre des institutions sociales à fonder en faveur des masses laborieuses, l'assurance des besoins de la vie est certainement la première à réaliser.

Le législateur a donc à s'occuper d'abord, et tout particulièrement, des réformes propres à conduire à ce but. La première est inévitablement celle de l'impôt, car les abus de l'impôt font obstacle à tout.

Mais avant de réformer l'impôt il faut créer de nouvelles ressources ; donc, il faut établir le droit d'hérédité de l'État qui, seul, est en état de fournir toutes les ressources nécessaires par des moyens réguliers basés sur la justice.

En raison de ces faits j'ai établi dans une étude sociale précédente sous le titre : **L'hérédité de l'Etat ou la réforme de l'impôt** (*Le lecteur qui voudra comprendre le mécanisme de l'hérédité de l'Etat devra recourir à cette brochure.*) que si ce droit était consacré par les Chambres dans des proportions équitables, il donnerait immédiatement deux milliards cinq cents millions environ, indépendamment du revenu perpétuel qui serait, chaque année, créé en faveur de l'Etat du fait de ces héritages.

Il ne serait plus besoin alors aux révolutionnaires de supputer comment il serait possible d'exproprier violemment les riches de leurs richesses, les propriétaires de leurs propriétés ; la rénovation sociale serait en voie d'accomplissements sans violence et sans trouble.

Il ne serait plus besoin davantage de supputer de nouveaux impôts sous une nouvelle forme, ni sur le capital ni sur le revenu ; la République se ferait, au contraire, protectrice de la liberté des citoyens, non-seulement des libertés politiques, mais aussi des libertés civiles et des libertés domestiques ; le bonheur de l'existence humaine entrerait dans les préoccupations de nos gouvernants, et ils s'habitueraient à penser que la guerre, la lutte, la division et la haine ne sont pas plus la destinée de l'humanité que les souffrances de la misère et de la pauvreté.

III. — Difficultés de nouveaux impôts.

Tout absurde qu'il soit, le projet d'impôts nouveaux élaboré par l'ancienne commission dont M. Ballue s'est fait le porte-voix, a le mérite de poser la question de fiscalité devant le pays.

Il s'agit de savoir si la République va augmenter indéfiniment sa dette par des emprunts qui, en fin de compte, aboutissent à augmenter les charges qui pèsent sur le peuple par un accroissement des impôts. C'est à cette extrémité que les Chambres sont maintenant acculées après avoir entassé emprunts sur emprunts. Il n'y a que deux moyens en vue pour pourvoir à ces charges nouvelles : faire un nouvel emprunt (ce qui n'assurera pas un service régulier des charges budgétaires) ou créer de nouveaux impôts.

Les emprunts sont jusqu'ici assez faciles parce qu'ils assurent des placements et des revenus aux capitalistes ; mais cela a pour conséquence de faire que les impôts écrasent le peuple.

M. Ballue, après l'ancienne commission, s'est dit : Non, les impôts n'écraseront pas le peuple, nous les imputerons sur les revenus des riches.

Cette pensée a d'abord un tort très grave, celui de ne pas être vraie au fond ; ensuite, elle est insuffisante pour le but à atteindre. Avec les impôts de M. Ballue on n'amortirait pas la dette de l'État ; on n'aurait aucune ressource pour fonder les institutions nécessaires à l'amélioration du sort du peuple ; on se trouverait encore en présence de ressources limitées et insuffisantes pour liquider l'arriéré ; on grèverait d'un côté pour dégrever de l'autre ; mais le comble de l'arbitraire de ces impôts serait de grever le travailleur, d'augmenter la somme des ennuis et des vexations auxquelles la fiscalité assujettit les citoyens.

Le projet grève la propriété bâtie et non bâtie d'un nouvel impôt de 4 fr. 50 0/0 du revenu net imposable, complication inutile qui rendra encore plus inintelligible pour le citoyen sa feuille de contribution.

Il serait plus simple d'augmenter dans la proportion voulue, les impôts existants.

Le projet impute, en outre, à la propriété bâtie un impôt de 2 0/0 sur le revenu net de ces propriétés et il supprime l'impôt des portes et fenêtres. On le voit, c'est histoire de ne pas laisser la Chambre des députés à rien faire.

Enfin, le projet propose les impôts ou les modifications qui suivent :

3 0/0 sur la rente ;

4 0/0 sur le revenu des valeurs mobilières ;

6 0/0 sur les créances hypothécaires et chirographaires de toutes natures, avec pénalité d'une amende de dix fois la valeur de l'impôt pour le créancier qui aura oublié les formalités voulues. C'est le régime du servage.

Le projet ajoute :

15 0/0 au droit fixe des patentables inscrits aux tableaux a, b, c, de la loi de 1880 :

50 0/0 pour les banquiers ;

100 0/0 pour les agents de change ;

Le droit proportionnel des patentables du tableau D serait porté au huitième de leur loyer d'habitation. Rentreraient dans cette classe les professions dites libérales, peintres, sculpteurs, graveurs, dessinateurs, professeurs, auteurs dramatiques, publicistes, romanciers, etc., etc. ;

Un impôt de 2 1/2 0/0 sur les appointements, salaires et profits des travailleurs de tous ordres, au-dessus de 1500 francs ;

La taxe personnelle de 1 fr. 50 pour tous.

Le projet fait quelques dégrèvements dont on se demande la raison.

C'est un trompe-l'œil puisqu'il augmente les impôts en général.

En vertu de quel principe de justice, ce projet est-il conçu ? Sur quelle base rationnelle repose-t-il ? C'est ce que personne ne démontrera. Pour n'indiquer qu'un seul point, demandons où est la justice, dans le fait d'exiger l'impôt d'un père de famille qui a dix enfants et gagne 1600 francs d'appointements, et de ne rien exiger du célibataire qui vit seul, mais gagne 1400 francs ?

C'est tout à la fois inique et absurde.

Il n'en est pas autrement de tous les impôts nouveaux proposés.

Ne comprend-on pas que tous ces impôts sont une entrave à la libre activité des citoyens, un prélèvement anticipé sur la richesse qu'ils acquièrent, que l'État n'a aucun avantage à se procurer les revenus dont il a besoin d'une façon vexatoire et gênante pour les citoyens, qu'au lieu de détourner les ressources dont les membres actifs de la société disposent, il serait infiniment plus profitable à la nation de prélever la part qui lui est légitimement due sur les richesses abandonnées à la mort par leurs détenteurs.

Au lieu de prélever l'impôt du vivant des personnes, l'État en trouverait plus que l'équivalent à leur mort ; de cette manière, loin de gêner le développement de la richesse en formation, l'État pourrait faciliter la continuation des exploitations en cours, imprimer même un meilleur aménagement aux cultures, et une meilleure organisation à l'industrie.

Pourquoi toujours se laisser aller aux influences de la routine ? L'impôt est une mauvaise chose, sachons donc le reconnaître et remplaçons-le par l'application du droit d'hérédité de l'État sur la richesse acquise, droit fondé sur la participation de l'État à l'édification de toutes les fortunes.

On est généralement d'accord que les difficultés de la civilisation présente sont dues à la mauvaise répartition de la richesse, mais personne ne voit le moyen de porter remède au mal; on le considère comme incurable et l'on ne fait qu'y appliquer des adoucissements ou des révulsifs qui font ressortir davantage les crises et l'acuité des misères sociales.

L'hérédité de l'État est le remède tout trouvé ; elle n'est pas un simple palliatif; elle supprime le mal à sa source; elle met en mouvement la richesse engourdie ; elle est un aliment fécond du travail auquel elle donne une nouvelle activité, une nouvelle vie.

Pourquoi ce procédé si logique, si simple, n'entre-t-il pas dans les vues de nos députés ? Pourquoi, au lieu de demander les ressources de l'État à la richesse accumulée, privée de ses possesseurs, s'évertuent-ils à créer d'innombrables impôts nouveaux, tous plus vexatoires les uns que les autres, d'une perception difficile, exigeant tous les artifices d'une fiscalité poussée à l'extrême, d'un autre côté apportant tous de nouvelles entraves à la libre activité des citoyens, multipliant les prescriptions de la fiscalité, à ce point qu'il est presque impossible de ne pas y contrevenir même avec toute l'attention possible ?

Combien les députés de l'ancienne commission ont dû se creuser la tête pour imaginer tous ces impôts, quand il était si facile de ne pas inquiéter les vivants et de trouver toutes les ressources que M. Ballue attend de cette fiscalité extrême, en les prélevant sur les fortunes abandonnées par les morts.

Il n'est pas douteux qu'un certain nombre de personnes considèrent l'hérédité de l'État comme la proposition d'un ennemi de la famille et de la propriété. Pourtant, elles se trompent ; puisque j'ai fondé le *Familistère*, nom qui indique assez que j'ai voulu protéger la *famille* et rendre mes ouvriers possesseurs des palais qui les abritent, des ateliers et de l'industrie qui les font vivre. Je crois la propriété nécessaire et bonne : elle est dans les besoins de la nature humaine ; il ne s'agit donc que d'en extirper les excès et les abus.

La propriété est abusive lorsqu'elle n'est pas le produit de l'action de celui qui la détient, lorsqu'elle est la transmission, par voie d'héritage, de biens à la création desquels ceux qui en héritent n'ont en rien concouru, lorsque les travailleurs qui en ont créé les éléments sont privés de toute part aux ressources que ces biens donnent.

C'est en cela que résident les excès et les abus de la propriété.

Chacun devrait bénéficier des fruits de son activité et de ses talents.

D'abord, toute créature humaine doit avoir la garantie de l'indispensable à l'existence, au nom des ressources que la nature donne à la société au profit de tous ses membres. Lorsque quelques-uns détiennent ces ressources et accaparent tous les avantages qui en résultent, la propriété tombe dans l'excès et l'abus.

Ce sont ces excès et ces abus que l'hérédité de l'État doit combattre et non le principe même de la propriété. Il est impossible que la société continue longtemps encore un système de transmission de fortune qui donne à un seul individu ce qui serait capable de nourrir, loger et entretenir dans l'aisance mille, dix mille, cent mille citoyens, tandis que les masses sont livrées aux privations et à la misère à côté de richesses sans emploi.

Il ne faut pas perdre de vue que l'hérédité de l'État ne touche à aucune position acquise ; elle laisse les riches jouir paisiblement de tous leurs biens ; elle ne leur crée aucune nouvelle charge ; au contraire, elle les exonérera bien vite des formalités ennuyeuses auxquelles ils sont obligés de se prêter. Mais l'hérédité de l'État reprend à la mort des personnes une part des biens que la nature et la société ont concouru à produire, et cela pour le plus grand bien du peuple qui travaille sans cesse, de son côté, à créer de nouvelles richesses.

Avec le droit d'hérédité nationale établi en proportion des services que l'État rend à la richesse, l'État pourra rembourser la dette publique en 26 ans, équilibrer les budgets, réformer les impôts, transformer le régime de la propriété, rendre celle-ci accessible à tous, et faire qu'un revenu au profit de l'État quoique très-faible sur ces immeubles remplace les fermages et les impôts, tout en satisfaisant aux besoins publics.

Avec le droit d'hérédité appartenant à la nation, en vertu des ressources que l'État met au service de la création des fortunes et en vertu des dons de la nature que la richesse accapare à son profit, l'État peut se créer immédiatement plus de deux milliards de ressources et, dans un avenir prochain, des revenus annuels suffisants pour établir le budget des dépenses nationales, tous les impôts étant abolis.

Quand l'hérédité de l'État sera rationnellement appliquée, il n'y aura plus de famille sans pain ; il n'y aura plus de pauvres sans vêtements ; la misère aura disparu de la société ; la République aura accompli une belle partie de son œuvre.

⁂

Les ressources de l'État se composent actuellement des impôts de diverses classes qu'il est utile de remémorer.

Les multiples impôts dont nous sommes chargés peuvent se grouper dans les catégories suivantes :

Impôts directs,
Impôts indirects,
Enregistrement,
Revenus des services de l'Etat,
Revenus des monopoles de l'Etat,
Timbre,
Douanes,
Revenus des domaines,
Octrois.

Mais ces diverses sortes de ressources et de revenus de l'Etat se subdivisent en un nombre considérable de taxes et de contributions diverses dont nous devons examiner l'étendue et les complications.

Les impôts directs sont ceux qui affectent directement la propriété, le capital économisé ou en réserve aux mains des citoyens.

Ils comprennent l'impôt foncier, des portes et fenêtres, des patentes, personnel et mobilier, et des valeurs mobilières.

Les quatres premiers produisent environ. 400,000,000
Le cinquième produit environ . . . 47,000,000

La richesse paye donc en totalité . 447,000,000

Si l'on doublait ces impôts on obtiendrait pareille somme de ressources nouvelles.

Si, au contraire, on crée de nouveaux impôts sur le capital et le revenu pour une somme égale, il n'en faudra pas moins que la somme soit versée par la richesse.

Je l'ai déjà dit, les impôts sur le capital et le revenu ne sont qu'un trompe-l'œil. Mais nous vivons à une époque où l'hypocrisie et la dissimulation jouent un si grand rôle que, peut-être, une nouvelle forme de l'impôt a chance d'être admise par les Chambres et le pays qui n'y comprendront rien, de préférence à une augmentation des anciens impôts, dans laquelle chacun verrait ce qu'il aurait à payer.

Pourquoi ne pas comprendre que si l'on veut faire supporter, à la richesse acquise, les nouvelles folies de nos gouvernants, il est un moyen infiniment plus simple que celui de créer treize nouveaux impôts qui vont paralyser encore davantage l'activité des citoyens, et les gêner dans leurs moyens d'existence, ce serait de ne rien demander aux vivants et de prendre les resssources nécessaires sur la richesse délaissée à la mort.

En se procurant ainsi les ressources qui lui sont nécessaires, l'État ne porterait aucune atteinte à la liberté ni à l'activité, ni aux affaires des vivants ; il ne génerait en rien leurs moyens d'existence. Recueillant par droit de successions les biens qui lui seraient dus, il n'enléverait à personne aucune de ses ressources actives, il ne porterait aucun préjudice, ni au travail, ni à l'ouvrier ; il préleverait la part qui lui est due sur les biens acquis, au moment où ces biens n'ont plus de possesseur.

Il apparait, à qui examine l'intention du projet de M. Ballue, qu'on a voulu d'abord imposer la richesse : mais l'influence anti-démocratique de nos vieilles habitudes fiscales a vite repris le dessus pour imposer le travail sous prétexte de revenu, comme s'il était possible de confondre le salaire avec les revenus du capital.

Le projet de M. Ballue, au mépris des devoirs de la République et des principes démocratiques, ouvre donc une porte nouvelle à l'écrasement des travailleurs.

C'est ce qu'ont fait toutes les lois de l'assemblée de 1871 ; c'est ce que le projet de M. Ballue tend à aggraver.

On n'avait pas osé jusqu'ici imposer de front le salaire, on avait suivi les voies hypocrites et détournées des impôts indirects et des octrois par lesquelles on prélève de 200 à 400 frs. sur chaque famille, ouvrière ou non, sur les pauvres comme sur les riches ; car rien n'est proportionnel dans l'impôt indirect.

Plus hardi le projet de M. Ballue attaque le salaire des employés de tous ordres, au-dessus de quinze cents francs.

Il est vrai que le projet dit : « Ne seront jamais soumis à la taxe, les travailleurs manuels, à la tâche ou à la journée; » mais c'est là une exception, et comme on reconnaîtra bien vite que cette exception n'est pas fondée en équité, on assujettira aux mêmes règles tous les salaires. Pourquoi, en effet, un employé de bureau gagnant deux mille francs serait-il imposé, quand un ouvrier à l'heure ou à la journée gagnant trois ou six mille francs ne le serait pas ?

Alors la théorie de M. Thiers, la théorie de l'impôt qui atteint tout le monde et qui est productif par sa multiplicité, fera son chemin.

N'y regardant plus de si près, la classe dirigeante trouvera toutes sortes de raisons pour imposer tous les salaires. Les théories fiscales écrasant les classes les plus nombreuses se continueront et feront leur chemin jusqu'à ce que la révolution en fasse table rase.

Pourquoi les idées simples et bonnes ont-elles tant de peine à se faire jour dans nos assemblées législatives ?

Le droit d'hérédité de l'Etat est pourtant facile à concevoir et les conséquences en seraient si considérables que, pour qui a vu clair en matières d'impôts, il est impossible de comprendre comment tous les députés à l'unisson n'en demandent pas l'application.

Mais c'est qu'en général les députés pas plus que les autres hommes ne sont des novateurs. Les intrigues politiques les absorbent, ils sont les derniers à se tenir au courant du mouvement des idées. Les novateurs eux-mêmes faisant partie des assemblées parlementaires telles qu'elles sont constituées ont toutes les peines du monde à faire admettre la plus petite idée progressive ; il faut la pression de l'opinion publique longtemps soutenue pour que les assemblées législatives se décident à faire quelque chose. Sans cela, hésiterait-on plus longtemps à proclamer le droit d'hérédité de l'Etat pour décharger les classes ouvrières du fardeau qui pèse sur elles ?

Depuis trois ans bientôt, j'ai soumis aux députés ce projet. Quoi de plus nécessaire et de plus urgent pourrait-on proposer aujourd'hui ? L'Etat est à bout de ressources, les recettes ordinaires ne lui suffisent plus ; les emprunts s'engloutissent dans des dépenses infructueuses, et les intérêts de ces emprunts sont une cause d'augmentation permanente des budgets.

Il faut donc recourir à de nouveaux emprunts qui aggraveront le mal au lieu d'y remédier, ou procéder à la création de nouveaux impôts.

Or, nous avons actuellement :

Cinq impôts affectant directement le capital ;

Mais nous avons 44 impôts affectant les choses les plus indispensables à la vie; par conséquent, mettant à contribution la bourse du pauvre et des classes laborieuses à l'égal de celle des classes riches.

Cette énorme iniquité à laquelle s'ajoute celle de l'octroi renchérit toutes les denrées de consommation usuelle.

Toutes les boissons :

Vin, bière, cidre, eaux-de-vie, liqueurs ;

Tous les alcools et les vinaigres;

Toutes les épices propres à réconforter les classes pauvres :

Le sucre, le café, le poivre, le sel, etc. ;

Les choses propres à l'éclairage :

L'huile, le pétrole, les allumettes, les bougies ;

Les choses servant au développement de l'intelligence, du travail, des affaires, et au délassements:

Le papier, les voyages, le timbre sur les achats, les cartes à jouer, le tabac, etc.

Les douanes sur tout ce qui nous vient de l'étranger.

Par tous ces impôts indirects, l'Etat prélève un milliard cinq cents millions, c'est-à-dire quatre fois plus sur les classes laborieuses que sur tout ce que possèdent les détenteurs de la richesse.

Mais, à ces quinze cent millions payés par le peuple, il faut ajouter les octrois imposés à l'entrée des villes, octrois qui atteignent le producteur et le consommateur sur la plupart des denrées alimentaires : viande, boissons et comestibles divers.

Ces taxes d'octroi s'élèvent en France à 250 millions, de sorte que les masses laborieuses donnent au budget près de cinq fois plus que les classes riches.

Non-seulement les impôts indirects se prélèvent inexorablement sur toutes les choses nécessaires aux classes pauvres, mais ils atteignent le travail à sa source par mille moyens : le timbre est obligatoire sur toutes sortes d'affaires; d'un autre côté, les douanes renchérissent les matières premières et les denrées venant du dehors, par des taxes multipliées à l'infini ; toutes ces choses atteignent, par des voies détournées, le travail et la consommation.

Les impôts indirects en arrivent toujours à s'imputer sur les prix des choses de consommation et d'usage ; par conséquent, ils sont payés ou remboursés par ceux qui consomment ces choses ou en font usage; d'où il suit que les classes laborieuses paient ces impôts à l'égal de la classe riche ; mais, comme les classes laborieuses sont le grand nombre, ce sont elles qui en très grande partie paient la masse des impôts indirects. Car, même les impôts acquittés par la richesse se répercutent sur les classes pauvres. Les droits sur les matériaux de construction, par exemple, qui en douane et à l'octroi sont payés par les classes riches, augmentent les dépenses des constructions ; d'où il suit que le prix de location des immeubles en est élevé d'autant.

Les classes laborieuses ont donc à supporter ensuite cette augmentation de loyer qui rembourse les propriétaires de leurs débourses. C'est ce système abusif de l'impôt qui contribue puissamment à la misère des classes ouvrières.

N'est-il pas vrai que le peuple souverain n'a pas été consulté pour donner à l'impôt des dispositions aussi iniques, dispositions par lesquelles on a prélevé deux ou trois fois la dîme sur chaque bouchée qu'il mange et sur chaque chose qu'il consomme.

Un jour que je faisais, à la tribune, un tableau des abus de l'impôt analogue à celui-ci, un de mes collègues m'interpella en disant : « Si ce que vous dites-là est vrai, nous sommes tous des gredins. » Je ne pus que répondre : « Prenez-en votre parti ». Cela n'a pas empêché de voter des impôts sur l'huile, le vinaigre, la chicorée, le poivre et tout ce qui s'ensuit. Ah ! c'est que les classes dirigeantes aiment mieux faire payer les pauvres que de payer elles-mêmes.

Eh bien, donnons satisfaction à tout le monde en arrangeant les ressources et les revenus de l'Etat, de manière à ne plus rien prélever sur les pauvres et à ne plus rien demander aux riches, de leur vivant du moins.

Que l'Etat prélève sur la richesse, à la mort des personnes, la part qui lui est due ;

Qu'il n'abandonne plus les sources de la richesse publique en monopole à quelques privilégiés ;

Qu'il agisse en vue de faire rentrer toutes les entreprises de services publics sous la direction nationale même, comme il le fait déjà pour les Postes et Télégraphes ;

Qu'il fasse cela pour les chemins de fer, les canaux, les assurances, les mines ;

Qu'il fasse cela surtout pour la propriété et que, par le droit d'hérédité, il fasse rentrer aux caisses publiques les profits prélevés sur les citoyens par tous les intermédiaires qui écrément les produits du travail national. Il peut atteindre ce but à l'aide de son droit d'hérédité.

En retenant par devers lui toutes les parts qui lui tomberont en héritage dans les entreprises d'utilité nationale qui, aujourd'hui, constituent des monopoles au profit des classes riches, il rentrera au bout d'un certain temps, par ces héritages successifs, en possession de la totalité. Ainsi, tous les services publics et d'intérêt général reviendront aux mains de la nation tout organisés, tout montés, sans expropriation ni difficultés.

Alors, l'Etat au lieu de pressurer le peuple l'aura déchargé de tous les impôts ; il lui louera la propriété à des prix considérablement réduits, et il ne demandera qu'un revenu modique sur celle qu'il vendra. Toutes les améliorations sociales s'accompliront avec la plus grande facilité. Il n'y aura plus de déshérités des biens indispensables à la vie ; l'homme sera en possession de la plénitude de sa liberté ; il aura compris sa voie.

IV. Rendement du droit d'hérédité de l'Etat.

La routine nous retient au passé, ce n'est que par les efforts longtemps soutenus que le progrès s'accomplit. L'idée si simple et si judicieuse du droit d'hérédité de l'Etat dans les successions, par cela même qu'elle réaliserait un immense progrès, doit trouver des adversaires.

L'hérédité dans la parenté est poussée à des degrés que rien ne justifie ; elle a été établie par des circonstances fortuites consacrées par l'usage et l'habitude ; cela suffit pour qu'on la considère comme une chose respectable.

Quels que soient les abus et les injustices auxquels elle donne lieu, on ne s'en aperçoit même pas ; il faut presque toujours une révolution pour déraciner les mauvaises habitudes sociales consacrées par la loi.

Autrefois, le droit de primogéniture, au lieu de perpétuer la richesse dans la famille, la transmettait du père au fils aîné ; il a fallu des siècles d'oppression pour que le peuple en vînt à briser cet élément de servitude ; il a fallu la Révolution Française pour faire admettre tous les enfants à l'héritage de leur père.

Ces fortunes nobiliaires, sorties de la conquête et de la spoliation, n'ayant rien respecté dans leur constitution d'origine, ne respectaient rien des principes sacrés de l'égalité entre les hommes, même dans la famille. Le fils ainé avait tout, les cadets n'avaient rien que l'influence de leurs noms, c'est-à-dire les avantages publics attachés à la noblesse.

Par la Révolution, le sentiment d'égalité s'est étendu à tous les enfants d'une même famille ; l'injustice a perdu de la gravité de son caractère primitif, mais ce n'est qu'un premier pas accompli.

On a aboli le droit d'ainesse qui excluait les cadets de toute part à l'héritage, mais on est resté au droit des familles riches qui transmettent à leurs membres tous les biens qu'elles détiennent à l'exclusion du peuple.

L'iniquité sociale a perdu son ancien caractère pour en revêtir un nouveau. Les classes ouvrières sont restées exclues du droit d'hériter de la richesse enfantée par leur travail.

L'Etat a continué à favoriser la richesse au profit des privilégiés de la fortune, dans les familles, laissant à l'écart les vrais créateurs de la richesse, les ouvriers, qui, par leur travail, mettent toutes choses en valeur.

Il ne faut donc pas s'étonner si le droit d'hérédité de l'Etat, bien que fondé en principe sur la collaboration apportée par l'Etat lui-même dans la création de la richesse, est malgré cela encore incompris.

Il a fallu du temps pour amener l'esprit public à concevoir l'iniquité de l'hérédité par droit d'ainesse, il en faut encore pour l'amener à comprendre l'iniquité de l'hérédité dans la famille, à l'exclusion de l'Etat et des travailleurs qui sont les principaux facteurs de la richesse générale.

Il appartient à la République de réparer cet oubli.

Elle doit maintenant donner à tous les citoyens droit au patrimoine national et à la protection sociale.

L'inauguration du droit d'hérédité de l'Etat est donc un fait qui s'impose par la logique des événements ; elle est nécessaire aux dépenses budgétaires, à la marche et au fonctionnement de l'Etat ; elle est nécessaire à la restauration des droits du peuple ; elle est nécessaire à l'égalité et à la liberté des citoyens.

Le droit d'hérédité de l'Etat sera en politique un dénouement aux entraves qui embarrassent la voie du progrès social, progrès qu'il est indispensable de réaliser, pour mettre la direction des affaires publiques en rapport avec l'évolution accomplie dans l'industrie et la science.

Partout, on associe la simplification des méthodes à la force et à la puissance.

Ce qu'on fait dans la marche de la production générale, l'Etat doit le faire dans la direction des affaires nationales.

Aux 60 impôts absorbants et improductifs divisés en une multitude d'articles de perceptions diverses dont l'Etat tire ses ressources actuelles, il faut que nos Chambres, ou à leur défaut la nation, substituent une base unique de ressources ; il faut qu'elles créent l'hérédité de l'Etat destinée à supprimer tous les impôts, et que, par ce fait, tous les revenus de la nation soient basés sur des services rendus comme les Postes et Télégraphes.

Il faut, en lieu et place des propriétaires parasites, que l'Etat institue au bénéfice de tout le peuple l'accès à la propriété.

Dès maintenant, si la Chambre des députés s'élevant tout d'un coup au-dessus des préjugés de l'habitude et de la routine voulait entrer dans la voie de sérieuses réformes, elle reprendrait nos lois sur les successions pour en faire disparaitre l'iniquité et les abus, et sans rien changer, quant à présent, aux impôts actuels elle inaugurerait le droit d'hérédité de l'Etat, qui, en sus du budget de 1886, lui donnerait les ressources suivantes, établies d'après le bulletin de statistique du Ministère des finances, livraison d'octobre 1885.

	Droits actuels d'enregistrement	Droits d'hérédité à établir
Mutations par décès, en ligne collatérale, au-delà du 4me degré jusqu'au 12me :	9.149 fr.	
Totalité de l'héritage		91.465.201 fr.
Entre grands oncles, grand'tantes, petits neveux, petites nièces et cousins germains :	20.731	
Totalité de l'héritage		125.904.614
Entre frères et sœurs, oncles et tantes, neveux et nièces :	146.246	
Totalité de l'héritage		724.875.492
Testaments entre époux :	160.934	
50 pour 0/0 sur 534.976.245 fr.		267.488.122

Testaments entre personnes diverses 50 pour 0/0 sur 215.812.860 fr.	34.876	107.706.430
En ligne directe dont le droit actuel est de	513.875	
on pourrait d'après les considérations qui précèdent établir le droit d'hérédité de l'Etat d'une façon progressive, en ne prenant que 1 p. 0/0 sur les petits héritages et 50 p. 0/0 sur les plus forts, de manière à ce que le droit moyen fût de 33 p. 0/0 sur environ 3.300.000.000 fr.		1.100.000.000
Total du droit d'hérédité. . .		2.417.439.859 fr.

Dans ce tableau l'hérédité en ligne collatérale serait abolie au profit de l'Etat.

Les testaments seraient passibles d'un partage par moitié avec l'Etat.

En ligne directe, l'hérédité de l'Etat serait nulle sur les petites successions; elle s'élèverait progressivement jusqu'à un maximum de 50 p. 0/0 sur les grandes fortunes, pour produire une moyenne d'environ 33 p. 0/0.

Dans ces conditions, l'Etat trouverait, dès la première année deux milliards, quatre cent dix-sept millions de ressources nouvelles et, en sus, la constitution d'un revenu national qui se développerait chaque année, remplaçant les fermages et les impôts.

Il convient de remarquer que de ces deux milliards quatre cent dix-sept millions, la moitié à peu près, soit plus d'un milliard, est en biens meubles; par conséquent, en valeurs dont l'État pourrait disposer, et l'autre moitié en immeubles sur lesquels il baserait son revenu, revenu qui, à raison de 2 0/0, s'élèverait plus tard à environ deux millards.

Il est facile d'entrevoir ce qu'un gouvernement sage serait en état de faire pour le bonheur du peuple avec un milliard de valeurs disponibles, en sus de son budget ordinaire, et un autre milliard de biens immeubles, partiellement réalisables, sur lesquels dans tous les cas les impôts seraient effacés, en même temps que les fermages payés aujourd'hui aux intermédiaires. Les citoyens n'auraient plus à compter que la rente ou le fermage réduit revenant à l'État, rente ou fermage qui, avec le droit d'hérédité nationale et les revenus des services publics, constituerait toutes les ressources de la nation au bout d'un certain temps.

Ainsi se réalisera l'heureux moment où les ressources publiques se composeront de revenus provenant de services rendus par l'État aux citoyens.

Les ressources à prévoir en remplacement des mille impôts actuels se composeraient pour la France, approximativement, de la façon suivante :

Ressources provenant du droit d'hérédité de l'État.	
Héritages de valeurs mobilières.	1.100.000.000
Ventes emphytéotiques d'immeubles, moitié des héritages . .	550,000,000
Rente de l'État remplaçant les impôts et les fermages sur tous biens immeubles de la nation, 2 0/0 sur cent milliards	2,000,000,000
Ressources provenant des services publics :	
Postes et télégraphes	165,000,000
Revenus des chemins de fer recouvrés par l'État, 4 0/0 environ du capital	700,000,000
Domaines actuels, revenus	53,000,000
Services publics à organiser . . .	(*Pr mémoire*)
Total	4.568.000,000

Quatre milliards cinq cent millions réalisés en six articles budgétaires, quelle simplification dans les recettes ! Et pourtant cette réforme facile dans la constitution des ressources de l'État ne s'accomplira que lentement et difficilement.

On continuera à tracasser, à pressurer le travail, à imposer aux citoyens en activité de production mille sujétions nuisibles à leur liberté et à leur tranquilité, plutôt que de demander à la fortune de ceux qui sont morts la restitution des dons gratuits qu'ils avaient reçus de la nature et de la société et la part due pour le concours que l'État leur avait prêté, en leur facilitant les voies de la fortune.

Ce droit d'hérédité nationale n'est-il pas assez évident pour que l'État l'exerce au nom des citoyens dépouillés de toute part sociale?

Est-il possible que l'iniquité des lois fiscales actuelles se continue indéfiniment en faveur de ceux qui possèdent ? Les pouvoirs publics continueront-ils à sacrifier ce droit et à demander au labeur le surcroît des charges publiques ?

Non, il faut tarir cette source d'iniquités, elle ne peut durer plus longtemps.

Mais comment pourrai-je convaincre mes contemporains de l'immensité de la réforme pacifique qu'ils pourraient accomplir par l'hérédité de l'État sagement appliquée ?

Comment obliger leurs regards à se porter sur l'évolution tranquille qui s'opérerait promptement en agriculture et en industrie, pour le plus grand bonheur des classes laborieuses et pour la sécurité des classes qui possèdent la richesse?

Comment leur ferai-je comprendre que l'hérédité de l'État est le point de départ pour organiser le travail, l'agriculture et l'industrie, de manière à prévenir les crises, les chômages et les misères dont le peuple souffre en ce moment ?

Ce sont ceux-là seulement dont la générosité de cœur est touchée des souffrances des populations qui pourront en entrevoir les heureuses conséquences ; mais les personnes qui se sont occupées sincèrement de l'étude des questions sociales seront seules capables d'en comprendre toute la portée.

Je conçois facilement que cette proposition soulève contre elle les préjugés en matière de succession et surtout le mécontentement de ceux qui ont des espérances d'héritage ; mais, enfin, cette mesure ne leur enlèverait que des espérances plus ou moins fondées, puisque les frères et sœurs, oncles et tantes, cousins et cousines, peuvent disposer de leurs biens et en priver eux-mêmes leurs prétendus héritiers.

L'héritage en ligne collatérale n'est donc pas même un droit ; il n'est qu'une manière d'attribuer la propriété lorsqu'elle tombe en désuétude par la mort de son propriétaire. Eh bien, je dis : En ce cas, l'État seul est le légitime héritier au nom de la nation, comme ayant aidé à la formation de la fortune avec le peuple qui l'a édifiée de ses labeurs.

Aucune raison, ni philosophique ni sociale, ne peut être invoquée pour justifier le droit de succession en ligne collatérale. C'est une réminiscence des temps primitifs où les familles se développaient dans un même lieu et se partageaient les biens entre proches.

A notre époque, les proches ce sont les ouvriers, les travailleurs coopérant aux mêmes travaux. Autrefois, les hommes étaient particulièrement unis par le sol ; aujourd'hui, ils s'unissent par l'industrie, les professions et le travail.

Les collatéraux ont perdu leur prépondérance par la facilité des rapports, les liens entre les hommes se sont déplacés dans une forte mesure.

Aujourd'hui, ce qui doit être prépondérant dans les partages, c'est l'intention du possesseur ; celui-ci, pardessus tout, doit indiquer la destination qu'il entend donner à ses biens après sa mort, sous réserve des droits de l'État.

Si le possesseur n'a pas fait de testament, s'il n'a disposé de ses biens en faveur de personne, la Société doit entrer en possession de la totalité des biens, tandis qu'elle doit n'intervenir que pour la moitié dans le cas de testament.

N'est-il pas étrangement injuste qu'en l'absence d'indication de la part du défunt, sa fortune aille en des mains déjà pleines de richesses, lorsque le peuple travailleur souffre de misère.

La loi, se faisant en cette occurence l'instrument d'un droit de succession qui ne laisse au travailleur rien de ce qu'il a produit et qui donne la fortune en monopole à ceux qui la possèdent déjà, est une loi d'iniquité, une erreur législative établie par ignorance du juste et du bien, ou par une pensée égoïste et malsaine qu'il faut réformer.

Mais la routine, c'est l'ignorance du juste et du vrai, c'est l'opposé de la droiture ; et c'est la routine qui guide encore la grande majorité des hommes. Il faudra donc démontrer cent fois le juste et le vrai dans la question d'héritage et les principes de droiture en fait de propriété, avant d'espérer la réforme de nos mauvaises habitudes touchant la transmission de la propriété et de la richesse en général.

Le moment est venu où il faut opérer des réformes dans la répartition de la richesse ; tous le penseurs le sentent et le peuple lui-même s'en rend compte. Eh bien, rien n'est possible dans cette œuvre de régénération si l'État ne commence lui-même par réformer les abus dont il s'est fait jusqu'ici le protecteur.

Les abus des impôts et les monopoles dans la transmission de la richesse sont donc les deux premières choses qu'il faut réformer. C'est à cette condition qu'on entrera dans la voie des améliorations sociales pacifiques et fécondes, qu'on donnera à l'agriculture, à l'industrie et au travail, la prospérité et la sécurité que les abus de l'impôt et les monopoles leur enlèvent.

V. Evolution sociale pacifique ou révolution à court terme.

La collectivité du sol et des instruments de travail ou, en d'autres termes, l'accès à la terre, à la production et à la consommation, telle est l'idée, encore assez vaguement définie, qui se fait jour dans toutes les nations civilisées : en Angleterre, aux Etats-Unis, en France, en Allemagne, en Russie, en Italie. Partout, les peuples ont un vague sentiment que les monopoles de la terre et des richesses naturelles, du capital et de l'industrie, sont les fléaux qui les réduisent à la misère, par le fait d'une concentration toujours plus intense en quelques mains des profits résultant du travail.

La richesse et tous les profits aux uns, un salaire insuffisant, la faim et la misère aux autres sont aujourd'hui le problème effrayant demandant une solution.

La terre inaccessible au paysan si ce n'est par la volonté d'un propriétaire, le travail et ses instruments inaccessibles à l'ouvrier si ce n'est par la volonté du chef d'industrie : Cet état de choses excite des sentiments de réprobation contre les monopoles qui perpétuent la propriété et la richesse dans certaines familles, au détriment du peuple, sentiments auxquels il faudra que satisfaction soit donnée d'une manière ou d'une autre.

Les masses livrées aux étreintes des souffrances de la misère ne voient guère, en présence de l'indifférence des classes dirigeantes sur leur sort, d'autre espoir que dans la révolution.

L'idée d'une nouvelle abolition des privilèges arrachée à la résistance de ceux qui possèdent la fortune, leur semble la seule issue pratique. Cette idée, qui peut être fondée quant à la résistance des classes dirigeantes, n'est pas, quoiqu'il en soit, la découverte du remède aux abus.

Si la révolution dans un renversement profond des choses peut briser un système, elle est impuissante à édifier tant que la science n'a pas rationnellement établi par avance les moyens de l'édification.

Mais, puisqu'il en est ainsi, pourquoi les classes dirigeantes n'iraient-elles pas au-devant du danger pour le prévenir ? Pourquoi ne chercheraient elles pas, elles-mêmes, les moyens d'éviter l'effondrement social que la continuation des abus doit produire ?

Il ne faudrait pour cela que quelques hommes d'intelligence et de cœur, parmi les notabilités des classes dirigeantes, pour provoquer ce mouvement de rénovation et de salut.

Qu'au lieu de toujours vouloir rétablir le passé, nos dirigeants tournent leurs regards vers l'avenir ; qu'au lieu d'amonceler orages et tempêtes, ils cherchent les moyens de la sérénité et du calme ; cela leur est facile.

Qu'ils aient la sagesse d'inaugurer le droit d'hérédité de l'Etat, les difficultés et les événements formidables qui s'amoncèlent pour l'avenir se résoudront en un mouvement pacifique et rénovateur dans lequel riches et pauvres se confondront en bénédictions.

Dans l'état actuel de la situation économique des nations civilisées, on conçoit qu'au contraire le peuple privé de tout espoir songe à la révolte, comme seul moyen de faire établir son droit de pouvoir vivre de son travail.

Devant l'imminence de ce danger, les classes riches ont organisé la résistance, mais elles doivent reconnaître que toujours il arrive un moment où les ressorts des gouvernements se détendent et se relâchent. Alors, un événement imprévu surprend les gouvernants et personne dans ces moments ne sait où donner de la tête.

Ce sera dans une circonstance analogue que les classes dirigeantes, confiantes en leur puissance, se verront un jour à la merci de ceux qu'elles maintiennent dans la pauvreté et la misère. Alors, au lieu de mesures prudentes et sages, ménageant le présent et l'avenir, ce sera un effondrement général dans lequel tout sera à refaire.

Les Chambres actuelles seront-elles assez imprudentes pour continuer à nous laisser aller à la dérive, sans direction ni boussole, lorsqu'un moyen aussi simple que celui de l'hérédité de l'Etat permettrait d'éviter les écueils et de revenir au port en sécurité, à l'abri de tous les dangers.

Que les Chambres instituent le droit d'hérédité de l'Etat, qu'elles organisent avec les ressources disponibles qui en résulteront les garanties que la solidarité nationale réclame immédiatement en faveur des classes ouvrières, et la confiance renaîtra dans l'esprit des masses et avec la confiance l'attachement aux institutions qui les protégeront.

Si les gouvernants ne veulent pas ouvrir cette soupape de sûreté aux bouillonnements qui naissent de la souffrance des populations, la machine gouvernementale éclatera un jour et nous ensevelira sous ses débris.

Comment espérer que le peuple se contente toujours de se voir ravir son pain quotidien ?

Comment espérer qu'il fasse la sourde oreille à ceux qui lui disent : Il y a des riches qui ne font pas attention à vos misères et qui, pourtant, disposent, chacun en particulier, de telles richesses qu'à eux seuls les revenus de chacune de ces fortunes suffiraient pour permettre à 10 mille, à 20 mille, à 100 mille individus de vivre à perpétuité dans une certaine aisance.

Empêchera-t-on le peuple de penser qu'il y a encore des princes, des ducs, des comtes, riches des richesses extorquées à la nation, des financiers enrichis des dépouilles du travail et des économies du peuple, concentrant en leurs mains les ressources disponibles, ressources capables de donner le nécessaire à la France entière, et malgré cela thésaurisant sans cesse, au détriment de la juste répartition de la richesse, drainant les profits du travail et les économies des peuples, de manière que les populations souffrent de la faim, dès que le chômage se produit.

Le peuple s'éclaire, le peuple comprend, et ses partisans les plus autorisés en conçoivent maintenant plus en économie sociale que toutes les classes dirigeantes réunies. Mais, évidemment, devant les causes comprises du mal et l'analyse de leurs conséquences, les moyens proposés pour y remédier sont plus ou moins empiriques, plus ou moins savants, plus ou moins violents ou pacifiques.

Ils se produisent suivant le tempérament des nations, suivant la nature des obstacles de chaque milieu, et aussi suivant le caractère et l'esprit des hommes qui se vouent au travail de rénovation de la société moderne.

C'est ainsi que dans le but de faire disparaître les abus de la propriété foncière individuelle, les uns proposent d'appliquer à cette propriété même les moyens violents auxquels ils attribuent son origine : l'expropriation pure et simple et sans indemnité, de manière à constituer la propriété collective.

Cette doctrine, si absurde qu'elle puisse paraître aux conservateurs, renferme plus de dangers qu'ils ne pensent, si les classes dirigeantes n'avisent au moyen d'améliorer le sort des masses ouvrières.

Car cette idée est simple en elle-même et à la portée de bien des intelligences : reprendre le sol qui est un don de la nature, le remettre au service de tous ; reprendre la propriété, l'usine, la fabrique créées par le travail, les mettre au service des travailleurs et permettre ainsi à ces derniers de produire pour eux-mêmes: cela peut paraître aussi séduisant que juste à ceux qui ne peuvent occuper leurs bras ni satisfaire leur faim.

Si ventre affamé n'a pas d'oreille pour écouter les théories du droit de propriété, il ne peut être insensible à ce qui offre satisfaction à ses besoins. De même que la faim oblige le loup à chasser hors du bois, la faim peut obliger les travailleurs à demander les moyens de vivre à autre chose qu'au travail, quand celui-ci leur est refusé.

Si donc la propriété collective dans la conception brutale que je viens d'exposer, n'a rien de réalisable, elle n'en est pas moins un puissant excitant révolutionnaire pour des masses exaspérées par la tyrannie des besoins.

Avis donc aux égoïstes du régime présent de la propriété, à ceux qui écrasent les faibles et n'en n'ont jamais assez pour eux-mêmes, lorsque tant de leurs frères ne peuvent trouver le moyen de gagner leur vie.

Il est des partisans de la collectivité du sol, quil moins pressés par le besoin de manger, demandent l'expropriation foncière moyennant indemnité ; ceux là ne voient pas ce qu'il y a d'absurde et d'impraticable dans un tel projet.

Exproprier le détenteur actuel du sol en l'indemnisant, cela peut se faire pour une parcelle, pour un quartier, quand on a l'impôt du peuple pour payer ; mais exproprier dans leur ensemble les détenteurs du sol de tout un pays, il faudrait pour cela donner la propriété elle-même pour en solder la valeur ; car, en dehors de la richesse, il n'y a pas de richesse ; et si vous l'expropriez où elle est, il n'y a plus rien pour la payer.

L'Angleterre et les États-Unis sont en ce moment sourdement travaillés par une idée, celle de l'accaparement, par l'État, de tous les revenus.

Ne s'occuper ni du fonds, ni de la propriété mais exiger que les revenus en soient payés à l'État ; cela n'est pas moins révolutionnaire que l'expropriation du fonds et n'a pas l'avantage de rendre libre l'exploitation des biens monopolisés.

Toutes ces théories, tous ces échos de Lassalle, Spencer, Henry Georges, tous ces systèmes ne sont praticables que par l'intervention révolutionnaire, que par des pouvoirs publics constitués en opposition à tout ce qui existe ; c'est un cataclysme social.

Quelle différence entre tous ces systèmes et celui du droit d'hérédité de l'État que je propose ; celui-ci n'atteignant en aucune façon le propriétaire dans la jouissance de ses biens, lui laissant de son vivant la plénitude de ses droits, ne faisant, enfin, intervenir l'Etat que pour reprendre sur les biens délaissés à la mort les avantages que lui-même avait accordés, et cela pour mettre la nation en mesure de continuer à accorder des bienfaits semblables aux autres citoyens et, particulièrement, aux déshérités de la société.

Par l'hérédité de l'Etat la propriété et la richesse publiques s'étendent et s'affermissent; une rénovation complète s'opère, sans crise et sans trouble dans la tranquilité publique ni dans les affaires; l'agriculture et l'industrie redeviennent prospères et tous les citoyens retrouvent leur place au soleil.

Avec le droit d'hérédité de l'Etat, il n'est plus besoin d'expropriation, ni d'indemnités, ni de révolution; l'Etat hérite après la mort des personnes; il intervient au nom de la société tout entière pour les services qu'ont obtenus d'elle ceux qui ont fait fortune; il utilise les ressources qu'il retire de son droit d'hérédité, à assurer l'existence de tous les citoyens; il maintient à l'initiative privée l'exploitation agricole et industrielle de tous les biens tombés en sa possession, mais il en exige un revenu qui remplace les fermages et les impôts. Rien n'est plus simple; tous les rouages compliqués de l'Etat disparaissent pour faire place à une administration de la chose publique, simplifiée et productive.

VI. -- L'hérédité nationale ne doit pas s'exercer sous forme d'impôt.

Il est concevable que beaucoup de personnes ne puissent s'affranchir tout d'un coup de l'idée de l'impôt, les ressources publiques n'ayant jamais guère eu d'autre origine. L'hérédité nationale leur apparaît non pas comme un droit que l'Etat doit exercer sur les biens des personnes, au moment où s'ouvre leur succession, mais au contraire comme un impôt créé par la loi et qui se prélèverait sur les successions comme se prélève maintenant l'enregistrement.

C'est là une très-grave erreur qu'il importe de faire disparaître; car cette méprise ne conduit à rien moins qu'à réduire à néant les heureux effets que doit produire en économie sociale l'exercice du droit réel d'hérédité nationale.

Je propose, en effet, un *droit progressif* d'hérédité de l'Etat sur les successions en ligne directe, et le *droit complet* d'hérédité en ligne collatérale, mais cela n'est pas un impôt progressif sur les successions.

Les personnes qui interprètent de cette façon ma proposition n'ont pas compris l'énorme différence qui existe entre le droit de l'Etat à une part des biens dans les successions et un impôt sur ces mêmes biens, quand même cet impôt serait égal en valeur au droit d'hérédité nationale que je propose de prélever, en biens, à titre d'héritage.

Il ne pourrait pas, du reste, en être autrement dans les degrés de la ligne collatérale où l'Etat sera seul héritier.

Le procédé de l'impôt ne ferait pas disparaître les abus que l'hérédité de l'Etat a pour objet de redresser; et il créerait dans la gestion de la propriété des embarras que l'hérédité de l'Etat évite.

L'hérédité de l'Etat serait un moyen de réforme sociale pacifique de première importance, tandis que l'impôt progressif sur les successions ne serait qu'un moyen fiscal ajouté à toutes les mesures de ce genre que nous devons réformer.

Par l'hérédité nationale, l'Etat intervient comme un simple héritier; il agit ensuite comme propriétaire des biens qui lui sont échus. Aucune pertubation n'a lieu dans l'administration de ces biens.

Si, au contraire, le droit de l'Etat revêtait la forme de l'impôt et qu'en ligne directe, par exemple dans de grandes fortunes, l'impôt progressif prélevât le tiers ou la moitié des biens, la succession devrait être liquidée pour l'acquittement des charges; cela donnerait lieu à la dépréciation de la propriété et apporterait une perturbation sérieuse dans les affaires.

Au contraire, dès que l'Etat prend en nature sa part d'héritage, rien ne change dans l'administration des biens que pour y introduire des améliorations sociales.

Dès que la terre et les instruments de travail écherront en partie, chaque année, à l'Etat, le législateur ne sera plus dépourvu de moyens d'action: les Chambres pourront assigner à ces biens telle destination que les circonstances suggèreront; elles débarrasseront d'abord la terre du fermage et des impôts pour n'y maintenir qu'un modique revenu en faveur du trésor.

L'hérédité de l'État restituerait à la nation le fonds de la terre dont la société n'aurait jamais dû se dessaisir, et dont elle ne doit céder la jouissance que temporairement aux citoyens et de manière à toujours le laisser libre aux générations qui se succèdent.

L'hérédité de l'État ferait insensiblement disparaître les monopoles et les privilèges que le droit d'héritage crée encore de nos jours.

L'hérédité de l'Etat entrainerait une plus juste répartition de la richesse et ferait disparaître les iniquités de la spéculation et de l'agiotage.

L'hérédité de l'Etat ouvrirait un champ facile à l'association des travailleurs, aussi bien en agriculture qu'en industrie.

L'hérédité de l'État rendrait le travail libre au peuple, en permettant à la société d'offrir en permanence la terre et les instruments de travail à l'activité des citoyens.

Que serait au contraire l'impôt progressif sur les successions ? Un droit fiscal ajouté à toutes les mesures de ce genre qui composent notre arsenal d'impôts ? Ce serait un moyen d'augmenter les ressources budgétaires, mais ce moyen n'aurait aucune portée politique ni sociale parce qu'il aurait les défauts de l'impôt.

L'idée de l'impôt progressif sur les successions est exclusive des réformes sociales ; l'hérédité de l'Etat, au contraire, ouvre la voie de ces réformes.

Voici donc ce qui se produira dans l'étude de cette question. Ceux qui font peu de cas des réformes sociales préconiseront l'impôt sur les successions ; ceux qui, au contraire, croient les réformes sociales nécessaires voudront établir le droit d'hérédité nationale.

Mais, comme il est dans la nature des choses que devant deux procédés les mauvais ouvriers prennent toujours le moins bon, il est fort à craindre que, par notre temps de mauvaise besogne législative, on ne s'arrête de préférence à un impôt sur les successions avant d'appliquer l'hérédité de l'Etat dans sa forme rationelle. C'est pourquoi je m'efforce de mettre nos législateurs en garde contre les erreurs commises, déjà, sur le mode d'intervention du droit de l'Etat dans les successions.

L'impôt progressif sur les successions donnerait à l'Etat des ressources en argent, mais il ne ferait pas rentrer la société en possession de la terre ni des instruments de travail ; il la laisserait impuissante à agir sur la répartition des richesses, et, par conséquent, impuissante à améliorer la situation des classes ouvrières.

Or, il faut que, nos gouvernants veuillent bien se rendre compte qu'à côté des difficultés budgétaires il y a d'autres problèmes à résoudre, que la question sociale de l'amélioration du sort des classes ouvrières est d'une telle gravité qu'il n'est pas possible de toujours l'ajourner sans péril, que d'un autre côté il y a lieu de s'en occuper au nom de l'équité et de la justice, qu'il est souverainement triste de voir des ouvriers sans pain et sans asile à une époque comme la nôtre, lorsque les classes qui possèdent embarrassées de leurs richesses n'en trouvent plus l'emploi.

Il y a iniquité évidente dans un tel état de choses. Il ne convient pas de s'attarder à prêcher l'économie et l'épargne à des ouvriers auxquels la société refuse du travail et qui sont sans pain, sans vêtements et sans abri ! Pour ceux-là, il faut que la société trouve dans un plus sage emploi de la richesse acquise les moyens de leur offrir du travail, du pain, des vêtements et un abri.

Aux socialistes on a toujours répondu en demandant :

Quels sont vos moyens pratiques ?

Or, le droit d'hérédité de l'Etat que je propose n'a de caractère ni purement local, ni exceptionnel, c'est un moyen d'Etat s'appliquant à la nation entière, embrassant toute la fortune nationale, ne demandant rien au droit des personnes vivantes, ne portant atteinte à aucune entreprise, ne touchant à rien de tout ce que détiennent ceux qui possèdent, ne s'exerçant enfin que sur les biens de ceux qui, par la mort, ont cessé de posséder.

Et sur les biens de ceux-là, députés, sénateurs, gouvernants de tous ordres, hésiterez-vous, à récupérer la part de Dieu qui est la part des pauvres ? Hésiterez-vous à reprendre là ce qui est dû à l'Etat, afin d'en faire un emploi plus juste, plus équitable, plus humain que celui qui en a été fait jusqu'ici ?

Vous pouvez, par ce moyen, ouvrir aux classes ouvrières des horizons nouveaux de travail, d'aisance et de bien-être, à la place de la misère qui les accable, et vous pouvez leur offrir ces bienfaits sans dommage pour personne !

Votre responsabilité sera grande si vous en écartez les moyens.

GODIN.

Fondateur du Familistère.

Ancien Député.

L'un des Gérants : A. Doyen.

Guise. — Imp. Baré.

Ce 6me numéro des **ÉTUDES SOCIALES**

NI IMPOTS NI EMPRUNTS

L'Hérédité de l'État, base des ressources publiques,

Est envoyé à tous les *Députés* et à tous les *Sénateurs* avec notre 4me numéro d'*Etudes sociales* intitulé : **L'hérédité de l'Etat** qui, déjà, leur avait été remis lors de son apparition.

La brochure : **Mutualité nationale contre la misère par le droit d'hérédité de l'Etat** leur a été également envoyé. Nos Chambres sont donc saisies de tous les documents capables de les éclairer sur cette question.

La gravité de notre situation budgétaire est telle que, malgré leur indifférence, les hommes politiques ne peuvent en ajourner plus longtemps l'examen.

Peut-être le système fiscal supportera-t-il encore quelques retouches susceptibles de le faire durer quelque temps, mais la nécessité de le remplacer par un système budgétaire basé sur l'obligation de trouver dans la richesse accumulée les ressources publiques ne peut être éludée pendant longtemps.

En dehors des faits révolutionnaires l'hérédité de l'Etat est le seul moyen législatif par lequel il soit possible de faire disparaître les abus de l'impôt. Cette question prend donc une importance exceptionnelle au moment où une nouvelle Chambre est saisie d'un projet de loi sur la réforme de l'impôt et se dispose à voter son premier budget.

La République ne sera solidement assise que lorsque son système financier sera établi de manière à permettre l'institution des réformes nécessaires en faveur du peuple. Nos lecteurs comprendront que, par ce motif, l'hérédité de l'Etat soit maintenant un des plus importants sujets dont les Chambres françaises puissent s'occuper ; c'est ce qui nous a déterminé à le soumettre à nos législateurs.

BROCHURES DE PROPAGANDE

ÉTUDES SOCIALES

N° 1 - Le Familistère. - *Brochure illustrée contenant cinq vues du Familistère et de ses dépendances, fait connaître les résultats obtenus au Familistère de Guise par l'ASSOCIATION DU CAPITAL ET DU TRAVAIL, association ouvrière au capital de 4.600.000.*

Un exemplaire 0 f^r. 40 cent. Dix exemplaires 2 fr. 50

N° 2 - La Réforme électorale et la Révision constitutionnelle . . . . . . 0 fr. 25

N° 3 - L'Arbitrage international et le Désarmement européen. . . . . . . 0 fr. 25

N° 4 - L'Hérédité de l'État ou la Réforme des impôts. . . . . . . 0 fr. 25

N° 5 - Association ouvrières. — Enquête de la commission extra-parlementaire au ministère de l'Intérieur. Déposition de M. GODIN, fondateur du Familistère de Guise, association du Capital et du Travail.

N° 6 - Ni Impôts, ni Emprunts — **L'Hérédité de l'Etat, base des ressources publiques** 0 fr. 25

Les N°s 2 à 6 des *Études sociales* se vendent : 10 exemplaires 2 fr.
» » » » 100 » 15 fr.

N° 8

ÉTUDES SOCIALES

L'Hérédité Nationale

OBJECTIONS,
QUESTIONS ET RÉPONSES

Faire de l'existence humaine le premier objet de l'attention sociale ;
Aimer, vénérer, respecter, servir l'existence humaine ;
La protéger au-dessus de toutes choses dans l'individu, dans la famille et dans la société.
Telle est la mission de la politique.

VUE DU FAMILISTÈRE DE GUISE — PALAIS SOCIAL

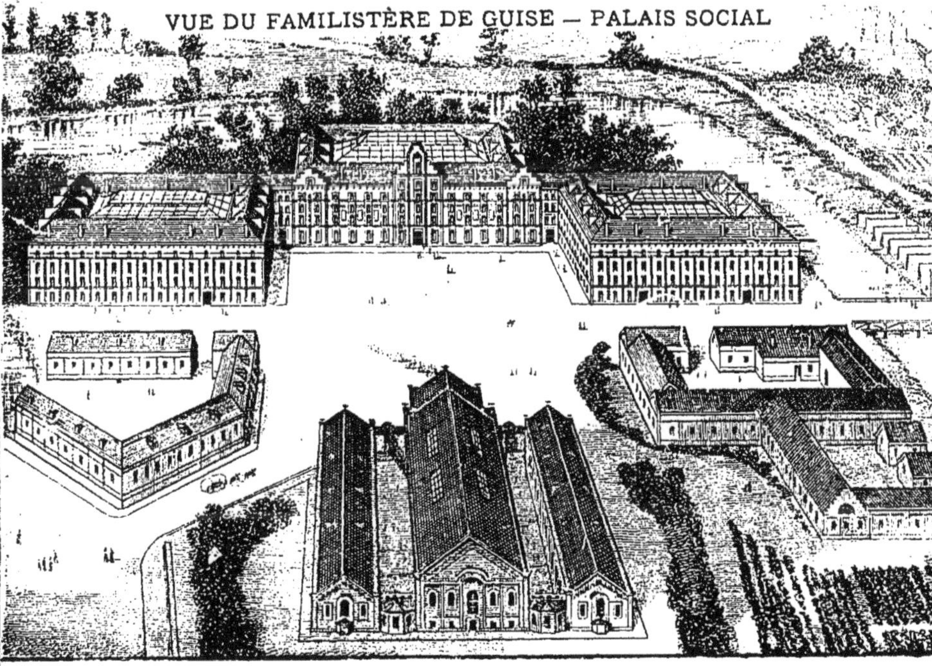

Prix 25 centimes

EN VENTE à la Librairie du Familistère à Guise (Aisne)

GUISE. — IMPRIMERIE BARÉ.

PROGRAMME POLITIQUE D'ACTUALITÉ

RÉFORMES POLITIQUES

Placer la protection et le respect de la vie humaine au-dessus de toutes choses dans la loi et dans les institutions.

Eviter la guerre, la remplacer par l'arbitrage entre nations.

Faire des garanties de la vie humaine la base de la constitution politique et sociale du gouvernement.

Consolider la République en inaugurant la souveraineté nationale par l'organisation du suffrage universel.

Fonder cette organisation du suffrage sur la base du *scrutin de liste nationale* pour l'élection des députés et du *renouvellement partiel et annuel* de la Chambre.

Election et dépouillement à la commune.

Recensement départemental au chef-lieu du département.

Récensement national à Paris.

Proclamation du quart des députés à élire parmi les candidats qui auraient obtenu le plus de voix au premier tour de scrutin.

Affichage de cette proclamation dans toutes les communes de France avec la liste de tous les candidats qui auraient obtenu plus de 10,000 voix.

Second tour de scrutin le troisième dimanche après l'affichage de la liste des candidats sortis du vote.

Proclamation des députés restant à élire dans les candidats ayant obtenu le plus de voix au second tour.

Ce système aurait pour conséquence :

La moralité dans les élections ;

La liberté de l'électeur dans le choix de ses candidats, avec la presque certitude de donner un vote utile ;

L'égalité des citoyens devant l'urne, chaque électeur votant, partout la France, pour autant de noms qu'il y a de Ministères, c'est-à-dire de départements des affaires publiques ;

La possibilité de la représentation proportionnelle et, par conséquent, des minorités ;

La représentation par les supériorités ;

Le contrôle des électeurs sur leurs mandataires ;

Cette organisation du suffrage universel rendrait la candidature vraiment démocratique et la rendrait possible aux hommes de talent et de mérite, sans fortune.

Elle moraliserait le régime représentatif, les députés qui failliraient à leur programme et à leurs engagements étant vite remplacés ;

Avec ce système, les députés élus par le collège national seraient les députés de la France ; ils ne seraient plus élus qu'en raison de leur conduite législative ; ils seraient responsables devant la nation de l'observation loyale de leurs engagements et du programme qui leur aurait mérité l'élection.

RÉFORMES CIVILES.

Abolition régulière et progressive des abus de l'impôt en prélevant les ressources nécessaires à l'Etat sur la richesse acquise ; mais en faisant ce prélèvement après la mort des personnes et non de leur vivant.

A cet effet, établissement du droit d'hérédité de l'Etat dans les successions.

Droit d'hérédité progressive sur les héritages en ligne directe ; l'État prélevant peu de chose sur les petites successions, mais élevant son droit progressivement jusqu'à 50 0/0 sur les fortunes dépassant cinq millions.

Droit de 50 0/0 sur tous les testaments.

Droit complet d'hérédité de l'Etat en ligne collatérale et sur tous les biens n'ayant ni héritiers directs ni légataires.

Abolition de l'impôt sur tous les biens tombés en héritage à l'Etat, mais substitution à cet impôt d'un revenu sur tous les biens revendus par l'Etat et d'un fermage sur tous les biens loués par lui.

Suppression régulière, par ce moyen, des fermages payés aux propriétaires intermédiaires; la propriété immobilière devant être exploitée par ceux qui la détiennent soit comme fermiers, soit comme propriétaires.

RÉFORMES SOCIALES

Institutions de garanties sociales en faveur des classes laborieuses et pauvres par l'hérédité de l'Etat.

Protection à l'association entre le capital et le travail. Participation des ouvriers aux bénéfices.

L'Hérédité Nationale

OBJECTIONS.

QUESTIONS ET RÉPONSES

Faire de l'existence humaine le premier objet de l'attention sociale.
Aimer, vénérer, respecter, servir l'existence humaine.
La protéger au-dessus de toutes choses dans l'individu, dans la famille et dans la société.
Telle est la mission de la politique.

SOMMAIRE. — I. Extraits de lettres et réponses. — II. Les préjugés sur la richesse. — III. Les causes des crises du travail. — IV. Conclusion.

I. -- Extraits de lettres et réponses.

Lettre de M. Silberling, Craïova, Valachie.

Objection :

« Le dernier travail de M. Godin, « *L'hérédité de l'État*, » est remarquable à tous égards ; il « n'y a guère qu'une seule objection à faire à « cette réforme, c'est qu'elle n'est applicable que « dans une société supérieure à la nôtre, soit au « garantisme.

« Si les civilisés adoptaient cette réforme, ils « trouveraient encore moyen d'employer ces « ressources pour faire des canons et des « baïonnettes et autres engins pour s'entre-déchirer plus facilement. Chez cette engeance-là, « toute réforme produit l'effet contraire à celui « qu'elle produirait dans une société normale. »

Réponse :

Il y a dans cette objection une manière de voir d'école qu'il est bon de réfuter ; car, prise à la lettre, elle serait une fin de non-recevoir de toute réforme.

Il est pourtant conforme à la saine raison qu'on ne pourra passer de la société présente à une société meilleure, que par des réformes. Or, l'hérédité de l'État est la réforme la plus simple et la plus facile qu'on puisse imaginer pour remédier aux abus les plus criants de la société actuelle. Elle ouvrirait immédiatement la période de toutes les réformes sociales nécessaires, celles-ci devenant la conséquence obligée des ressources obtenues.

Repousser l'hérédité de l'État sous prétexte que les gouvernants feraient de ces ressources des canons et des baïonnettes, n'est pas un motif suffisamment sérieux pour empêcher la démocratie de prendre en considération le projet.

Serait-il donc préférable de laisser les gouvernants accabler le peuple d'impôts pour faire des canons et des baïonnettes, plutôt que de demander à la richesse les ressources nécessaires pour les construire ?

Quand on prendra ce dernier parti, les classes riches seront moins empressées à voter les crédits pour la guerre ; donc, l'hérédité nationale deviendra un gage de paix, tandis que maintenant la guerre étant un moyen de placer avantageusement les capitaux des classes riches, les gouvernants ne se font pas faute de voter les centaines de millions demandés pour la guerre, alors qu'ils ne savent ou ne veulent rien voter ou presque rien pour soulager l'existence des légions de travailleurs affamés et pourvoir à l'instruction publique de leurs enfants.

PROGRAMME POLITIQUE D'ACTUALITÉ

RÉFORMES POLITIQUES

Placer la protection et le respect de la vie humaine au-dessus de toutes choses dans la loi et dans les institutions.

Eviter la guerre, la remplacer par l'arbitrage entre nations.

Faire des garanties de la vie humaine la base de la constitution politique et sociale du gouvernement.

Consolider la République en inaugurant la souveraineté nationale par l'organisation du suffrage universel.

Fonder cette organisation du suffrage sur la base du *scrutin de liste nationale* pour l'élection des députés et du *renouvellement partiel et annuel* de la Chambre.

Election et dépouillement à la commune.

Recensement départemental au chef-lieu du département.

Récensement national à Paris.

Proclamation du quart des députés à élire parmi les candidats qui auraient obtenu le plus de voix au premier tour de scrutin.

Affichage de cette proclamation dans toutes les communes de France, avec la liste de tous les candidats qui auraient obtenu plus de 10,000 voix.

Second tour de scrutin, le troisième dimanche après l'affichage de la liste des candidats sortis du vote.

Proclamation des députés restant à élire dans les candidats ayant obtenu le plus de voix au second tour.

Ce système aurait pour conséquence:

La moralité dans les élections ;

La liberté de l'électeur dans le choix de ses candidats, avec la presque certitude de donner un vote utile ;

L'égalité des citoyens devant l'urne, chaque électeur votant, partout la France, pour autant de noms qu'il y a de Ministères, c'est-à-dire de départements des affaires publiques ;

La possibilité de la représentation proportionnelle et, par conséquent, des minorités ;

La représentation par les supériorités ;

Le contrôle des électeurs sur leurs mandataires ;

Cette organisation du suffrage universel rendrait la candidature vraiment démocratique et la rendrait possible aux hommes de talent et de mérite sans fortune.

Elle moraliserait le régime représentatif, les députés qui failliraient à leur programme et à leurs engagements étant vite remplacés ;

Avec ce système, les députés élus par le collège national seraient les députés de la France ; ils ne seraient plus élus qu'en raison de leur conduite législative ; ils seraient responsables devant la nation de l'observation loyale de leurs engagements et du programme qui leur aurait mérité l'élection.

RÉFORMES CIVILES

Abolition régulière et progressive des abus de l'impôt en prélevant les ressources nécessaires à l'Etat sur la richesse acquise ; mais en faisant ce prélèvement après la mort des personnes et non de leur vivant.

A cet effet, établissement du droit d'hérédité de l'Etat dans les successions.

Droit d'hérédité progressive sur les héritages en ligne directe ; l'État prélevant peu de chose sur les petites successions, mais élevant son droit progressivement jusqu'à 50 0/0 sur les fortunes dépassant cinq millions.

Droit de 50 0/0 sur tous les testaments.

Droit complet d'hérédité de l'Etat en ligne collatérale et sur tous les biens n'ayant ni héritiers directs ni légataires.

Abolition de l'impôt sur tous les biens tombés en héritage à l'Etat, mais substitution à cet impôt d'un revenu sur tous les biens revendus par l'Etat et d'un fermage sur tous les biens loués par lui.

Suppression régulière, par ce moyen, des fermages payés aux propriétaires intermédiaires; la propriété immobilière devant être exploitée par ceux qui la détiennent soit comme fermiers, soit comme propriétaires.

RÉFORMES SOCIALES

Institutions de garanties sociales en faveur des classes laborieuses et pauvres par l'hérédité de l'Etat.

Protection à l'association entre le capital et le travail. Participation des ouvriers aux bénéfices.

L'Hérédité Nationale

OBJECTIONS,

QUESTIONS ET RÉPONSES

Faire de l'existence humaine le premier objet de l'attention sociale ;
Aimer, vénérer, respecter, servir l'existence humaine :
La protéger au-dessus de toutes choses dans l'individu, dans la famille et dans la société :
Telle est la mission de la politique.

SOMMAIRE. — I. Extraits de lettres et réponses. — II. Les préjugés sur la richesse. — III. Les causes des crises du travail. — IV. Conclusion.

I. — Extraits de lettres et réponses.

Lettre de M. Silberling, Craïova, Valachie.

Objection :

« Le dernier travail de M. Godin, « *L'hérédité* « *de l'État*, » est remarquable à tous égards ; il « n'y a guère qu'une seule objection à faire à « cette réforme, c'est qu'elle n'est applicable que « dans une société supérieure à la nôtre, soit au « garantisme.

« Si les civilisés adoptaient cette réforme, ils « trouveraient encore moyen d'employer ces « ressources pour faire des canons et des « baïonnettes et autres engins pour s'entre-déchi- « rer plus facilement. Chez cette engeance-là, « toute réforme produit l'effet contraire à celui « qu'elle produirait dans une société normale. »

Réponse :

Il y a dans cette objection une manière de voir d'école qu'il est bon de réfuter ; car, prise à la lettre, elle serait une fin de non-recevoir de toute réforme.

Il est pourtant conforme à la saine raison qu'on ne pourra passer de la société présente à une société meilleure, que par des réformes. Or, l'hérédité de l'État est la réforme la plus simple et la plus facile qu'on puisse imaginer pour remédier aux abus les plus criants de la société actuelle. Elle ouvrirait immédiatement la période de toutes les réformes sociales nécessaires, celles-ci devenant la conséquence obligée des ressources obtenues.

Repousser l'hérédité de l'État sous prétexte que les gouvernants feraient de ces ressources des canons et des baïonnettes, n'est pas un motif suffisamment sérieux pour empêcher la démocratie de prendre en considération le projet.

Serait-il donc préférable de laisser les gouvernants accabler le peuple d'impôts pour faire des canons et des baïonnettes, plutôt que de demander à la richesse les ressources nécessaires pour les construire ?

Quand on prendra ce dernier parti les classes riches seront moins empressées à voter les crédits pour la guerre ; donc, l'hérédité nationale deviendra un gage de paix, tandis que maintenant la guerre étant un moyen de placer avantageusement les capitaux des classes riches, les gouvernants ne se font pas faute de voter les centaines de millions demandés pour la guerre, alors qu'ils ne savent ou ne veulent rien voter ou presque rien pour soulager l'existence des légions de travailleurs affamés et pourvoir à l'instruction publique de leurs enfants.

***

Lettres de M. Pardoux, Clermont-Ferrand.

Il importe de ne pas laisser se propager un malentendu qui consiste à confondre l'hérédité de l'État avec l'impôt sur les successions.

« Permettez-moi donc d'espérer de vous une réponse claire à une objection qui repose sur une fausse interprétation de certains passages de l'exposé des motifs de votre projet de loi et du projet de loi lui-même, tels que cette phrase, page 93, de « Mutualité nationale contre la misère » :

« *Sous un tel régime (l'hérédité nationale) les* « *citoyens n'auront plus d'autre redevance à payer* « *à l'État que celle du loyer des choses qu'ils* « *détiendront à titre de fermiers ou comme pro-* « *priétaires :* » et l'article 40 tout entier du projet de loi.

« Vous ne sauriez vous imaginer combien l'interprétation, selon moi abusive, qui est faite de ces dispositions est nuisible à la propagation, non-seulement du principe de l'hérédité de l'État, mais encore de toutes les autres propositions soutenues par vous, par suite de la méfiance que soulève celle-là.

« Pour comprendre la répulsion que cela produit dans le public dont je parle, il ne faut pas habiter un pays de grande culture comme le département de l'Aisne, où presque tout le monde est fermier à l'exception d'un nombre infime de très gros propriétaires, mais un pays comme le département du Puy-de-Dôme où le sol est excessivement morcellé et où le possesseur du moindre lopin, quelque servile et rampant qu'il soit hors de là, est habitué à se redresser comme un hidalgo quand il est sur *sa terre* et à dire en la frappant du pied : *Je suis Maître chez moi.*»

Je ferai remarquer à mon correspondant que pour faire une réponse claire, il faut avoir à répondre à des questions clairement posées. Or, je ne vois pas dans cette note d'objection précise.

Je n'ai pas la prétention de voir les égoïstes ni les gens bornés accueillir avec effusion l'institution de l'hérédité nationale; ces caractères sont opposés à toutes les réformes quelles qu'elles soient. Ils ne peuvent concevoir que ce qui est avantageux à eux seuls; ils ont en aversion tout ce qui peut être profitable aux autres ; par conséquent, l'hérédité de l'État, bien qu'elle assure à tous les hidalgos terriens de France cent fois plus de garanties et de sécurités que ne leur en offre la terre sur laquelle ils se croient maitres, ne peut leur convenir ; car, elle exige de l'étude pour être comprise et ces gens-là n'étudient pas.

Pour leur démontrer que malgré leur fierté de propriétaire, les plus nets profits de leur travail passent en d'autres mains que les leurs et que le droit d'hérédité nationale serait un remède à cet abus, il me faudrait faire un livre qu'ils ne voudraient pas lire et que, du reste, ils ne pourraient comprendre.

Il est pourtant une réponse à faire à leur amour de la liberté chez soi, c'est que l'herédité nationale plaçant les mutations de la propriété sous la responsabilité de l'État, n'en laisse pas moins complètement le propriétaire actuel et le propriétaire futur maitres sur leurs terres et que, par conséquent, ils pourront toujours, frappant du pied leur propriété, dire avec vérité : *je suis maître chez moi ! ! !* Ils le pourront d'autant mieux qu'ils ne seront plus exploités par les intermédiaires et que les profits sortis de leurs terres leur resteront. Quand ils s'enrichiront, alors ils comprendront.

Les petits propriétaires et les travailleurs associés pourront d'autant mieux arriver à ce but que la véritable démocratie républicaine, celle qui fera l'hérédité de l'État, sera celle qui respectera le plus au monde la liberté du citoyen.

Il faut bien se persuader que ce n'est pas le propriétaire exploitant lui-même sa propriété que le régime de l'hérédité nationale a pour but d'atteindre, puisque, au contraire, ce régime rendra la propriété plus accessible à tout le monde et donnera à tous les hommes de labeur des garanties nouvelles.

Ce que l'hérédité nationale doit produire, c'est que les fortunes à la Vanderbilt ne soient plus le partage d'un seul homme ; c'est que des richesses d'un milliard, c'est-à-dire de cent mille fois dix mille francs, de quoi enrichir d'un seul coup toutes les familles d'un département, ne puissent échoir à des héritiers, sans qu'il en retourne une partie au profit du peuple, au profit du travail à qui ces fortunes sont dues. Ce sont donc les grandes fortunes princières et financières que l'hérédité de l'État doit réduire à de justes proportions, facilitant ainsi pour les travailleurs l'accès à la propriété.

Aussi faut-il s'attendre à ce que ce ne seront ni les princes, ni les ducs, ni les barons de la finance qui demanderont l'application du droit d'hérédité nationale sur leurs biens ; ils seront plus disposés à ajouter quelques impôts à la charge du peuple qu'à consentir la restitution d'une part des biens qu'ils lui doivent ; cette restitution dût-elle s'opérer non de leur vivant, mais après leur mort.

L'hérédité de l'État sera instituée par quelques hommes d'intelligence et de cœur qui en auront compris la valeur et qui auront accès sur les destinées du pays. C'est surtout pour ceux-là que j'écris.

Revenons à la lettre de M. Pardoux ; car ce qui précède répond à l'objection résultant de l'égoïsme, de l'ignorance et de la fierté du petit propriétaire ; mais cela n'a n'a pas de rapport avec la phrase citée ni avec l'article 10 du projet de loi, puisque, au contraire, ces passages visent le maintien du droit de propriété débarrassé des charges et complications dont il est entouré aujourd'hui.

La demande d'explications qui m'est faite laisse donc sur ce point une telle confusion que c'est le cas de dire qu'on ne peut satisfaire tout le monde et son père. Car si, d'un côté, l'idée de l'hérédité nationale porte ombrage aux propriétaires, d'un autre côté, elle inquiète les partisans d'un collectivisme confus et mal défini.

J'inquiète les petits propriétaires parce qu'ils voient toucher au droit de propriété ; ne voulant pas se rendre compte qu'il s'agit simplement de leur assurer une exploitation plus facile et de réformer les abus, ils sont opposés à l'idée. Mais j'ai également contre moi les collectivistes sans plan d'avenir défini, parce que je déclare la propriété individuelle indispensable à la libre activité et à l'initiative des citoyens.

Il faut donc plus de précision dans l'objection afin que je sache sur quoi la réponse doit porter.

Trouverait-on, par hasard, qu'il faille entendre que le loyer des choses à réclamer par l'État pût s'appliquer aux propriétaires actuels ? Ce serait véritablement très-mal comprendre la proposition et, s'il en était ainsi, ce serait lire avec trop peu d'attention ; car il est dit partout, dans ce que j'ai écrit à ce sujet, que ce loyer ne s'applique qu'aux biens cédés par l'État. Pour ces derniers n'est-il pas juste que l'État, devenu propriétaire, n'abandonne temporairement son droit à tel citoyen plutôt qu'à tel autre, qu'à la condition de retirer de ce chef un revenu librement consenti ? Ce revenu est la représentation de la part de droit de ceux qui ne jouissent pas de ces biens ; la justice et l'équité du droit naturel s'opposent à ce que l'État agisse autrement.

Les lignes citées de la page 93 de « Mutualité nationale » et le projet de loi tout entier sont dans la logique des principes que j'ai toujours posés ; à savoir que les impôts doivent se transformer en revenus provenant des services rendus par l'État. Or, en supprimant les intermédiaires de la propriété et, par conséquent, les fermages qu'ils perçoivent, en supprimant aussi les impôts qui grèvent ces biens, il est matériellement indispensable que l'État perçoive l'équivalence des frais qu'il fait pour les citoyens qui en profitent. Il y a plus, il doit prélever la part des pauvres qui n'ont plus d'autres droits que ceux que leur réserve la société.

Or, un modique loyer attaché à la propriété, dès que l'État en facilite les mutations et en assure la jouissance sans autres impôts ni fermages, n'est pas autre chose qu'un paiement semblable à celui du port de lettre que le citoyen effectue en raison du service que l'État lui rend.

Notre correspondant comprendra que cette réponse manque de précision parce que le motif de son observation n'est pas assez déterminé. Je m'empresserai de donner des réponses précises quand les demandes seront précises elles-mêmes.

Du même correspondant dans une lettre suivante:

Objection :

« Vous dites, page 93 de : Mutualité nationale « contre la misère :

« Sous un tel régime, (l'hérédité nationale) « les citoyens n'auront plus d'autre redevance à « payer à l'État que celle du loyer des choses « qu'ils détiendront à titre de fermiers ou comme « propriétaires.

« Sur dix personnes, même favorablement « disposées, sous les yeux desquelles tombe cette « phrase ou quelqu'autre du même genre, il y « en a neuf qui, arrivées aux derniers mots : « *ou comme propriétaires*, s'écrient :

« Ah ! bien ! non !.... Elle est forte celle-là ; ce « n'est pas la peine d'abandonner à l'État la moitié, « le quart ou n'importe quelle autre quantité de « son héritage, sous prétexte de n'avoir plus à « payer *d'impôt*, si c'est pour payer un *loyer*....

« Il me semble cependant qu'il serait facile de « faire tomber cette objection ou même de « l'empêcher de se produire. Il suffirait pour « cela d'ajouter à la phrase incriminée quelques « mots explicatifs faisant bien ressortir : *que la « redevance dont il s'agit, véritable rente remboursable à la convenance du débiteur, frapperait uniquement les biens prêtés, loués, ou « vendus à crédit par l'État, tout le reste étant « absolument libre de toutes charges autres que « celles volontairement consenties avec affectation « spéciale.* »

Réponse :

Il me semblait avoir répondu suffisamment à cette objection par les développements déjà donnés sur ce sujet ; mais je dois y revenir puisque l'objection m'est faite par un homme très-intelligent et dévoué au progrès, mais qui, je le pense, n'a pas étudié lui-même suffisamment ce que j'ai écrit sur cette question.

D'abord, il faut admettre qu'il est inutile de vouloir convaincre les propriétaires qui ne veulent pas comprendre. Il n'est de pires sourds que ceux-là. C'est temps perdu que de vouloir atteler au progrès des hommes sans foi ni principe, qui n'ont pour mobile que l'égoïsme.

On ne peut vouloir que l'État, devenu propriétaire, se dessaisisse des biens du domaine national sans une compensation au profit des citoyens qui s'abstiendront de cette jouissance.

Le citoyen qui veut disposer du sol et des instruments de travail emprunte à la communauté ce qui appartient à tous, il est donc juste qu'il paie à l'État un revenu au profit de tous.

Comment se peut-il faire qu'aujourd'hui on se résigne si bénévolement à payer des fermages et des loyers écrasants à des propriétaires intermédiaires, inutiles au bon fonctionnement de la société et gardant pour eux tous les revenus qu'ils reçoivent : et qu'en même temps on puisse venir dire qu'on ne devrait rien payer à l'État propriétaire qui, lui, ferait servir son revenu au plus grand avantage de tous les citoyens.

L'hérédité nationale et le revenu national c'est l'abolition des impôts et des fermages, c'est le remboursement de la dette de l'État, c'est l'émancipation des travailleurs. A ceux-là qui répondent à l'idée de l'hérédité de l'État : J'aime mieux que mes descendants gardent à perpétuité le monopole de propriétaires rentiers par droit de naissance, il n'y a qu'à dire : Ecoutez les murmures de l'anarchie de l'industrie et du travail : écoutez les clameurs encore confuses des grèves, les plaintes de ceux qui ont faim : prêtez attention aux grondements sourds et profonds des souffrances sur lesquelles vous voulez fermer les yeux, et demandez-vous, si, chez des peuples qui ont acquis le sentiment de leur droit, cela ne présage pas des bouleversements autrement graves qu'un petit changement qui aurait le mérite de tout concilier.

Revenons à la rente et à la propriété sous le régime de l'hérédité nationale :

Que l'individu soit propriétaire ou qu'il soit fermier, dans les deux cas il paie la rente à l'État. La rente ou le revenu dû à l'État, c'est le droit dû à la nation pour les biens *qu'elle livre à l'activité* des citoyens, c'est le droit d'usufruit de ce qu'elle abandonne aux citoyens d'une façon viagère ou temporaire, et dont l'État recouvre ainsi l'équivalence au profit de la collectivité.

La propriété qui tombe aux mains de l'État par voie d'hérédité devient propriété nationale incommutable : elle ne peut être aliénée que temporairement et moyennant dédommagement.

Mais, va-t-on s'écrier de nouveau, quelle différence y aura-t-il entre le fermier et le propriétaire, si tous les deux paient le revenu au profit de l'État ? — La différence, je l'ai expliquée ; elle consiste en ce que le propriétaire, c'est-à-dire celui qui achète une propriété pour une période de temps déterminée, a le droit absolu d'en disposer comme il l'entend ; mais le fonds rentre au domaine national à l'expiration du délai fixé par la vente : tandis que le fermier, celui qui loue la propriété, doit maintenir cette propriété dans l'état où il l'a reçue et la rendre, à fin de bail, dans les conditions convenues au contrat.

Il ne faut pas croire que cette réforme sociale satisfera toutes les manières de voir.

Quelque pacifique et anodin que puisse être un changement dans les intérêts établis, quelque mérite qu'il ait, il soulève toujours de l'opposition de la part des intérêts égoïstes, même lorsque la mesure leur serait avantageuse, à plus forte raison lorsqu'ils pourront avoir à en souffrir passagèrement.

On peut encore se souvenir de la campagne des maitres de postes, lors de la création des chemins de fer ; s'il n'avait tenu qu'à eux, nous serions encore aujourd'hui sans voies ferrées. Les propriétaires du jour envisagent, généralement, l'hérédité de l'État comme les maitres de postes envisageaient alors les chemins de fer. Quoique l'hérédité nationale ne touche pas à la propriété, sinon après la mort des détenteurs actuels, les propriétaires veulent l'envisager comme une dépossession.

En principe, il faut donc comprendre que l'État ne se dessaisit jamais d'une façon absolue des biens rentrés au domaine national. Les contrats emphytéotiques qu'il fait avec les citoyens ne sont que des conventions de possession temporaire. Les propriétés, à expiration de ces conventions, font toujours retour à l'État. Il faut également comprendre que les impôts payés aujourd'hui au gouvernement, et les fermages et loyers payés aux intermédiaires étant supprimés, une rente modique est due à l'État pour les biens ainsi acquis ; car, les prix de vente ne comprendront que le droit de disposer des biens, d'en user et abuser, condition indispensable à la liberté et à la libre initiative des citoyens ; mais es propriétaires établis dans ces conditions doivent payer, en outre, à l'État, un revenu annuel sur ces biens, revenu qui est la représentation du droit d'usufruit ; car, il n'y aurait pas de motif pour que la propriété fût accordée à un citoyen plutôt qu'à un autre, si l'acquéreur ou le fermier ne payait une redevance à la société. Que le payement de cette rente puisse se faire par voie de rachat, c'est affaire de législation et de convention, cela n'affecte en aucune façon le principe de l'hérédité nationale ni du revenu national.

Lorsque la société sera assise sur ses bases normales, l'hérédité nationale représentera plus particulièrement le droit social du peuple et le revenu national le budget de l'Etat.

⁂

Lettre de M. C., Paris.

« J'ai reçu les deux brochures (*Etudes Sociales* « numéros 4 et 6) que vous avez bien voulu « m'adresser et je vous remercie de cet envoi.

« Je suis absolument convaincu qu'il y a lieu « de recourir à l'évocation héréditaire de l'État, « afin que celui-ci ait, à un jour donné, non la « jouissance, mais le domaine éminent et la « propriété de tout le sol de la patrie.

« J'estime que la propriété n'a de source légi- « time que le travail intellectuel ou manuel et « que, par conséquent, elle est de son essence « transitoire et temporaire.

« Dès que le propriétaire a retiré du fonds ce « que celui-ci lui a coûté, il doit faire abandon de « ce fonds dont il est désormais un usurpateur au « détriment de ses frères et concitoyens. »

Je cite cette lettre parce qu'elle est d'un homme de loi. L'hérédité nationale lève la difficulté en ne demandant rien au citoyen de son vivant, mais en récupérant à sa mort la part due à la mutualité nationale, pour donner aux faibles et aux classes laborieuses les garanties du lendemain et pour assurer les services publics de la nation.

⁂

Lettre de M. Van Duyl, Amsterdam.

1re Objection :

« L'Etat devrait vendre ou louer les immeu- « bles dont il hérite. — Bien, mais à qui ? Cer- « tainement, pas à ceux qui n'ont rien ; car, « alors, chacun voudrait bien essayer une exploi- « tation, puisqu'il aurait tout à y gagner et rien « à y perdre. Si par sa faute ou sa négligence « l'affaire ne va pas : eh ! bien tant pis, on l'aban- « donne ; on a joué au propriétaire pendant un « certain temps et la perte est pour l'Etat ! »

Réponse :

L'État vendra ses biens à qui voudra les acheter, comme cela se fait aujourd'hui. Le travail prospère et rémunérateur créera assez de richesse pour qu'il y ait toujours des acheteurs.

La vente est annoncée, affichée, l'adjudication publique a lieu au plus offrant, celui qui a besoin achète.

S'il n'y a pas d'acheteur, l'Etat donne à ferme à qui ne veut ou ne peut acheter.

Pourquoi, dirai-je à mon tour, supposer que lorsque l'Etat vendra à prix réduit il n'aura pas d'acheteur ? Pourquoi supposer que lorsque l'Etat louera à un fermage modique, il ne trouvera pas de fermier, ou que les fermiers ne rempliront pas leurs engagements ?

Cela est vraiment trop fantaisiste. Est-ce que l'Etat serait privé des garanties que trouve aujourd'hui le propriétaire ?

2me Objection :

« L'hérédité de l'Etat, dites-vous, ne touche en « rien aux possessions des vivants, ce sont seu- « lement les morts qui restituent la part due à « l'action de la nature et de l'Etat — Mais est-ce « que vous croyez que votre fraternelle mesure « ne fera pas baisser considérablement les rentes, « les loyers, les fermages ? »

Réponse :

Mais, c'est là le but de la mesure : donner toutes les ressources de la production à meilleur compte au travailleur : effacer sans violence les obstacles qui rendent la terre, l'habitation et les instruments de travail d'un difficile accès ; empêcher que l'accaparement du travail cause préjudice aux ouvriers ; diminuer les superflus des riches pour faire une part plus juste au pauvre et au travailleur.

Tout cela ne se fera pas sans baisse de prix des revenus. Mais tout est relatif. Peu importe qu'on ait trois mille francs de revenus au lieu de cinq mille, si l'on vit mieux avec trois ?

Les loyers et les produits s'obtiendront à meilleur marché, car la société bien organisée ne prêtera plus à l'encombrement des produits ; les populations consommeront à mesure de leur production : l'activité humaine n'aura plus d'arrêt, les grèves disparaîtront et le travail créera sans cesse l'abondance pour tous.

Le progrès ne s'accomplit pas dans l'humanité sans déplacer les intérêts.

Tout mouvement dans la société en entraine un autre. L'hérédité appellera les oisifs à l'activité : mais le travail moins pénible et plus honoré sera une gloire dont chacun sera avide.

3me Objection :

« Avec l'hérédité de l'Etat tous les impôts sont « abolis, c'est-à-dire les impôts de ceux qui de- « meurent à la campagne, mais les impôts de « ceux qui demeurent en ville ? Avec quoi les « conseils municipaux régleront-ils leurs budgets? « Et ces impôts, du moins en Hollande, sont les « plus considérables. Je paie à l'Etat 280 francs « d'impôts et j'en paie 520 à la ville, ainsi presque « le double. Il serait trop fort d'avoir à payer « après la mort une somme considérable à l'Etat « et, durant la vie, une forte somme pour l'impôt « municipal. »

Réponse :

J'ai dit que *tous* les impôts seraient abolis, en supposant l'hérédité nationale adoptée comme base unique des ressources de l'Etat, en sus de celles qu'il obtient des services publics ; car, l'hérédité de l'Etat peut être appliquée dans diverses proportions, comme appoint au budget et comme moyen de décharger d'abord les classes laborieuses des impôts exhorbitants qu'elles paient, aujourd'hui, sur leurs consommations.

Mais, dans le cas de l'adoption de l'hérédité nationale comme base des ressources publiques, j'entends qu'elle doit parfaire aux besoins de l'Etat et aux besoins des communes.

Le partage se ferait entre les communes et l'Etat dans la proportion des besoins respectifs de chacun d'eux.

Cette objection qui me vient de Hollande puise sa raison d'être dans ce que mon correspondant sépare la commune de l'Etat.

J'ai, pourtant, toujours identifié la commune à l'Etat au cours de mes études : j'ai surtout indiqué l'abolition des charges qui pèsent sur le peuple et, particulièrement, des octrois qui, en France, sont des taxes appliquées aux choses de consommation et, par conséquent, payées par les pauvres comme par les riches.

Rien n'est plus simple que de concevoir la répartition des ressources de l'hérédité nationale entre les communes et l'Etat. Celui-ci prélève sur le produit de l'hérédité de quoi répondre aux besoins généraux de la nation ; les communes y ont leur part en proportion de leur population.

4me Question :

« Sur les terrains qu'il loue ou les fabriques « qu'il cède, l'Etat fixera-t-il un minimum de sa- « laire pour l'ouvrier, afin d'empêcher le fermier « ou l'employeur de baisser le salaire de ses ou- « vriers ? et que fera l'Etat pour amortir les effets « de la concurrence ? »

Réponse :

L'hérédité de l'Etat est une mesure passive ; elle n'a pas le pouvoir d'empêcher l'action du législateur.

Les représentants du peuple et le gouvernement conservent en tous pays leurs pouvoirs sur la chose publique ; par conséquent, sous l'institution de l'hérédité nationale, ce seront les pouvoirs publics qui régleront ces questions alors comme aujourd'hui.

L'hérédité nationale n'aura d'influence sur les salaires qu'en ce sens qu'elle empêchera les monopoles perpétuels et la grande concentration de la richesse, et qu'elle ramènera toujours celle-ci vers l'activité et le travail du peuple.

Il est concevable que l'Etat étant maître par héritage, à tous les instants, d'une partie de la richesse, il pourra prendre les mesures nécessaires pour assurer au travail des conditions meilleures, comme, par exemple, l'association et la participation des ouvriers aux bénéfices.

Mais cela dépendra de la volonté de l'action publique et non du droit même d'hérédité nationale qui, lui, n'a, je le répète, qu'une action passive.

5me Question ou objection :

« Vous dites : Il est contraire à la morale et à la « justice que quelques-uns accaparent les utilités « naturelles et sociales, pour ne laisser aux autres « que la charge de l'entretien de ces mêmes uti- « lités, et fassent payer ces frais aux travailleurs « qui n'en profitent guère.

« Malheureusement, ils ne peuvent beaucoup « en profiter. Mais est-il bien réel que ces utilités « sont gratuites ? Est-ce que, objectera-t-on, celui « qui possède ne doit pas payer pour expédier une « dépêche ou une lettre ; car, l'Etat n'expédie pas « lettre ou dépêche pour rien ; et quand un « vaisseau entre dans un port ne doit-il pas « payer ? »

Réponse :

Les mots *utilités gratuites* arrêtent ici mon correspondant ; ces mots ne sont pas de mon invention, ils sont en usage dans le langage de l'économie politique ; il serait mieux de dire *utilités naturelles et sociales*, car il s'agit là d'utilités que les individus n'ont pas faites par eux-mêmes. Quant au paiement des ports de lettres, c'est l'acquit d'un service rendu. Il en est de même des droits d'entrée d'un vaisseau dans un port. La lettre est transportée à peu de frais parce qu'il y a un service de poste organisé par l'Etat ; le vaisseau est mis en sécurité dans le port parce que l'Etat a construit un port : il est donc juste que ceux qui bénéficient de ces services en paye les frais d'entretien. Mais puisque les Postes sont organisées, puisque les ports sont construits avec les deniers prélevés par l'impôt sur le travail du peuple, pourquoi les richesses acquises avec les facilités que donnent le transport des lettres, la commodité de la navigation, et tous les services nationaux, ne feraient-elles pas, dans une mesure équitable, retour au travail après la mort des personnes qui ont pu les acquérir, précisément à l'aide de ces utilités sociales ?

L'hérédité nationale, sous quelque aspect qu'on l'envisage, est la mise en pratique de la justice.

6me objection :

« Je trouve que 50 pour 0/0 entre époux c'est
« trop ; car, supposons une veuve avec huit enfants
« et la possession d'un capital de cent mille francs,
« elle a assurément besoin de cinq mille francs,
« pour élever et instruire sa famille. »

Réponse :

En cas semblable le droit de l'État ne serait pas de 50 0/0 sur les cent mille francs, puisque les enfants hériteraient directement de leur père et que sur les petites fortunes le droit serait très-faible.

Il appartiendrait, du reste, au législateur d'entrer dans les détails et de compléter l'échelle progressive du droit d'hérédité nationale que je n'ai fait qu'indiquer, en faisant que la loi tint compte non seulement du taux de l'héritage mais du nombre de têtes entre lesquels il devrait être réparti.

Ce que j'ai proposé à ce sujet ne l'a été qu'à titre d'exemple ; ce sont de simples calculs donnés comme points de comparaison. Les Parlements et les gouvernements ne sont aucunement obligés d'adopter ces chiffres ; ils sauront suffisamment les amoindrir ; ils ne seront pas si pressés d'adopter mon projet, qu'il y ait urgence à s'occuper de ces détails.

Ce qu'il faut, c'est bien se pénétrer de la valeur du principe ; c'est savoir s'il est plus conforme à la justice de maintenir le monopole de la richesse par droit d'héritage que de prélever sur ces mêmes héritages, à la mort des détenteurs, une part de biens au profit de ceux qui souffrent des privations et des douleurs de la misère.

Dans l'affirmative, ce sera le législateur qui fixera dans quelle proportion le droit de l'État doit être établi, selon la mesure dans laquelle le législateur même voudra venir au secours du peuple et parer aux effets des revendications possibles.

Quant à moi, cherchant comment l'hérédité de l'État pourrait remplacer l'impôt, afin de dégrever le peuple et de constituer le budget de l'État et des communes en ce qui concerne la France, j'ai posé en principe que les utilités naturelles et sociales étaient pour plus de moitié dans la création de la richesse ; et j'ai fixé à 50 0/0 le droit d'héritage de l'État sur les fortunes dépassant cinq millions, et sur les testaments ; mais, cela, en me plaçant au point de vue de la législation française qui réserve, au profit des enfants, une forte partie des biens des pères et mères.

Il peut en être autrement dans les pays où la loi ne fait pas ces réserves.

Ce sera à chaque pays à régler l'hérédité de l'État et à la mettre en accord avec les lois et coutumes. Tous ces chiffres sont facultatifs et secondaires par rapport au principe même d'hérédité nationale.

Mais rappelons-nous que l'hérédité de l'État a pour objet, dans l'ensemble de mon projet, d'instituer la mutualité nationale contre la misère ; qu'en ce cas, lorsqu'il prend sur l'héritage une partie du superflu, c'est pour servir à garantir le nécessaire à tous les citoyens et, par conséquent, en cas de revers de fortune, à garantir ceux-là mêmes qui ont dû faire à l'État abandon de cette part de ressources nationales.

7me objection :

« Je ne m'explique pas comment on amortira
« les effets désastreux de la concurrence et si,
« sous votre projet, on n'ira pas jusqu'au monopole. »

Réponse :

L'auteur aurait dû mieux expliquer sa pensée ; car je ne comprends pas comment il voit que l'hérédité nationale puisse aller au monopole, puisqu'au contraire elle dissout tous les monopoles du sol et de la richesse ; l'État, entrant continuellement en héritage dans les grandes fortunes, empêche ainsi les monopoles de la richesse de se perpétuer dans les familles.

8me objection :

« Que dire à un homme qui vous oppose à l'idée « de l'hérédité de l'État :

« Mais je me suis marié sur le tard, j'ai épargné, « je me suis abstenu des plaisirs, des voyages, en« fin de toute dépense, et, grâce à ma bonne con« duite, à mes épargnes, j'ai réussi à amasser un « petit capital de deux cent mille francs que j'es« père laisser à ma femme et à mes enfants.

« Dans la création des fortunes des industriels « ou des commerçants, on trouve la collaboration « des forces naturelles et du domaine social ; « mais, moi, employé de banque, je dois cette « somme à mon travail assidu, à ma bonne con« duite : par quel droit l'Etat toucherait-il à cette « fortune ?

« Il va sans dire qu'il faut s'attendre à pareille « objection et qu'il ne suffit pas de parler géné« rosité, il faut démontrer le droit positif de « l'État à intervenir. »

Réponse :

Vous êtes employé de banque, Monsieur, vous avez joui de gros appointements ; donc, vous avez des talents et de la capacité : vous avez travaillé, vous avez été économe et vous avez fait fortune.

Mais vous prétendez que votre travail et vos économies ne doivent rien à la société.

Examinons :

N'est-il pas vrai que les maisons de banque qui vous ont fait vos appointements existent parce que la société ayant développé les moyens de culture, d'industrie, de travail, de commerce, a, par cela même, permis l'établissement du crédit et, par conséquent, de ces maisons de banque qui vous ont fait vos moyens de fortune ? N'est-il pas également vrai que la culture, l'industrie et le commerce du pays, ces causes premières de l'existence des banques, n'existent eux-mêmes que par la société et le sol ; donc, la nature et la société y sont pour quelque chose ; donc, tout est solidaire dans le monde : nul ne peut prétendre ne relever que de lui seul : Robinson même, dans son île, avait encore en face de lui la nature.

Vous, vous avez vécu et travaillé en pleine civilisation ; c'est de l'égoïsme de prétendre que vos économies sont dues à votre seule action et que vous n'avez pas été aidé par la société au milieu de laquelle vous avez vécu et vous êtes élevé. Représentez-vous ce que vous auriez gagné et amassé, si vous aviez été seul au milieu d'une île déserte. Vous auriez vécu des fruits sauvages que vous aurait donnés la nature, de la chair des animaux qu'elle vous aurait laissé le droit de vous approprier ; mais vous n'auriez pas gagné deux cent mille francs et avec cela la faculté de vivre à rien faire.

Reconnaissez donc que toutes les situations dans la société sont liées par un enchainement inévitable, qu'il n'est juste pour aucun de nous de nous croire les seuls artisans de notre fortune. Tous, au contraire, nous devons une forte part de la fortune que nous possédons aux concours directs ou indirects que la nature et l'État nous ont accordés.

***

Lettre de M. T. ancien notaire.

Objection :

« Partisan comme vous de la réduction du « degré héréditaire, j'estime que vous allez « trop loin dans l'extension du droit de l'Etat, « et que les inconvénients et difficultés d'applica« tion seraient insurmontables dans le temps « présent. »

Réponse :

Ce que j'ai écrit sur les avantages que le pays retirerait du droit d'hérédité nationale en remplacement des impôts abusifs, base de notre régime fiscal, n'est qu'une théorie, ce n'est pas un décret. En conséquence, le jour où les Chambres françaises seront assez bien avisées pour s'emparer de la question, elles se garderont malheureusement d'accepter ma proposition en son entier. Les adoucissements que désire mon correspondant trouveront alors ample champ ; mais je maintiens que le droit héréditaire, tel que nos codes l'instituent, est une iniquité sociale et que sa réforme complète ne présenterait aucune difficulté. Il s'agit d'un simple fait législatif qui ne touche en rien aux intérêts existants.

Les intérêts isolés qu'atteindrait le droit d'hérédité de l'État seraient trop justement touchés pour pouvoir constituer un élément de résistance.

Quoi, depuis un siècle, la France a vu six fois son gouvernement renversé révolutionnairement, soit par le parjure, soit au nom de la revendication des droits du peuple, et les choses n'en ont pas moins ensuite suivi leur cours ; et vous semblez craindre qu'une loi votée par les Chambres dans l'intérêt des classes laborieuses, après débats publics et exposition de tous les motifs justificatifs, puisse devenir une cause de troubles!

Mais, cette loi serait tout à l'avantage du peuple; ce qu'elle atteindrait surtout, ce sont les grosses successions, les grands héritages et pour en faire tourner les ressources au plus grand avantage de la masse des citoyens!

Cependant mon correspondant ajoute :

« La résistance générale serait telle que les « institutions libérales n'y résisteraient pas. »

Où seraient les motifs de cette résistance, lorsqu'il serait démontré que l'hérédité de l'Etat est le moyen pacifique de décharger le peuple des lourds impôts qu'il paye : qu'elle est le moyen, et le seul entendez-vous bien, d'éviter la banqueroute de l'Etat ; que si l'on ne consent pas à prendre sur les biens des morts de quoi acquitter les dettes de la nation, un jour viendra, et plus vite qu'on ne pense, où le crédit public s'effondrera dans une effroyable banqueroute d'Etat ; où il se trouvera que faute d'avoir prélevé au jour le jour sur les richesses délaissées à la mort, de quoi rembourser la dette nationale, nos classes dirigeantes se seront précipitées elles-mêmes au devant d'une dépossession.

Bien certainement cela ne se fera pas à l'amiable, et ce n'en sera sans doute que plus malheureux et plus terrible.

Mon correspondant continue :

« De plus il s'en faudrait que les produits fus« sent aussi élevés que vous le supposez. La fraude, « l'émigration des capitaux, la dépréciation des « biens diminueraient les chiffres dans une pro« portion considérable. »

D'abord, je n'ai rien supposé, les chiffres que j'ai donnés sont les chiffres officiels sur lesquels les droits d'enregistrement sont aujourd'hui perçus. Sur plus de cinq milliards tombant chaque année en succession, je me suis contenté de proposer la perception de deux milliards environ.

Rabattez-en ce que vous voudrez, il en reste toujours une belle part à l'Etat.

Il n'y aurait pas plus de facilité pour frauder que cela n'a lieu pour les droits d'enregistrement ; il y en aurait moins, au contraire ; car l'Etat intervenant comme héritier aurait un droit d'investigation qu'il n'a pas aujourd'hui ; pas plus que tout autre héritier, il ne laisserait opérer de détournement à son préjudice. Ce sont donc là des craintes mal fondées.

Quant à la dépréciation des biens, elle n'est pas plus justifiée : dans tous les cas, si elle avait lieu, comme elle se produit maintenant, bien que nous ne soyons pas sous le régime de l'hérédité de l'Etat, elle ferait que la terre et les maisons seraient plus accessibles au pauvre monde : car, alors, la classe laborieuse travaillerait et gagnerait : elle pourrait donc acheter, tandis qu'aujourd'hui écrasée d'impôts, de loyers et fermages exorbitants, elle est épuisée et ne peut rien acheter.

« Il faut reconnaître, en outre, » poursuit mon contradicteur, « que l'attribution à l'Etat d'une « quote part dans les successions aurait, dans « bien des cas, des conséquences funestes. L'Etat « deviendrait forcément, ne fut-ce qu'à titre « momentané, industriel, commerçant, agriculteur « et vigneron. Ce qui entrainerait la création d'une « armée de fonctionnaires.

« Pour faire cesser cette situation, l'Etat devrait « faire liciter ou vendre les biens indivis, usines, « marchandises, matériel, bétail, récoltes, sou« vent dans des conditions ruineuses à la fois « pour lui et pour ses co-propriétaires. »

J'ai, il y a longtemps déjà, répondu à ces dernières objections ; donc, mon contradicteur n'a pas lu tout ce que j'ai écrit sur ce sujet ou en a oublié partie.

Pourquoi voir d'un œil aussi pessimiste les propositions de réformes et ne pas considérer de la même manière la situation politique et sociale de notre époque?

D'abord, je l'ai dit et redit, l'Etat ne se fera ni industriel, ni commerçant, ni agriculteur, ni vigneron. Il n'y aura pas lieu à la création d'une armée de fonctionnaires : au contraire, le nombre des fonctionnaires diminuera.

L'Etat sera héritier comme tout autre héritier : on procédera dans les successions en ligne directe comme on procède aujourd'hui. En ligne collatérale et à défaut de testament, l'Etat étant seul héritier, la succession sera moins divisée ; les biens tombés en partage à l'Etat seront pour lui ce qu'ils sont lorsqu'ils tombent aux mains des richissimes propriétaires actuels. Est-ce que Rothschild est obligé de se faire agriculteur, industriel, etc. etc. s'il hérite d'une ferme, d'une usine ou d'une fabrique?

L'Etat sera propriétaire comme tous les autres grands propriétaires ; il licitera et partagera comme la loi oblige à le faire, il vendra, affermera ou louera, suivant les besoins publics et les habitudes et coutumes établies par la loi. La différence entre l'Etat propriétaire et le riche propriétaire consistera en ce que l'Etat héritera, possédera, vendra et louera au nom de l'intérêt public, tandis que le riche propriétaire hérite, possède, vend et loue dans son intérêt privé.

L'Etat propriétaire, quelle que soit sa manière de vendre ou de louer, rapporte à la chose publique les avantages qu'il retire de la propriété : le riche propriétaire, au contraire, mieux il sait vendre, louer et affermer, plus il enlève au travailleur dans un intérêt égoïste. En louant cher, le riche propriétaire affame le fermier ou le locataire. Au contraire, si l'Etat vend ou loue cher les biens dont il hérite, cela tourne au profit du trésor public qui emploie ces revenus en améliorations sociales. Et si l'Etat vend ou loue bon marché, cela tourne au profit des citoyens laborieux qui ont accès à la propriété. L'Etat représentant la nation n'a pas d'intérêt en dehors des intérêts de la nation ; il administre avec plus ou moins d'intelligence, suivant les capacités des mandataires du peuple : mais, quoiqu'il fasse, dans le cas d'hérédité nationale, dès qu'il remet immédiatement les biens dont il hérite à l'initiative et à la gestion des citoyens, il ne peut faire qu'une chose utile aux intérêts publics.

Les terreurs de mon honorable correspondant sont donc sans fondement ; l'Etat ne sera pas plus que tout autre héritier obligé de faire liciter ou vendre les biens indivis, usines, marchandises, matériel, bétail et récoltes, à des conditions ruineuses pour personne ! Ce sont là des appréhensions hasardées et irréfléchies. L'Etat, agissant au nom de l'intérêt de la Société entière, ne peut avoir le sentiment égoïste des propriétaires ordinaires. Il intervient avec la pensée réfléchie que le législateur saura y apporter : car, si nos députés sont impuissants aujourd'hui à faire de bonnes lois, il n'en sera plus de même lorsqu'ils auront à régler les ressources publiques sur la base du droit d'hérédité nationale.

Les applications sociales de leurs décisions se présenteront clairement à leur esprit et l'intérêt social les inspirera. Ce qui les paralyse et les annihile aujourd'hui, c'est surtout le manque de ressources pour faire face aux besoins des réformes sociales.

Que faut-il pour s'élever au-dessus de toutes les appréhensions que fait naître la conception d'une réforme nouvelle ? Se préoccuper avant tout de ce qui est bien et vrai, de ce qui est juste et droit, de ce qui est utile et bon, en prenant pour objectif le progrès, la perfection et le bonheur de toutes les existences humaines.

Ah ! bien entendu que si la classe aisée et riche n'en veut que pour elle, il n'y a rien à faire, sinon à attendre le cataclysme social qui mettra fin aux abus. Mais, si l'on prend pour critérium de ses jugements, le plus grand bien de la vie humaine, on peut s'élever à la conception de ce qui est le mieux à faire pour l'ordre social. Si, au lieu de se préoccuper du sort des classes laborieuses et du bien de la vie humaine en général, on veut accommoder les réformes aux convenances de telle ou telle catégorie d'intérêts ou de résistances qu'on entrevoit ; si, enfin, l'on perd de vue la justice et le droit dans leur principe, le champ des objections est interminable.

Ce n'est pas que je veuille me plaindre de celles qui me sont faites ; au contraire, j'en remercie mes contradicteurs : car, en me donnant l'occasion de revenir sur le terrain de la discussion des détails, ils font pénétrer l'idée dans les esprits.

Combien il serait heureux pour la France que l'idée de l'hérédité nationale eût été suffisamment examinée pour faire son entrée dans l'opinion publique. Nos gouvernants eussent renoncé à rouvrir le gouffre de la dette, pour y engloutir par l'emprunt encore des centaines de millions ! On aurait évité ce nouvel appoint aux difficultés dont les hommes d'État ne savent mesurer ni l'étendue ni les dangers ! Et pourtant assez de symptômes s'en manifestent de tous cotés par suite de la misère des classes laborieuses !

Les objections à l'hérédité nationale sont bonnes à faire en vue du progrès de l'idée ; mais l'application du principe serait beaucoup préférable ; car elle préviendrait bien des malheurs qui s'amoncèlent sur l'horizon politique et social des nations.

⁂

Lettre de M. Clément Carry, Besançon.

« Je lis attentivement tout ce que vous publiez, mais surtout ce qui est relatif à l'hérédité de l'État.

« On m'a fait souvent une objection qui pour nos contrées est assez spécieuse ; car, ici, il y a une habitude qui n'existe pas dans d'autres pays : on vend souvent sa propriété à fonds perdus. Or, on me fait remarquer qu'on frustrerait ainsi l'État en ne laissant pas de propriété foncière, et que l'argent ou les valeurs au porteur seraient bien difficiles à atteindre.

« N'y aurait-il pas là, en effet, un argument sérieux ?

«Je ne doute pas que vous n'y trouviez remède ; car le principe que vous proposez est si juste qu'il ne doit pas y avoir beaucoup de cas permettant de s'y soustraire ; aussi j'espère que vous répondrez victorieusement à cette objection, afin que je puisse lever ce doute près des personnes avec qui je fais de la propagande.»

La réponse est facile. Nous avons établi qu'en cas de testament le donateur ne dispose que de la moitié de ses biens, l'État prélevant par droit légitime l'autre moitié. La vente en rente viagère ou à fonds perdus est dans le même cas. Personne ne peut éluder le droit de l'Etat ; la propriété est à vie pour ceux qui la possèdent ; mais il n'en peuvent disposer pour le temps où ils n'y seront plus, sans que l'Etat reprenne après leur décès les droits qui lui appartiennent, ou sans qu'il intervienne au contrat pour assurer ses droits, suivant des formes que la loi règlera.

Cette réponse serait peut-être suffisante; mais, en matière aussi neuve, je puis renouveler quelques explications.

Il est indéniable que les dons de la nature et les utilités que la société accorde aux citoyens concourent pour une forte partie à la création de la richesse ; que toutes ces choses étant mises au service de ceux à qui la fortune réussit, les détenteurs mêmes de la richesse sont débiteurs de ces avantages vis-à-vis de la société ; tel est le principe du droit d'hérédité de l'État.

Ce droit d'héritage au profit de la nation est doublement dû en raison des soins que l'Etat apporte à la garde et à la protection de la propriété, afin d'en assurer la paisible jouissance aux personnes pendant toute leur vie.

Il est donc juste que l'Etat récupère, après la mort des citoyens, les biens dus aux utilités de la nature et aux services rendus par l'Etat lui-même, et cela, surtout, afin de donner aux travailleurs qui ont fait fructifier toutes ces choses la part de biens qui leur est due et dont ils sont déshérités à toujours, tant qu'on laisse transmettre les biens par voie de succession familiale.

D'après ces considérations, l'Etat a droit tout au moins à une forte part de la richesse acquise, part appartenant à tous et dont la nation ne peut être légitimement dépouillée.

C'est ce que j'ai admis pour les testaments en retenant la richesse des successions pour moitié au profit de l'État.

La vente en rente viagère ou à fonds perdus est dans le cas du testament.

Le citoyen agit comme il l'entend, mais il ne peut compromettre les droits de la société ; à la mort de la personne qui a fait la vente, l'Etat reprend ses droits.

Ceci n'est pas une nouveauté. En Angleterre, le sol appartient aux seigneurs pour une très grande partie; et les droits de primogéniture qui sont attachés à la propriété font que ces biens doivent rester perpétuellement dans la famille, de sorte que les possesseurs de ces biens ne peuvent les aliéner que par des contrats emphytéotiques, c'est-à-dire par des ventes pour un temps déterminé, cent ans par exemple.

Pendant la durée du contrat les biens peuvent être loués, vendus et revendus; mais à l'expiration du terme, la propriété retourne au seigneur titulaire du fonds.

Ne conçoit on pas, quand la terre est ainsi aliénée au profit des familles dans un pays aristocratique, qu'elle puisse appartenir au même titre à la société dans une nation démocratique.

On n'élude pas les droits des seigneurs en Angleterre, on n'éluderait pas davantage en France les droits de la nation.

II. -- Les préjugés sur la richesse.

On a beaucoup parlé, depuis plus d'un siècle de nos préjugés en matière religieuse, mais on est fort éloigné d'être aussi clairvoyant en matière économique.

Après avoir brisé les idoles religieuses, on a fait les idoles de la richesse.

Notre éducation économique nous a habitués, dès l'enfance, à considérer l'économie comme la première des vertus, l'art de s'enrichir comme le premier des talents, à croire que c'est par la richesse qu'on mérite les honneurs de ce monde ; de façon que les penchants de la jeunesse sont moulés sur les idées d'économie, de cumul et d'enrichissement individuel.

Chez les esprits étroits, ces idées sont devenues de la parcimonie, de la cupidité, de l'avarice, de l'usure ; chez les intelligences plus avancées, elles ont conduit l'individu à la spéculation, à l'accaparement, à la concussion, à l'agiotage, aux monopoles, en vue d'arriver plus vite à la fortune.

Voilà les fruits de l'enseignement et de la morale du siècle. Ces pratiques sont si invétérées qu'elles constituent les règles principales et, pour ainsi dire, la morale fondamentale des classes riches et dirigeantes et de la partie du peuple qui possède; mais les masses qui souffrent de la misère sont appelées à méditer sur ces abus et préjugés de l'égoïsme.

La propriété et la richesse sont ainsi entachées des plus graves préjugés et des plus graves erreurs. L'homme, en se lançant à corps perdu dans le courant des convoitises que l'adoration du veau d'or a fait passer dans nos mœurs, a perdu de vue les saines limites que le devoir et la justice imposent et repoussé la pensée religieuse qui doit unir les hommes entre eux.

Les principes fondamentaux de la morale du jour, en inspirant l'amour des richesses, en enseignant l'économie et le cumul individuels, en exagérant l'amour de la propriété et de la richesse, ont fait de la parcimonie, de la cupidité, de l'avarice, de l'usure, de la spéculation, de l'accaparement, de l'agiotage et des monopoles, autant d'idoles qui deviennent des dieux pour tous ceux placés sous leur protection.

Toutes ces idoles ont leurs grands prêtres et leurs sectaires qui, dans leurs ardeurs pour ces faux dieux, oublient toutes les lois naturelles les plus sacrées.

Pour les idolâtres de la richesse, l'humanité, la société et les individus ne sont que des instruments à mettre au service de leurs convoitises; ils sont prêts à tout sacrifier, citoyens, commune et patrie à leur fétichisme.

Essayer, comme je le fais ici, de démontrer l'énormité de ces erreurs est, aux yeux des classes dirigeantes, une action qui doit soulever une réprobation unanime. La propriété est le seul Dieu adorable; quiconque lui manque de respect commet un blasphème.

Les sectaires de ces croyances anti-sociales, de ces préjugés économiques invétérés, ne veulent pas comprendre qu'au-dessus de leurs idoles il y a la cause sacrée de l'humanité qui se traduit dans le travail.

Le monde ne vit et n'existe que par le travail: le plus riche des hommes, le plus entiché de la propriété, serait vite sans moyens d'existence si le travail n'était là pour y pourvoir, si le cultivateur ne semait le blé, si le meunier ne faisait la farine, si le boulangr ne cuisait le pain, si le jardinier ne cultivait les légumes, si le boucher n'apprêtait la viande, et si, enfin, le cuisinier ne préparait les repas.

L'humanité ne peut se passer du travail; la propriété n'a qu'une existence passive: elle n'est rien par elle-même, elle n'est utile que si elle est fécondée par le travail. La terre elle-même donnée par la nature deviendrait stérile sans le travail: c'est le travailleur qui tire du sol tous les produits nécessaires à l'existence humaine.

Le travail remplit donc le premier rôle dans l'existence de l'humanité; il est la manifestation de tous les aspects de l'intelligence sur la terre. C'est par le travail que tous les progrès se réalisent. Par quel aveuglement nos préjugés nous conduisent-ils à manquer d'égards envers le travail?

Les idoles de la propriété doivent être reléguées au rang des faux dieux pour faire place à la sainteté du travail. Il faut pour cela que les idées de la bourgeoisie moderne se transforment; que celle-ci abandonne ses préjugés concernant la propriété, le monole de la richesse, et, surtout, il faut qu'elle considère le travail comme la mission sainte et sacrée de l'humanité sur la terre et méritant à ce titre tous les égards.

Comment nier que ce soit à de véritables préjugés, à un véritable fanatisme de la propriété, résultat de la fausse éducation que nous avons reçue, à l'état arriéré de nos idées morales sur tout ce qui touche à la possession de la richesse, qu'il faille attribuer le dédain pour le travail et les travailleurs que beaucoup des possesseurs de la richesse professent encore de nos jours, quand il devient si évident que tous les biens qu'ils détiennent sont le résultat de l'activité humaine déployée dans le travail.

Quelle preuve plus évidente pourrait-on donner de la supériorité du travail sur toutes les actions humaines? Quelle preuve plus certaine pourrait-on offrir de son droit à être affranchi de toute entrave et à s'exercer en liberté, délivré de tout assujettissement à la propriété.

Au contraire, aujourd'hui, le travail est subordonné au bon vouloir et au caprice des détenteurs des richesses naturelles, richesses que la puissance créatrice a cependant faites pour tous les humains. Le travail est à la merci du capital et de la propriété; ces derniers sont maîtres du sort des travailleurs parce qu'ils sont maîtres du travail, parce que le travailleur est leur esclave sous une nouvelle forme.

La propriété et la richesse ne s'étendent plus à la possession de la personne, comme au temps de l'esclavage proprement dit: mais, elles ont la puissance d'interdire à la personne du travailleur l'exercice de son activité et de décider de ce qu'il convient de lui accorder, quand il leur plait de laisser au travailleur le droit de travailler.

Je le demande à ceux que les préjugés et les passions de la propriété n'aveuglent pas absolument, n'y a-t-il pas en tout ceci une violation flagrante de tous les principes de la justice, et, dans l'état actuel du développement de l'esprit humain et en particulier du développement de l'intelligence au sein des masses laborieuses, n'est-il pas urgent de se défaire au plus vite de ce fanatisme des richesses individuelles et de revenir à la reconnaissance des droits du travail, droits proclamés par nos pères, il y a déjà près d'un siècle, dans le grand mouvement d'idées sociales de la Révolution française

Il faut combattre les préjugés et les erreurs accumulés sur la propriété et la richesse, il faut reconnaitre que les droits de la propriété et de la richesse ne sont pas au-dessus des droits de la vie humaine, et que propriété et richesse ne doivent être que la confirmation des droits acquis par le travail. Contrairement à ce que prescrit ainsi le droit naturel, capital et propriété accaparent aujourd'hui tous les bénéfices de la production, et usurpent la part du travail, part qui devrait en première ligne revenir à son auteur.

L'état actuel de la propriété et de la richesse repose donc sur une base inique ; tous les raisonnements établis pour la défense de cet état de choses sont les fruits des erreurs intéressées que nous avons sucées avec le lait. Il nous faut secouer le joug de ces préjugés et de ces erreurs, afin d'arriver à reconnaitre que la protection de la vie humaine doit précéder celle de la propriété et de la richesse, les produits du travail humain devant servir avant tout à assurer toutes les existences humaines, et non pas exclusivement à constituer des monopoles au bénéfice de quelques familles privilégiées.

Mais la faiblesse de notre conception morale est encore telle que notre sensualisme nous empêche de voir au-delà de nos besoins directs ; nous avons peine à comprendre le bien que nous avons mission d'accomplir dans la vie des sociétés et de l'humanité.

Commandés par le besoin, nous sommes obligés avant tout de rechercher les choses propres à notre usage pour satisfaire aux exigences de notre nature physique et la mettre en état de travailler à son progrès moral, et c'est ce dernier point, le progrès moral, que trop souvent l'homme oublie. Le désir d'acquérir et de posséder devient la passion dominante de notre existence : nous perdons de vue que la juste possession des biens matériels doit se limiter à ce qui nous est nécessaire pour exercer librement notre activité, nous perfectionner individuellement en même temps que travailler à la perfection des autres. Dès que les biens en notre possession ne peuvent être employés par nous à un tel usage, nous sortons de la limite du juste dans l'exercice du droit de propriété.

Nous trouvons insensé l'avare se donnant pour seul but d'amasser dans un coffret écus sur écus, sans autre idée que de garder ainsi jusqu'au dernier moment de sa vie un trésor qu'il rend inutile, parce qu'il n'en tire que la satisfaction de sa sotte cupidité. Mais la richesse en général, aujourd'hui, n'a pas d'autre usage. Les classes qui la détiennent accumulent de même les bénéfices de la production dont elles n'ont nul besoin et mettent ainsi le travailleur dans la gêne et la misère, lorsqu'elles pourraient, en laissant un emploi utile aux capitaux énormes dont elles disposent, répandre l'abondance et le bien-être partout. Mais la richesse ne voit pas la poutre qui lui bouche les yeux, elle sait seulement distinguer la paille qui obscurcit la vue de l'avarice.

Le riche comme l'avare arrivent à la fin de leur carrière avec des ressources inutilement retenues sur la production générale : il appartient à l'Etat de réparer ces torts en rendant ces ressources à leur destination légitime ; mais les erreurs et les préjugés concernant la richesse existent pour le Gouvernement comme pour les particuliers : voilà pourquoi les gouvernants repoussent l'idée si juste de l'hérédité nationale.

La morale salutaire des sociétés et des individus consiste à honorer la vie humaine comme le principal objet de tous nos devoirs.

Nos actions sont d'autant meilleures qu'elles ont d'avantage pour objet le progrès, la protection et la conservation des existences humaines en général.

Il en est ainsi parce que l'être humain est sur la terre l'agent principal du créateur ou de la vie universelle ; c'est à lui qu'est dévolu le travail du progrès vivant, terrestre, et ce progrès ne peut avoir lieu que par le progrès et la perfection de l'individu et de la société.

C'est en nous dépouillant de nos erreurs et de nos préjugés sur la richesse et la propriété que nous rendrons nos actions propres à ce but ; elles ne seront véritablement méritoires que si nous les faisons concourir au bien général de la vie dans l'humanité. Mais, pour comprendre ainsi la morale, il faut sortir de l'ignorance du matérialisme, quitter les entrainements du sensualisme et savoir que les actions de la vie terrestre sont une préparation à l'élévation dans une vie supérieure.

III. -- Les causes des crises du travail.

Les crises industrielles se généralisent et se prolongent, et gouvernants et gouvernés n'en voient pas la cause.

Tout le monde de s'en prendre à quelques millions de plus d'importations et à quelques millions de moins d'exportations. Vaines clameurs! Le mal n'est pas là. Le mal est dans le drainage abusif de la richesse publique par la finance. Le mal est dans l'impéritie des gouvernants qui ne savent en aucune façon empêcher ces abus ni mettre en valeur la puissance de l'activité nationale.

Les abus de la spéculation financière et de l'exploitation industrielle du travail par le capital prennent des proportions si abusives à l'égard du bien-être des classes populaires qu'inévitablement, les nations industrielles en seront amenées à une catastrophe générale.

Non contents d'attirer à eux les plus clairs bénéfices de la production par l'accaparement et l'agiotage, des financiers, des spéculateurs éhontés ne reculent aujourd'hui devant aucune combinaison quelque inavouable qu'elle soit, dès qu'elle peut se dissimuler sous des apparences légales. Fonder des sociétés sur des valeurs imaginaires, des entreprises faisant appel sous toutes formes à la crédulité de l'épargne, prendre aux travailleurs dans d'immenses coups de filets qu'on appelle les « Krachs » ce qui n'a pu leur être ravi par la spéculation, faire servir la politique à des effets analogues; tels sont les moyens à l'aide desquels la richesse publique est enlevée aux travailleurs et laissée inactive et improductive aux mains des thésoriseurs.

Si les gouvernants savaient seulement obliger cette pléthore de richesse mal acquise à une activité qui fasse, au moins, retourner cette richesse au travail, sa source première; s'ils savaient donner à cette richesse, n'importe en quelles mains elle se trouve, une impulsion productive; s'ils savaient, au lieu de laisser se démoraliser les nations dans des spéculations sans but utile, donner essor à l'esprit d'entreprise par la création de grands travaux d'utilité nationale: chemins de fer, canaux, écoles et institutions diverses aussi nécessaires au progrès de notre civilisation qu'à la prospérité publique : si nos gouvernants savaient faire cela, la crise qui sévit sur le peuple n'existerait pas, le travail donnerait à chaque famille le moyen d'obtenir la nourriture, le vêtement et l'ameublement que des travailleurs doivent posséder: la consommation ferait appel à la production et la France, au lieu de déplorer la détresse qui accable l'industrie et les travailleurs, ne serait occupée qu'à chercher les moyens de produire et de créer davantage : car elle aurait 36 millions de consommateurs se disputant à l'envi l'achat de ses produits, tandis qu'aujourd'hui, sur ce nombre, un tiers suspend ses transactions dans l'attente des événements, l'autre tiers n'achète que l'indispensable aux besoins de la vie et le reste cherche dans un salaire insuffisant, quand il ne demande pas à l'aumône les moyens de ne pas mourir de faim.

L'activité des citoyens est ainsi sans emploi, le travail chôme et pourquoi? parce que la direction de l'État est incapable et impuissante, parce qu'elle ne sait ni imprimer au travail national l'impulsion qui lui convient, ni opérer les réformes nécessaires.

C'est à tort que certaines personnes pensent que le gouvernement n'a qu'à se croiser les bras et laisser faire. Cela peut être vrai lorsqu'il s'agit de l'action individuelle des citoyens, mais c'est une grave erreur en ce qui regarde les institutions d'ordre public et le travail général de la nation. L'État est un vaste ensemble dont les fonctions ne s'accomplissent bien que si les organes moteurs sont suffisants pour donner l'impulsion à la machine sociale tout entière. Telle doit être l'action des gouvernements dans notre civilisation moderne, l'énorme centralisation de la puissance nationale lui en fait une obligation.

La situation présente démontre hautement combien l'insuffisance du gouvernement est cause de la paralysie du corps social tout entier.

Nous étions à peine sortis des plus graves embarras de la guerre de 1870 que l'opinion populaire sentait le besoin de développer l'instruction publique, d'agrandir ou d'augmenter notre outillage national; elle réclamait des écoles, des chemins de fer et des canaux. Le sentiment général était pénétré de l'insuffisance de notre instruction publique, de nos voies ferrées et de nos moyens de transport. L'industrie privée se préparait de toutes parts à seconder l'État dans l'évolution attendue dès que le gouvernement le permettrait. Mais, bientôt, sous l'influence de l'esprit étroit de Thiers et de la réaction, le gouvernement fit obstacle à l'action privée. Force fut aux citoyens de temporiser en laissant perdre l'avantage des dispositions prises, lorsqu'enfin un Ministre proposa le classement de 17 mille kilomètres de chemins de fer, l'étude de canaux, etc.

Cette fois les espérances se relèvent, les usines se préparent, réorganisent leur outillage, d'autres se fondent; le travail prend une activité nouvelle; mais, vaine espérance, les études de ces chemins de fer, de ces canaux, ne sont qu'un immense gaspillage des ressources publiques, qu'un honteux avortement du corps des ponts-et-chaussées.

Non seulement ce corps donne le spectacle d'une impuissance notoire, mais partout les réels intérêts du pays sont desservis, dans des vues étroites et souvent inavouables; enfin, on aboutit à l'abandon des études commencées.

Qu'est devenu le milliard ?

Qu'a-t-on fait du milliard et quatre cents millions dépensés par l'État pour la création de ces nouvelles lignes ? Rien ! rien ! qu'un immense gaspillage. L'intérêt public attendait tout autre chose que ce qui en est sorti.

Ces études et projets avortés, on les a remis à des compagnies qui ne se soucient pas plus de la construction des nouvelles lignes que les Ministres qui les leur ont concédées. Aussi qu'arrive-t-il ? Les établissements d'industrie qui auraient pu si grandement développer la richesse publique en France sont ruinés ou se ruinent, font faillite; les ouvriers sont sans travail, et la France reste privée des voies de transports qui lui sont nécessaires; la France souffre dans tous ses intérêts intérieurs faute d'une impulsion suffisante.

Quant à l'instruction publique une loi est faite pour la forme, mais elle reste sans application faute de ressources pécuniaires.

Impuissance, toujours impuissance, lorsqu'il s'agit d'entrer dans la réalisation et la pratique des choses utiles !

Que font nos gouvernants pour distraire la nation de nos désenchantements ? Ils promènent nos troupes en Tunisie et au Tonkin.

Faire tuer les citoyens et prodiguer les ressources publiques qu'on sait trouver lorsqu'il s'agit des horreurs de la guerre, voilà ce dont sont capables les gouvernants : mais s'occuper de réformes sociales, organiser l'émulation pacifique du travail, organiser la paix, aucun d'eux ne pense à l'entreprendre, aucun d'eux n'en est capable.

Cette œuvre serait pourtant autrement glorieuse et féconde, autrement bienfaisante et productive que l'art de faire tuer les citoyens, ou de les laisser mourir de faim.

Que faudrait-il donc pour entrer dans cette voie large et féconde de la régénération nationale? Il faudrait ne ménager ni les concussionaires, ni les prévaricateurs ; il faudrait purger l'administration des employés infidèles ; il faudrait que les ministres ne se laissassent imposer de conditions léonines par aucun des agents de l'État; il faudrait, en outre, savoir créer des ressources à la hauteur des besoins et n'en confier l'emploi qu'à des gens sérieusement responsables et contrôlés.

Mais des ressources, s'écrieront les impuissants, où les prendre ? Vous pouvez, répondons-nous, les prendre sans créer de nouveaux impôts, vous n'avez qu'à estimer la part de concours que l'État apporte à la création de la richesse générale et qu'à retenir, au profit de l'État, cette part de richesse. Vous n'aurez ainsi aucun impôt à demander à personne; mais vous aurez à faire restituer à l'État ce qui lui appartient, ce qui lui est dû pour l'action prêtée à tous ceux qui amassent la richesse par les instruments nationaux du travail : routes, chemins de fer, ports et tous services publics.

Que ceux qui ont bénéficié de l'usage de ces instruments laissent à l'État, après leur mort, une part de biens qui soit le dédommagement des services nationaux qu'ils ont obtenus de leur vivant.

L'idée est aussi simple que juste, elle est d'une exécution facile, elle serait mille fois plus applicable que n'importe quel impôt que puissent rêver aujourd'hui les Chambres. Mais les classes dirigeantes ne verront pas les choses ainsi. Elles continueront le système des emprunts jusqu'à complet épuisement du crédit public, jusqu'à ce que la misère se soulève contre la spéculation et l'agiotage au point de renverser le système.

Classes dirigeantes puissé-je me tromper ! Puissiez-vous être assez avisées pour voir à temps l'abîme qui s'ouvre devant vous ! Puissiez-vous être assez intelligentes pour comprendre que ce n'est ni avec les spéculations trompeuses et mensongères constamment mises en œuvre, pour soutirer les produits du travail et de l'épargne du pays, que ce n'est ni avec l'accaparement de la richesse poursuivi par les moyens les plus cyniques, ni avec la concussion, ni avec la prévarication qu'une société se gouverne et se soutient; puissiez-vous voir que le moment est proche où un effondrement fera disparaître cet échafaudage d'injustices si vous n'y mettez ordre vous-mêmes.

Si vous voyez ce danger, portez-y remède, dans l'intérêt de votre salut et de celui de la société toute entière.

Mais n'est-il pas à craindre que les vues d'un étroit égoïsme ne vous fassent vous considérer comme étant une classe, une caste privilégiée faite pour être servie par le peuple des travailleurs, comme étant une sorte de royauté du jour devant laquelle il n'y a que des droits fort secondaires pour les autres citoyens?

Au milieu de cette convoitise des richesses qui entraîne les classes dirigeantes, les plus graves écarts sont à redouter; ces classes peuvent aller jusqu'à nier les droits des classes laborieuses et susciter ainsi une excitation générale qui nous conduira à la Révolution.

Tant que la guerre et le régime de l'oppression seront de règle entre les nations, elles seront de règle dans le régime industriel des peuples; de même le jour où le sentiment de la justice dominera les convoitises dans les rapports entre les citoyens dirigeants et les citoyens dirigés, il n'y aura plus d'excitation à craindre et il n'y aura plus de guerre entre nations à redouter. La bêtise humaine aura fait place à la sagesse, la répartition équitable de la richesse entre tous les éléments producteurs se règlera d'une façon fraternelle entre les hommes; et les nations sauront elles-mêmes régler leurs différends par les voies amiables de l'équité arbitrale internationale et industrielle, car les hommes écouteront en toute chose la voix de la raison.

IV. — Conclusion

Si j'ai répondu aux objections qui m'ont été faites, je n'ai pas, malgré cela, la prétention de faire aussi facilement revenir mes contemporains de leurs erreurs sur le droit d'héritage.

La puissance de l'habitude est si forte chez l'homme qu'une vérité trouve d'autant plus de résistance qu'elle touche à des intérêts enracinés par les temps.

Mais l'hérédité de l'État se présente sous un autre jour : elle est une question de vie ou de mort. Il s'agit de savoir si ceux qui possèdent la richesse doivent succomber révolutionnairement sous l'effet de la résistance aux abus, ou s'ils ne doivent pas préférer rentrer dans la limite du droit en restituant à la Société, au profit des classes laborieuses et pauvres, une part de la richesse qu'ils doivent au travail ?

Cette restitution faite à l'État par le droit d'hérédité ne toucherait pas à la richesse des citoyens pendant leur vie, mais seulement après leur mort. Si, au contraire, la richesse attend la révolution de la misère, sans vouloir procéder aux réformes sociales nécessaires, alors ce ne sera plus une restitution à opérer après la mort, mais à faire du vivant de ceux qui possèdent.

L'hérédité de l'État serait donc un acte de prudence sociale autant qu'un acte de progrès social. Voilà pourquoi, depuis bientôt quatre ans, j'ai tant insisté pour attirer l'attention du public et des Chambres françaises sur cette réforme. Mais je n'espère guère de la volonté de nos législateurs. Pourtant, il faut choisir : ce sera la liquidation par l'effort de la révolution de la misère, révolution terrible dont les symptômes avant-coureurs se montrent déjà; ou ce sera la proclamation de l'hérédité de l'État. Car, il n'y a pas d'autre alternative. Non, personne ne représentera d'autre issue, il n'y en a pas de plus simple, ni de moins coûteuse pour ceux qui possèdent.

Le malheur des nations de notre époque consiste à laisser se gorger de richesses un petit nombre au grand détriment de la masse du peuple. Il n'y a de remède à ce grand mal que la restitution. Les moyens de l'opérer sont au nombre de trois :

D'abord, l'abandon volontaire par ceux qui possèdent d'une partie de leurs biens, procédé qui ne sera jamais admis dans l'état de nos mœurs égoïstes.

Le deuxième moyen est celui que je propose, c'est-à-dire l'hérédité de l'État sur une partie des fortunes après décès de leurs propriétaires ; ce procédé a déjà son analogue dans le droit que l'État prélève sur les successions, droit qu'il faudrait beaucoup augmenter et auquel il faudrait ajouter le retour à l'État des biens en nature.

Faute d'accepter ce moyen ce sera le troisième qui mettra fin aux abus : la révolution à court terme, causée par la misère des travailleurs.

Classes dirigeantes, je le crains bien, vous n'édicterez pas l'hérédité de l'État ; alors, vous aurez la révolution sociale. **GODIN.**

Fondateur du Familistère, Ancien Député.

L'un des Gérants : A. DOYEN. — GUISE. — Imp. BARÉ.

LIBRAIRIE DU FAMILISTÈRE

GUISE (AISNE)

OUVRAGES de M. GODIN, Fondateur du Familistère

Le Gouvernement, *ce qu'il a été, ce qu'il doit être et le vrai socialisme en action.*
Ce volume met en lumière le rôle des pouvoirs et des gouvernements, le principe des droits de l'homme, les garanties dues à la vie humaine, le perfectionnement du suffrage universel de façon à en faire l'expression de la souveraineté du peuple, l'organisation de la paix européenne, une nouvelle constitution du droit de propriété, la réforme des impôts, l'instruction publique première école de la souveraineté, l'association des ouvriers aux bénéfices de l'industrie, les habitations ouvrières, etc., etc.
L'ouvrage est terminé par une proposition de loi à la Chambre des députés sur l'organisation de l'assurance nationale de tous les citoyens contre la misère.
In-8° broché, avec portrait de l'auteur. . . . . 8 fr.

Solutions sociales. — Exposition philosophique et sociale de l'œuvre du Familistère avec la vue générale de l'établissement, les vues intérieures du palais, plans et nombreuses gravures :
Édition in-8° . . . . 10 fr.
Édition in-18 . . . . 5 fr.

Mutualité sociale et Association du Capital et du Travail *ou extinction du paupérisme par la consécration du droit naturel des faibles au nécessaire et du droit des travailleurs à participer aux bénéfices de la production.*
Ce volume contient les statuts et règlements de la Société du Familistère de Guise.
In-8° broché, avec la vue générale des établissements de l'association. . . . . 5 fr.
Sans la vue . . . . 4 fr.

Mutualité nationale contre la Misère. — *Pétition et proposition de loi à la Chambre des députés* brochure in-8°, extraite du volume « *Le Gouvernement* ». . . . . 1 fr. 50
Les quatre ouvrages ci-dessus se trouvent également : Librairie GUILLAUMIN et Cie, *14, rue Richelieu, Paris*

BROCHURES A 40 CENTIMES

Les Socialistes et les Droits du travail . . 0,40 cent.	*La Politique du travail et la Politique des privilèges.* 0,40
La Richesse au service du peuple . . . . 0,40 cent.	*La Souveraineté et les Droits du peuple.* 0,40

OUVRAGES RECOMMANDÉS AUX COOPÉRATEURS

Histoire de l'association agricole de Ralahine (Irlande). Résumé des documents de M. E. T. CRAIG, secrétaire et administrateur de l'association. Ouvrage d'un intérêt dramatique, traduit par Marie MORET. . . . . 0,75 cent.

Histoire des équitables pionniers de Rochdale, de G. J. HOLYOAKE. Résumé traduit de l'anglais, par Marie MORET. . . . . 0,75 cent

ROMAN SOCIALISTE

La Fille de son Père. Roman socialiste américain, de Mme Marie HOWLAND, traduction de M. M., vol. broché. . . . . 3 fr. 50
La première édition de ce roman publiée par M. John JEWETT, l'éditeur de « *la Case de l'Oncle Tom* », eut un grand succès en Amérique. Ce Roman est aux questions sociales qui agitent le monde civilisé, ce que « *la Case de l'Oncle Tom* » fut pour la question de l'esclavage.

Le DEVOIR, Revue des Questions sociales

ORGANE DE L'ASSOCIATION DU FAMILISTÈRE

PARAIT TOUS LES DIMANCHES

FRANCE : Un an . . . . 10 fr. »	UNION-POSTALE : Un an . . . . . . 11 fr. »
— Six mois . . . . 6 fr. »	
— Trois mois. . . . . . . 3 fr. »	AUTRES PAYS . . . . 13 fr. 50

La Librairie des Sciences psychologiques, 5, rue Neuve-des-Petits-Champs, Paris, reçoit également des abonnements au journal *Le Devoir.*

COLLECTION DU « DEVOIR »

1er volume broché. . . . . 3 fr.	4me volume broché. . . . . . . 8 fr.
2me » » . . . . 3 »	5me » . . . . 9 fr.
3me » » . . . . 6 »	

Les 6me, 7me, 8me et 9me volumes ne se vendent qu'avec la collection entière, les 9 volumes brochés ensemble 90 fr., franco.

HÉRÉDITÉ NATIONALE

Les études sociales de M. Godin sur le droit d'hérédité nationale constituent aujourd'hui les cinq ouvrages suivants :

Mutualité nationale contre la misère. — brochure de 130 pages, extraite de son volume « *Le Gouvernement* » et terminée par une proposition de loi. . . . . 1 fr. 50

L'Hérédité de l'État ou la Réforme des impôts . . . . 0 fr. 25

Ni Impôts, ni Emprunts — **L'Hérédité de l'Etat, base des ressources publiques** . . . 0 fr. 25

Travail et consommation par l'hérédité nationale . . . . 0 fr. 25

L'Hérédité nationale—objections, questions et réponses . . . . 0 fr. 25

Ces études se recommandent à l'attention de tous les penseurs par cette raison fondamentale qu'elles indiquent un moyen sûr et pacifique de se procurer les ressources faute desquelles tout progrès est entravé, toute réforme sociale même comprise et acceptée rendue impossible.

L'urgence d'éteindre le paupérisme et de donner aux classes laborieuses dans les nations civilisées des garanties qui, jusqu'ici, leur ont fait défaut, est ressentie aujourd'hui par tous les peuples dans l'ancien comme dans le nouveau monde.

Toutes les nations sont travaillées, à ce sujet, d'idées plus ou moins révolutionnaires, dont l'écho se répercute dans chacune d'elles.

La nationalisation du sol compte aujourd'hui de nombreux partisans en Angleterre et aux Etats-Unis. C'est par milliers d'exemplaires chaque mois, que se vend l'ouvrage : *Progress and Poverty* de Henry Georges, le plus ardent champion du mouvement agraire.

Or, l'institution de l'hérédité nationale sur les bases proposées par M. Godin, c'est-à-dire concurremment avec l'institution de la mutualité nationale, nous fait entrer de suite, sans confiscation des biens de personne, sans préjudice porté à qui que ce soit, sans conflits d'aucune sorte, dans la voie de la pacification sociale et de la sécurité pour tous, non seulement pour les classes laborieuses exposées aujourd'hui à mourir de faim et de misère si le travail leur fait trop longtemps défaut ; mais aussi pour les classes riches qui ne peuvent sans danger voir monter autour d'elles les flots croissants du paupérisme.

Nous appelons donc la plus sérieuse attention de tous les amis de la paix et du travail sur les études de M. Godin concernant le droit d'hérédité nationale, moyen pacifique de solution du grand problème de la misère et des crises industrielles, qui troublent aujourd'hui, profondément toutes les nations civilisées.

AVIS

Nous rappelons à nos lecteurs que les quatre brochures concernant l'hérédité de l'Etat, indiquées ci-dessus au prix de 25 centimes l'exemplaire, sont à leur disposition au prix de **80 centimes les quatre**.

Nous enverrons, franco, contre la somme de **deux francs 20 centimes ces quatre brochures** accompagnées de **Mutualité nationale contre la misère**.

N° 9

ÉTUDES SOCIALES

Extinction de la Misère

PAR LA

MUTUALITÉ NATIONALE

Faire de l'existence humaine le premier objet de l'attention sociale ;
Aimer, vénérer, respecter, servir l'existence humaine ;
La protéger au-dessus de toutes choses dans l'individu, dans la famille et dans la société :
Telle est la mission de la politique.

VUE DU FAMILISTÈRE DE GUISE — PALAIS SOCIAL

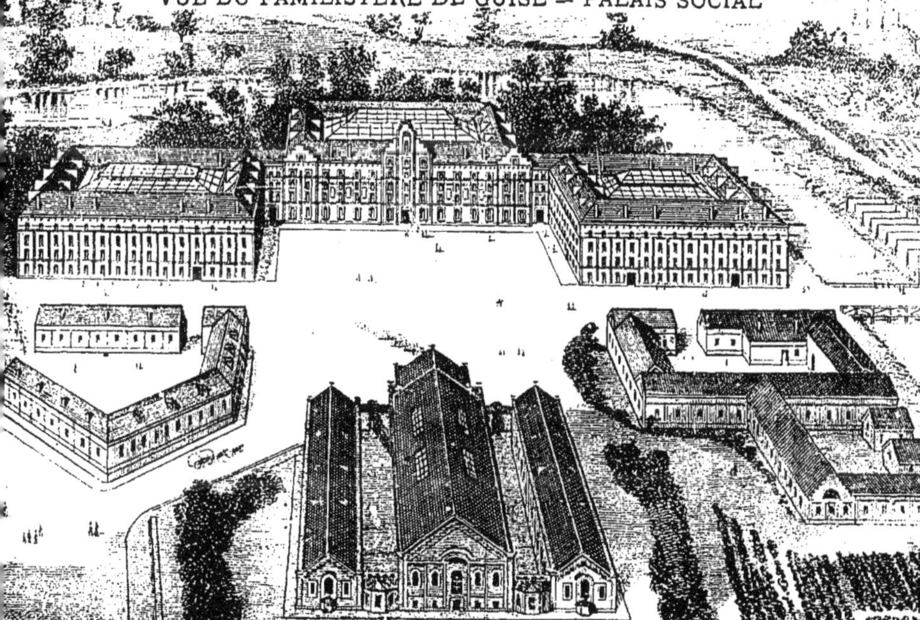

Prix 25 centimes

EN VENTE à la Librairie du Familistère à Guise (Aisne)

GUISE. — IMPRIMERIE BARÉ.

PROGRAMME POLITIQUE D'ACTUALITÉ

RÉFORMES POLITIQUES

Placer la protection et le respect de la vie humaine au-dessus de toutes choses dans la loi et dans les institutions.

Eviter la guerre, la remplacer par l'arbitrage entre nations.

Faire des garanties de la vie humaine la base de la constitution politique et sociale du gouvernement.

Consolider la République en inaugurant la souveraineté nationale par l'organisation du suffrage universel.

Fonder cette organisation du suffrage sur la base du *scrutin de liste nationale* pour l'élection des députés et du *renouvellement partiel et annuel* de la Chambre.

Election et dépouillement à la commune.

Recensement départemental au chef-lieu du département.

Récensement national à Paris.

Proclamation du quart des députés à élire parmi les candidats qui auraient obtenu le plus de voix au premier tour de scrutin.

Affichage de cette proclamation dans toutes les communes de France, avec la liste de tous les candidats qui auraient obtenu plus de 10,000 voix.

Second tour de scrutin, le troisième dimanche après l'affichage de la liste des candidats sortis du vote.

Proclamation des députés restant à élire dans les candidats ayant obtenu le plus de voix au second tour.

Ce système aurait pour conséquence :

La moralité dans les élections ;

La liberté de l'électeur dans le choix de ses candidats, avec la presque certitude de donner un vote utile ;

L'égalité des citoyens devant l'urne, chaque électeur votant, partout la France, pour autant de noms qu'il y a de Ministères, c'est-à-dire de départements des affaires publiques ;

La possibilité de la représentation proportionnelle et, par conséquent, des minorités ;

La représentation par les supériorités ;

Le contrôle des électeurs sur leurs mandataires ;

Cette organisation du suffrage universel rendrait la candidature vraiment démocratique et la rendrait possible aux hommes de talent et de mérite, sans fortune.

Elle moraliserait le régime représentatif, les députés qui failliraient à leur programme et à leurs engagements étant vite remplacés ;

Avec ce système, les députés élus par le collège national seraient les députés de la France ; ils ne seraient plus élus qu'en raison de leur conduite législative ; ils seraient responsables devant la nation de l'observation loyale de leurs engagements et du programme qui leur aurait mérité l'élection.

RÉFORMES CIVILES.

Abolition régulière et progressive des abus de l'impôt en prélevant les ressources nécessaires à l'Etat sur la richesse acquise ; mais en faisant ce prélèvement après la mort des personnes et non de leur vivant.

A cet effet, établissement du droit d'hérédité de l'Etat dans les successions.

Droit d'hérédité progressive sur les héritages en ligne directe ; l'État prélevant peu de chose sur les petites successions, mais élevant son droit progressivement jusqu'à 50 0/0 sur les fortunes dépassant cinq millions.

Droit de 50 0/0 sur tous les testaments.

Droit complet d'hérédité de l'Etat en ligne collatérale et sur tous les biens n'ayant ni héritiers directs ni légataires.

Abolition de l'impôt sur tous les biens tombés en héritage à l'Etat, mais substitution à cet impôt d'un revenu sur tous les biens revendus par l'Etat et d'un fermage sur tous les biens loués par lui.

Suppression régulière, par ce moyen, des fermages payés aux propriétaires intermédiaires; la propriété immobilière devant être exploitée par ceux qui la détiennent soit comme fermiers, soit comme propriétaires.

RÉFORMES SOCIALES

Institutions de garanties sociales en faveur des classes laborieuses et pauvres par l'hérédité de l'Etat.

Protection à l'association entre le capital et le travail. Participation des ouvriers aux bénéfices.

Extinction de la Misère

PAR LA

MUTUALITÉ NATIONALE

Faire de l'existence humaine le premier objet de l'attention sociale.
Aimer, vénérer, respecter, servir l'existence humaine.
La protéger au-dessus de toutes choses dans l'individu, dans la famille et dans la société :
Telle est la mission de la politique.

Extinction de la misère par la Mutualité Nationale. — Le nécessaire à la subsistance. — Dotation de la Mutualité Nationale. — Fonctionnement des services de Mutualité Nationale. — Réponses à quelques objections. — Les riches ne peuvent se passer de la Mutualité Nationale. — Considérations humanitaires. — Considérations sociologiques. — Historique de la question. — Responsabilités sociales.

EXTINCTION DE LA MISÈRE PAR LA MUTUALITÉ NATIONALE

La société doit à tous les êtres humains le minimum de subsistance.

Le faible, le malade, l'infirme, le paresseux, le vaillant, le fort, l'innocent, le coupable, tous les citoyens, sans exception, ont un droit égal à ce minimum.

Il faut, au sommet de l'organisation sociale, une sanction effective du droit à la vie, par l'organisation d'une puissante Mutualité Nationale, destinée à procurer aux travailleurs et aux membres de leurs familles, en toutes circonstances, le nécessaire à la subsistance.

Ces institutions ont un intérêt social : les classes aisées en retireront des bénéfices appréciables ; les déshérités ne peuvent s'en passer plus longtemps ; il y a péril social à en différer l'application.

Les difficultés de ces fondations ne sont pas insurmontables ; toutes sont d'ordre moral ; aucune d'elles ne provient de faits matériels soustraits à l'influence de la volonté.

Ces projets seraient utopiques, si l'accumulation des richesses et le perfectionnement de la production n'étaient en rapport avec les charges considérables d'une féconde Mutualité Nationale.

Sans la Mutualité Nationale, les inquiétudes et les souffrances individuelles paralyseront la fécondité des facultés humaines par des mécontentements et par des colères aboutissant à des heurts, à des chocs destructeurs des choses, des individus et des sociétés.

L'être humain délivré de l'incessante crainte de la misère, les jalousies seront moindres ; les haines s'apaiseront ; les compétitions individuelles ne dépasseront pas les suggestions d'une sage émulation.

La Mutualité Nationale donnera à la femme le droit effectif à l'indépendance ; elle maintiendra l'enfant au-dessus des fragilités de la famille ; elle rétablira la famille écroulée sous des charges dépassant ses forces.

La Mutualité Nationale sera le gage indissoluble de la réconciliation des citoyens, des classes et des peuples : elle sera la garantie de la permanence de l'ordre dans chaque unité nationale de la patrie universelle.

Le Nécessaire à la subsistance.

L'homme naît avec le droit de vivre : il doit être assuré du minimum nécessaire à la subsistance.

Cette proposition, simpliste en apparence, tient, en sociologie, une place analogue à celle des axiomes dans les sciences exactes.

Les perturbations sociales violentes, à notre époque, proviennent de l'inobservation de cette donnée.

Il n'existe pas, dans la pratique sociale, une seule institution conforme à ces deux termes :

L'homme est né pour vivre. — La vie n'est pas possible sans le strict nécessaire à la subsistance.

La loi interdit à l'homme de tuer son semblable. Mais,

PROGRAMME POLITIQUE D'ACTUALITÉ

RÉFORMES POLITIQUES

Placer la protection et le respect de la vie humaine au-dessus de toutes choses dans la loi et dans les institutions.

Eviter la guerre, la remplacer par l'arbitrage entre nations.

Faire des garanties de la vie humaine la base de la constitution politique et sociale du gouvernement.

Consolider la République en inaugurant la souveraineté nationale par l'organisation du suffrage universel.

Fonder cette organisation du suffrage sur la base du *scrutin de liste nationale* pour l'élection des députés et du *renouvellement partiel et annuel* de la Chambre.

Election et dépouillement à la commune.

Recensement départemental au chef-lieu du département.

Recensement national à Paris.

Proclamation du quart des députés à élire parmi les candidats qui auraient obtenu le plus de voix au premier tour de scrutin.

Affichage de cette proclamation dans toutes les communes de France, avec la liste de tous les candidats qui auraient obtenu plus de 10,000 voix.

Second tour de scrutin, le troisième dimanche après l'affichage de la liste des candidats sortis du vote.

Proclamation des députés restant à élire dans les candidats ayant obtenu le plus de voix au second tour.

Ce système aurait pour conséquence:

La moralité dans les élections ;

La liberté de l'électeur dans le choix de ses candidats, avec la presque certitude de donner un vote utile ;

L'égalité des citoyens devant l'urne, chaque électeur votant, partout la France, pour autant de noms qu'il y a de Ministères, c'est-à-dire de départements des affaires publiques ;

La possibilité de la représentation proportionnelle et, par conséquent, des minorités ;

La représentation par les supériorités ;

Le contrôle des électeurs sur leurs mandataires ;

Cette organisation du suffrage universel rendrait la candidature vraiment démocratique et la rendrait possible aux hommes de talent et de mérite, sans fortune.

Elle moraliserait le régime représentatif, les députés qui failliraient à leur programme et à leurs engagements étant vite remplacés ;

Avec ce système, les députés élus par le collège national seraient les députés de la France ; ils ne seraient plus élus qu'en raison de leur conduite législative ; ils seraient responsables devant la nation de l'observation loyale de leurs engagements et au programme qui leur aurait mérité l'élection.

RÉFORMES CIVILES.

Abolition régulière et progressive des abus de l'impôt en prélevant les ressources nécessaires à l'Etat sur la richesse acquise ; mais en faisant ce prélèvement après la mort des personnes et non de leur vivant.

A cet effet, établissement du droit d'hérédité de l'Etat dans les successions.

Droit d'hérédité progressive sur les héritages en ligne directe ; l'État prélevant peu de chose sur les petites successions, mais élevant son droit progressivement jusqu'à 50 0/0 sur les fortunes dépassant cinq millions.

Droit de 50 0/0 sur tous les testaments.

Droit complet d'hérédité de l'Etat en ligne collatérale et sur tous les biens n'ayant ni héritiers directs ni légataires.

Abolition de l'impôt sur tous les biens tombés en héritage à l'Etat, mais substitution à cet impôt d'un revenu sur tous les biens revendus par l'Etat et d'un fermage sur tous les biens loués par lui.

Suppression régulière, par ce moyen, des fermages payés aux propriétaires intermédiaires; la propriété immobilière devant être exploitée par ceux qui la détiennent soit comme fermiers, soit comme propriétaires.

RÉFORMES SOCIALES

Institutions de garanties sociales en faveur des classes laborieuses et pauvres par l'hérédité de l'Etat.

Protection à l'association entre le capital et le travail. Participation des ouvriers aux bénéfices.

Extinction de la Misère

PAR LA

MUTUALITÉ NATIONALE

Faire de l'existence humaine le premier objet de l'attention sociale ;
Aimer, vénérer, respecter, servir l'existence humaine ;
La protéger au-dessus de toutes choses dans l'individu, dans la famille et dans la société :
Telle est la mission de la politique.

Extinction de la misère par la Mutualité Nationale.— Le nécessaire à la subsistance. — Dotation de la Mutualité Nationale.— Fonctionnement des services de Mutualité Nationale. - Réponses à quelques objections.— Les riches ne peuvent se passer de la Mutualité Nationale.— Considérations humanitaires. — Considérations sociologiques.— Historique de la question.— Responsabilités sociales.

EXTINCTION DE LA MISÈRE PAR LA MUTUALITÉ NATIONALE

La société doit à tous les êtres humains le minimum de subsistance.

Le faible, le malade, l'infirme, le paresseux, le vaillant, le fort, l'innocent, le coupable, tous les citoyens, sans exception, ont un droit égal à ce minimum.

Il faut, au sommet de l'organisation sociale, une sanction effective du droit à la vie, par l'organisation d'une puissante Mutualité Nationale, destinée à procurer aux travailleurs et aux membres de leurs familles, en toutes circonstances, le nécessaire à la subsistance.

Ces institutions ont un intérêt social : les classes aisées en retireront des bénéfices appréciables ; les déshérités ne peuvent s'en passer plus longtemps ; il y a péril social à en différer l'application.

Les difficultés de ces fondations ne sont pas insurmontables ; toutes sont d'ordre moral ; aucune d'elles ne provient de faits matériels soustraits à l'influence de la volonté.

Ces projets seraient utopiques, si l'accumulation des richesses et le perfectionnement de la production n'étaient en rapport avec les charges considérables d'une féconde Mutualité Nationale.

Sans la Mutualité Nationale, les inquiétudes et les souffrances individuelles paralyseront la fécondité des facultés humaines par des mécontentements et par des colères aboutissant à des heurts, à des chocs destructeurs des choses, des individus et des sociétés.

L'être humain délivré de l'incessante crainte de la misère, les jalousies seront moindres; les haines s'apaiseront; les compétitions individuelles ne dépasseront pas les suggestions d'une sage émulation.

La Mutualité Nationale donnera à la femme le droit effectif à l'indépendance ; elle maintiendra l'enfant au-dessus des fragilités de la famille ; elle rétablira la famille écroulée sous des charges dépassant ses forces.

La Mutualité Nationale sera le gage indissoluble de la réconciliation des citoyens, des classes et des peuples ; el sera la garantie de la permanence de l'ordre dans chaque unité nationale de la patrie universelle.

Le Nécessaire à la subsistance.

L'homme naît avec le droit de vivre ; il doit être assuré du minimum nécessaire à la subsistance.

Cette proposition, simpliste en apparence, tient, en sociologie, une place analogue à celle des axiomes dans les sciences exactes.

Les perturbations sociales violentes, à notre époque, proviennent de l'inobservation de cette donnée.

Il n'existe pas, dans la pratique sociale, une seule institution conforme à ces deux termes :

L'homme est né pour vivre — La vie n'est pas possible sans le strict nécessaire à la subsistance.

La loi interdit à l'homme de tuer son semblable. Mais,

dans les sociétés dépourvues de garanties contre les conséquences extrêmes du salariat, l'individu est condamné à d'injustes misères lorsque son salaire descend au-dessous du nécessaire à la subsistance.

L'assimilation des travailleurs aux viles marchandises, soumises aux fluctuations de l'offre et de la demande, est une négation de cette vérité élémentaire : *l'homme étant né pour vivre à besoin du nécessaire à la subsistance.*

La société édifiée sur cette négation ne peut être stable ; sa solidité et sa durée sont comparables à celles d'un édifice construit en dehors de l'observation des lois de la pesanteur.

Le minimum nécessaire à la subsistance est-il d'ordre individuel, familial, communal, national ou universel ? En d'autres termes, l'individu doit-il se procurer ce minimum ou bien le trouver dans la famille, dans la commune, dans la nation, ou dans le monde entier ?

A l'origine de la race, les êtres humains errants sur des surfaces illimitées cherchaient le nécessaire à la subsistance partout où il leur plaisait de porter leurs pas.

Par l'organisation des sociétés, les individus enfermés dans des communes, des régions, des nations, où une minorité a accaparé la possession des sources de la richesse, ont été privés de cette liberté de pourvoir à leur existence d'après leurs inspirations personnelles.

La civilisation, en vue de l'utilité générale, devait réglementer ce droit naturel ; elle a commis une violence en supprimant, sans compensation, la liberté donnée à l'homme par la nature de cueillir partout les fruits de la terre.

Il est urgent de réparer cette erreur, cette injustice, en donnant au nécessaire à la subsistance le caractère d'une institution sociale.

L'aumône est une sanction insuffisante du droit à la vie. En face de l'être humain dénué, chacun de nous éprouve le besoin de lui venir en aide. Mais l'aumône suppose la mendicité, pratique incompatible avec l'ordre et la dignité humaine. Le mendiant osé parvient souvent à se procurer un bien-être supérieur à son minimum de subsistance, tandisque des malheureux, par dignité, par respect d'eux-mêmes, préfèrent souvent les privations et les souffrances.

Il faut coordonner l'assistance envers nos semblables, par des institutions exemptes des incertitudes, des erreurs et des humiliations de l'aumône et de la mendicité.

D'après M. Moncelon, délégué de la Nouvelle-Calédonie au Conseil supérieur des colonies, voici les avantages accordés aux condamnés agricoles (forçats) :

1. Une concession de terre arable, qui deviendra définitive à la libération.

2. La ration de vivres pendant trente mois ;

3. Un lot d'outils aratoires ;

4. Le droit de choisir une épouse au couvent de Bourail ;

5. La ration de vivres pour la femme, un trousseau de ménage, un secours pécuniaire de 150 francs.

6. Le droit au traitement gratuit à l'hôpital pour l'homme et pour sa famille pendant trente mois ;

7. Une indemnité de 100 à 130 francs pour la construction de sa case d'habitation ;

8. Enfin, le concessionnaire (en cours de peine) peut se faire aider dans son exploitation par des personnes étrangères à sa famille, sans que le nombre de ses ouvriers soit déterminé.

La société nourrit le coupable ; les pensionnaires des prisons et des bagnes ont le minimum de subsistance.

Peut-on le refuser au travailleur malheureux ?

Comment définir le minimum nécessaire à la subsistance ?

Nous voulons parler de ce quantum de nourriture, de vêtements, d'hygiène et de soins dont un être humain, normalement constitué, ne peut-être privé, sans exposer son organisme à une usure prématurée.

Il est toujours facile d'évaluer, en numéraire, l'équivalent du nécessaire à la subsistance, d'après le cours des denrées dans chaque localité.

Au Familistère, la garantie du droit à l'existence fonctionne d'après une échelle indiquant le prix de revient du minimum de subsistance suivant l'âge.

Voici les évaluations en vigueur au Familistère :

Minimum de subsistance pour un chef de famille, pour un veuf ou une veuve chef de famille	1.50
» » pour une veuve sans famille.	1.»»
» » pour un homme invalide dans une famille	1.»»
» » pour une femme	1.»»
» » pour des jeunes gens de plus de 16 ans	1.»»
» » pour des jeunes gens de 14 à 16 ans	0.75
» » pour des enfants de 2 à 16 ans	0.50
» » » de moins de 2 ans	0.25

Ces derniers ont droit en outre à la nourricerie. Entre 14 et 2 ans l'enseignement est obligatoire et gratuit, les fournitures scolaires comprises.

Lorsqu'une famille reçoit un total de salaires inférieur au total des cotes de l'échelle de subsistance pour chacun de ses membres, l'association paie la différence.

Prenons, comme exemple, une famille composée du père, de la mère, d'un vieillard, de deux enfants au-dessous de dix ans, et d'un poupon d'un an, le minimum de subsistance sera calculé comme suit :

Le chef de famille	1.50
Le vieillard	1.00
La mère	1.00
Les deux enfants au-dessous de 14 ans	1.00
L'enfant au-dessous de 2 ans	0.25
Total du minimum de subsistance	4.75

Si les salaires des membres occupés de cette famille sont de 3 fr. 50, l'association paie, chaque jour, la différence, soit 1fr. 25.

Une famille réduite à ce minimum, à défaut de l'aisance, échappe à la misère.

Dotation de la Mutualité Nationale

D'après les dépenses faites au Familistère pour le fonctionnement de cette institution, on ne peut évaluer à moins de 100.000 francs les frais annuels de chaque groupe de 2000 personnes, soit un milliard huit cent mille francs pour une population de 36.000.000 d'habitants.

L'importance de cette somme ne dépasse pas les ressources de la richesse publique.

Actuellement, les dépenses des bureaux de bienfaisance, des administrations d'assistance publique dans les grands centres, des services hospitaliers, des pensions payées aux vieux fonctionnaires, des enfants abandonnés, ne sont pas moindres de 350 millions.

Un prélèvement moyen de 2 0/0 sur les dix milliards de salaires payés annuellement en France donnerait 200 millions. On pourrait percevoir ces ressources d'après un tarif progressif et proportionnel aux taux des salaires supérieurs aux minima de subsistance.

Chaque année, le total des héritages des millionnaires et des personnes possédant plus d'un million est évalué à **trois milliards.** En supprimant l'hérédité en ligne collatérale, en frappant les héritages en ligne directe et par testament d'un droit d'hérédité progressif et proportionnel, l'Etat obtiendrait facilement un rendement moyen de 50 0/0, soit 1.500 millions ; cette part des grosses fortunes revenant à l'Etat ne serait pas immédiatement disponible en totalité, il ne faudrait pas attendre de ce chapitre plus de 750.000.000 de ressources annuelles.

Récapitulons.

Dépenses diverses actuelles d'intervention sociale dans certains cas du domaine de la Mutualité Nationale	350.000.000
Ressources libérées par la suppression des dépenses des cultes	75.000 000
Prélèvement moyen de 2 0/0 sur les salaires	200.000.000
Moitié du produit de l'hérédité de l'Etat.	750.000.000
Total du premier budget de la Mutualité.	1.375.000.000

L'Etat, par la location ou par la concession temporaire à des sociétés de travailleurs, retirerait certainement un revenu de 2 0/0 de la moitié des produits de l'hérédité de l'Etat restée en sa possession ; de ce fait, le budget de la Mutualité Nationale augmenterait, chaque année, d'une somme de 15 millions.

Il est également facile de trouver d'autres ressources susceptibles de doter la Mutualité Nationale. La participation des travailleurs aux bénéfices et la coopération peuvent contribuer pour une grande part à la dotation de la Mutualité.

Si toutes les entreprises industrielles étaient frappées d'une participation de 10 0/0 des bénéfices en faveur des institutions garantistes on obtiendrait annuellement, de ce chapitre, plusieurs centaines de millions.

La coopération de consommation, généralisée, avec l'obligation de verser une partie des bénéfices aux caisses de Mutualité, apporterait des ressources immenses.

Dans le groupe familistérien, l'épicerie seule donne chaque année près de 30.000 fr. de bénéfices nets. L'organisation coopérative de l'épicerie, dans tout le pays ayant une population 1800 fois plus nombreuse que la nôtre, produirait, d'après ces chiffres, 540,000,000. De même l'approvisionnement du pain organisé d'après le même système, en évaluant à 5 fr. les bénéfices prélevés par le meunier et le boulanger sur chaque hectolitre de blé, laisserait à la population une somme supérieure à 500.000.000.

Déjà des sociétés coopératives ont entrepris de fonder, avec une partie de leurs bénéfices, des institutions garantistes. Nous devons citer spécialement, comme exemple digne d'être imité, la marche hardie, dans cette voie, des coopérateurs de Vienne, Isère. Ils paient déjà à un grand nombre de vieillards des pensions de retraite devant s'élever rapidement à un chiffre convenable.

Aux partisans du principe de Mutualité Nationale, étonnés de la hardiesse de nos projets, nous répondons par le dilemme suivant.

Oui ou non, est-il barbare d'arrêter la production, lorsqu'une partie de la population succombe de misère ?

Oui ou non, le paupérisme doit-il disparaître des sociétés?

Si oui, il est puéril d'espérer y parvenir sans disposer de ressources proportionnées à l'énormité du mal.

Nous demandons à tous les citoyens sensés s'il faut chercher la richesse là où elle est, ou bien là où se manifeste le dénûment ?

Les millionnaires sont gens intéressants, nous l'avouons ; aussi voulons-nous les laisser jouir de leurs millions, en toute sécurité, pendant toute leur existence.

Mais la féodalité héréditaire du million est-elle préférable à la féodalité de l'épée et de la crosse ?

La féodalité de l'épée et de la crosse, avant 1879, devenue propriétaire de près de la moitié de la richesse nationale, était un danger. Tous les historiens de la Révolution française, sans excepter Thiers, ont considéré cette accumulation de richesse aux mains d'une classe comme un motif légitime de l'expropriation de cette classe, au nom du salut public.

Est-elle moins dangereuse la féodalité du million, propriétaire des **trois cinquièmes** de la fortune publique fait indiscutablement établi par la statistique des héritages, attestant une existence de **3** milliards provenant des millionnaires sur une *somme totale* de **5** *milliards* de successions annuelles ?

La féodalité du million est-elle plus accessible au commun des mortels ?

Les fabriques, les usines, les terres des millionnaires passent *aux mains d'autres millionnaires, comme, autrefois*, les propriétés seigneuriales se transmettaient, par héritage, par vente ou par échange, de nobles à nobles. Les grands seigneurs n'ont jamais été à l'abri des ruines analogues à celles subies de temps en temps par les féodaux du million.

Est-ce qu'il ne faut pas être millionnaire *soi-même*, pour acheter les propriétés d'un millionnaire, comme autrefois il fallait être noble pour acheter les domaines d'un autre noble?

Sous Louis XIII, il y eût 40,000 annoblissements obtenus à prix d'argent. En 89, il existait 60,000 fiefs et 365,000 familles nobles, *dont* 1,120 *seulement* d'ancienne noblesse.

Le nombre des roturiers annoblis pendant le dernier siècle de la royauté est supérieur au nombre d'ouvriers enmillionnés pendant le 19me siècle.

Une poignée de millionnaires doit-elle se transmettre intégralement de parents à parents, de collatéraux à collatéraux, les trois cinquièmes de la richesse nationale ?

N'est-il pas préférable de délivrer les classes laborieuses, l'*humanité*, de la *lèpre du paupérisme*, en prélevant sur ces grosses fortunes, après la mort de leurs créateurs, une part équivalente aux concours des richesses naturelles et des services publics ?

L'équivoque n'est plus possible.

Il faut proclamer l'éternité de la *misère*, ou bien en poursuivre la disparition en prenant les ressources là où elles sont.

Fonctionnement des services de Mutualité Nationale.

L'Etat fait la loi de Mutualité : chaque année il repartit les ressources de la Mutualité Nationale entre les départements, au prorata de leurs habitants ; les départements divisent ces ressources entre les arrondissements d'après les mêmes données ; les arrondissements les distribuent aux cantons ; les cantons aux communes ; les communes aux assistés.

Le mode de fonctionnement adopté au Familistère nous parait le mieux convenir aux communes.

Dans l'association du Familistère, la Mutualité se divise en quatre branches principales :

1° Assurance du nécessaire à la subsistance et des pensions de retraite.

2° Assurance contre la maladie, section des hommes.

3° » » » section des dames.

4° Fonds de pharmacie.

Au Familistère, un employé, sous le contrôle des comités spéciaux et des conseils administratifs, suffit aux diverses charges de ce service ; dans l'organisation générale, il serait facile de fédérer des communes en assez grand nombre pour réunir les meilleures conditions d'économie dans les services.

Des comités élus, annuellement renouvelables par moitié, ont charge de contrôler l'ensemble des œuvres de la Mutualité.

Les membres élus des comités spéciaux sont rétribués par des jetons de présence calculés d'après le taux moyen des salaires.

Nous considérons la gratuité des services comme un abus condamnable.

Les pratiques administratives de Mutualité sont déjà assez largement appliquées par certaines sociétés importantes de secours mutuel

Il est facile d'organiser les services de Mutualité sans augmenter, outre mesure, le nombre des fonctionnaires d'Etat, en laissant aux *communes* et aux *départements* le soin de toutes les mesures administratives ; le rôle de l'Etat doit être limité au contrôle général nécessaire à la constatation de la bonne exécution de la loi dans tout le pays.

Au reste, l'immixtion des conseils d'arrondissements, des conseils généraux, des municipalités, la liberté de la presse, et les votes annuels à l'occasion du renouvellement partiel des corps élus seraient autant de circonstances favorables à la bonne marche et au contrôle des opérations des divers services de la Mutualité Nationale.

Réponses à quelques objections.

Voici comment discutent ordinairement les adversaires de la Mutualité Nationale.

Tous admettent, *en principe*, la justice d'une institution destinée à empêcher les malheureux de mourir de misère ; ils s'informent ensuite de l'évaluation des dépenses.

Le total du budget de la Mutualité les effraie ; ils le déclarent excessif ; devant l'éloquence des chiffres tirés de la situation des *millionnaires*, ils abandonnent, sans trop crier, cet argument ; successivement ils passent des difficultés attribuées au développement du fonctionnarisme à la mauvaise nature des individus et aux penchants de l'homme à la paresse ; la concurrence internationale est leur dernier retranchement.

Les chapitres précédents nous paraissent répondre suffisamment à une partie de ces objections. Nous essaierons de réfuter sommairement celles tirées de la paresse et de la concurrence internationale.

La faim n'est pas une excitation nécessaire au travail. Cette opinion est corroborée par les faits ; le grand nombre des ouvriers aisés, des patrons riches, même opulents, travaillant tous avec une fiévreuse activité sans y être contraints par la nécessité, sont des exemples des plus concluants.

On exagère le nombre des fainéants et des paresseux par volonté. Il est, au contraire, surprenant de ne pas les voir plus nombreux dans une société où tout semble être mis en œuvre pour les créer.

Si l'enfant de l'ouvrier résiste aux déplorables effets de l'abandon par ses parents pendant les 12 heures de leur présence à l'atelier ; si sa nature exceptionnellement bonne le dispose à l'étude, il acquerra une foule de connaissances propres à développer sa sensibilité et à lui rendre plus douloureuses les privations de la vie ouvrière.

A peine sorti de l'école, l'enfant studieux de l'ouvrier fera son apprentissage dans des conditions d'hygiène, de durée de travail et de fatigue absolument condamnées par les théories apprises à l'école ; après l'apprentissage, son salaire l'empêchera bien des fois de se procurer le minimum de nourriture, d'hygiène prévu par la science ; chef d'une nombreuse famille, il ne pourra, à cause de la cherté des loyers, se loger dans un appartement assez vaste et suffisamment salubre, suivant les indications des auteurs compétents.

L'ouvrier intelligent et observateur est poussé à la démoralisation par l'exemple incessant des fraudes du commerce et de l'industrie, par l'absence générale de relations consciencieuses entre vendeurs et acheteurs ; il voit presque partout la ruse et l'abus de confiance se disputer la possession des richesses.

Connaître les conditions rationnelles du travail et des besoins de la vie et se trouver dans l'impossibilité presque continuelle de les réaliser ne serait-ce pas le cas général de tous les ouvriers, si tous, dans notre milieu, étaient doués des capacités acquises par un grand développement intellectuel et moral ?

N'y a-t-il pas dans cette perpétuelle contradiction entre le fait et la raison un motif d'atténuer les premières impressions suggérées par le spectacle des faiblesses des classes laborieuses.

On nous dit aussi : la Mutualité Nationale prenant à sa charge les enfants abandonnés par leur parents, ceux-ci seront excités à dépenser exclusivement pour eux leurs salaires ; les institutions garantistes auront charge de l'entretien de nombreuses familles, quand même les salaires des parents seraient équivalents ou supérieurs aux taux de subsistance.

Mais la loi relative aux enfants abandonnés n'a pas donné lieu à de semblables constatations; la disparition des liens familiaux, à la suite de l'amélioration du sort des classes laborieuses, est une hypothèse réfutée par l'expérimentation.

D'autres objectent : les ouvriers simuleront la maladie. L'expérience du Familistère n'a pas donné lieu à des constatations de ce genre assez évidentes et assez fréquentes pour légitimer ces méfiances.

Il est possible et facile d'appliquer des mesures préventives; les sociétés mutuelles et les associations pratiquant la mutualité savent se prémunir contre ces inconvénients. Pourquoi les communes n'auraient-elles la même capacité?

Mettre le jeune homme, dès sa sortie de l'école, à même de travailler raisonnablement suivant ses forces ; garantir à l'adulte la permanence d'un travail rémunérateur, ni trop long ni trop pénible ; en un mot, donner au travailleur la certitude d'avoir en tout temps une occupation normale et un salaire convenable, et, à défaut de vouloir accepter cette situation, le soumettre au régime du malade sont deux cas entre lesquels l'être humain, à moins d'appartenir à la catégorie des infirmes, des atrophiés, choisira toujours le premier. Au reste, nous ne contestons pas à la société le droit de considérer comme irresponsables et de traiter comme tels, les individus valides convaincus de préférer la paresse à un travail rationnel; mais nous ne lui reconnaissons pas le droit de différer plus longtemps les solutions aboutissant à ces constatations, sans lesquelles l'ouvrier malheureux mérite d'être considéré comme une victime de l'organisation sociale.

L'argument tiré de la concurrence étrangère serait valable dans une certaine limite, si l'on pouvait admettre l'hypothèse de l'inauguration du garantisme dans une nation et le fait des autres peuples de persévérer, malgré cet exemple, dans les pratiques routinières et empiriques de l'ordre individualiste. Par ce temps de communications instantanées dans tout le globe, de presse internationale, d'agitation universelle des classes laborieuses, on ne peut douter de la généralisation rapide de la Mutualité Nationale, une fois fondée par une nation.

Les riches ne peuvent se passer de la Mutualité Nationale

Le droit de l'homme de cueillir partout les fruits de la terre est d'ordre primordial ; le malheureux sera toujours porté à penser à ce droit naturel et à s'insurger contre sa suppression. Il est nécessaire de trouver une transaction acceptable par tous, afin d'en finir avec les excitations de la misère. Le garantisme produira cet apaisement.

Il faut être affligé d'un aveuglement incroyable pour ne pas comprendre la portée des soulèvements populaires, sans cesse menaçants, sur tous les points de la terre où la civilisation a étendu ses institutions.

Peut-on nier un commencement d'organisation, dans tous les pays civilisés, d'une véritable jacquerie ouvrière ?

Au nom de leur sécurité, même pas égoïsme, les riches ont intérêt à calmer ces ferments de révolte, à une époque où la science peut mettre aux mains des exaspérés une puissance incalculable de destruction.

On attribue faussement à l'influence des meneurs l'origine des émeutes et des attentats. Jamais les prédications des agitateurs n'ont poussé aux résolutions extrêmes des masses d'hommes jouissant de l'aisance. Le meneur Misère est le véritable agent provocateur des insurrections.

Les manifestations désordonnées des déshérités, nées de leurs propres suggestions comme leurs révoltes coordonnées par des meneurs convaincus ou ambitieux, sont toutes des produits de la misère.

Les complots, les sauvages excès sont des propriétés de la misère comme la pesanteur, la forme, la couleur sont des particularités de la matière ; la misère bouleverse l'ordre, comme le feu détruit les matières inflammables.

Les favorisés de la fortune ont d'autres motifs de s'attacher à la fondation de la Mutualité Nationale.

Les familles les plus riches ne sont pas à l'abri des atteintes des épidémies, des pestes, des cataclysmes ; souvent, lorsqu'elles sont frappées dans leurs membres les plus forts, la ruine des autres se précipite avec une incroyable rapidité et les entraîne souvent dans de malheureuses situations qu'atténueraient les institutions de Mutualité.

Sous l'influence d'une concurrence sans frein, les moyennes situations commerciales et financières sont sans cesse troublées; les statistiques de la faillite en font foi.

Parmi nos légions de fonctionnaires de l'État, d'employés, de magistrats, de professeurs, d'administrateurs, la famille a-t-elle la moindre sécurité si une mort prématurée la prive de son chef ?

Au moral, la Mutualité Nationale libèrera les citoyens de noires inquiétudes, de ces perpétuelles craintes auxquelles nos sociétés doivent d'être des réunions d'hommes sans forces morales, prêts à toutes les corruptions et aux plus humiliantes trahisons, souvent par le seul motif de mieux s'armer contre les éventualités de la misère.

Considérations humanitaires

La Mutualité Nationale n'est pas comparable aux réformes plus ou moins discutables choisies comme plates-formes politiques par les divers partis ; elle mérite l'approbation et le concours de tous les honnêtes gens.

Il faut en finir avec un présent détestable.

On donne le nécessaire à l'existence aux prisonniers, aux forçats, à des criminels, à des misérables dépourvus de tous les sentiments humains, et l'on continue à refuser le minimum de subsistance à l'honnête homme malheureux.

La mère privée des moyens d'alimenter ses enfants éprouve d'atroces angoisses ; les expiations des voleurs, des scélérats condamnés à la prison ou au bagne ne sont pas comparables à ces tourments.

L'ouvrier laborieux, contraint de chômer, supporte des privations aggravées par les tortures morales de sentir les siens malheureux.

Le vieillard privé de ressources, sous le coup des humiliations et des incertitudes de la mendicité, subit certainement des tourments physiques et moraux dépassant les châtiments infligés aux grands coupables.

Soit, ces exemples ne sont pas la règle générale.

L'injustice ne se mesure pas au nombre des victimes ; ce nombre fût-il dix fois moindre, la misère des travailleurs honnêtes et laborieux est une flagrante iniquité. Les hommes individuellement ou socialement n'ont pas le droit d'opprimer un seul d'entre eux.

La justice n'admet pas d'exception.

Une expérience sociologique faite par Monsieur Dolfus de Mulhouse donne un exact aperçu des tueries attribuables au salariat.

Cet industriel ayant constaté, parmi les nouveaux-nés de ses ouvrières, une mortalité de **28 0/0** pendant les premiers mois de l'allaitement, imposa aux mères, sans pour cela interrompre le salaire, l'obligation de chômer pendant le dernier mois de la grossesse et pendant le premier de l'allaitement ; dès lors la mortalité fut réduite à **7 0/0**.

Les tables de mortalité donnent un écart considérable entre la durée de la vie moyenne des gens aisés et celle des classes laborieuses.

Notre droit public interdit le meurtre à moins de cas de légitime défense.

Ont-ils provoqué quelqu'un, ces enfants et ces vieillards fréquemment décimés pas la misère ?

Le salariat ne permet pas de payer, à un taux différent, les services du célibataire et du chef de famille, suivant les charges familiales ; cependant chacun des enfants d'une nombreuse famille a besoin d'un minimum de subsistance égal à celui du fils unique.

Y a-t-il nécessité à établir des institutions destinées à corriger ces erreurs de la civilisation ?

Considérations sociologiques.

Avant la création de la grande industrie, l'humanité n'était pas maîtresse de sa production. A certains moments, l'insuffisance des récoltes et des denrées, causée par des faits supérieurs à la volonté des hommes, condamnait une partie des individus à la mort de faim.

Ces hécatombes étaient alors des conditions nécessaires de l'évolution humaine : la production possible à ces époques, dans les conditions d'oppression et d'exploitation où se trouvait le travailleur, répartie entre tous les hommes, eût été insuffisante pour que l'humanité échappât à la misère et à la famine.

La cause dominante des privations supportées pendant les siècles précédents s'explique par la fréquence des disettes, et par l'absence de moyens de transport pour approvisionner les pays dépourvus avec les excédents des récoltes des pays plus favorisés.

Dans certaines parties de notre pays, il y a moins d'un siècle, les disettes locales pouvaient difficilement être compensées par les approvisionnements de provinces à provinces. Le mauvais état des chemins, en hiver, fréquemment, ne permettait pas de faire porter plus d'un quintal de blé à dos de mulet ou de cheval : il fallait en outre un conducteur par chaque bête.

Le fait de sociétés devenues assez puissantes pour multiplier les produits, au point d'en être embarrassées, est un phénomène social récent. Depuis une cinquantaine d'années, les engorgements industriels amènent périodiquement des désordres sociaux attribués par les esprits superficiels à des causes politiques. Ces perturbations deviennent de plus en plus fréquentes en raison des perfectionnements des procédés et des engins de production ; ils s'universalisent partout où la grande industrie s'implante.

Pour empêcher cet encombrement perturbateur, trois moyens sont théoriquement concevables — il n'y en a pas un quatrième :

A.— Arrêter l'essor de la production :

B.— Trouver des débouchés extérieurs en rapport avec le développement de la production :

C.— Avoir ces débouchés à l'intérieur.

A. — Non seulement on ne peut ralentir davantage la production; mais, tout le mal provenant du commencement de ce ralentissement, on aggraverait la situation en augmentant volontairement les cas de chômages.

Le bon sens, au reste, ne peut accepter cet arrêt de la production, alors que la majorité des individus des classes laborieuses manque souvent du strict nécessaire.

La société doit, au contraire, s'apprêter à tenir compte du fait opposé : l'augmentation rapide et constante de la production est une certitude indiscutable.

De nombreux ouvriers disponibles demandent du travail ; le progrès nous livre chaque jour de nouveaux procédés et de nouveaux engins. Certains peuples sont arrivés à produire beaucoup plus que d'autres plusieurs fois plus nombreux ; bientôt ces derniers, adoptant les outillages et les méthodes appliqués chez les premiers, doubleront ou tripleront leur production suivant l'importance de leur population.

Dans toute profession industrielle, il n'est pas de praticien aidé d'un ingénieur capable pour déclarer ne pas pouvoir doubler la production, si l'on mettait partout aux mains des travailleurs les moyens les plus perfectionnés.

En agriculture, la récolte intelligente des engrais des villes et l'agencement des cultures, selon les conditions les plus favorables au fonctionnement du grand outillage, porteraient bientôt les rendements à un total énorme. Pour atteindre ce but, il faut simplement beaucoup de bonne volonté et l'équivalent des sommes dépensées en moins de dix ans dans les services de la guerre.

B. Les débouchés extérieurs, comme moyens pratiques de maintenir l'écoulement des produits en rapport avec l'augmentation de la production, sont démontrés impuissants pratiquement et théoriquement.

L'Angleterre possède un empire colonial exceptionnellement étendu ; aucune autre puissance ne peut espérer en constituer un semblable : son mouvement d'exportation et d'importation est égal aux 2/3 de la production française totale. Néanmoins, l'Angleterre est en proie à tous les désordres causés par l'engorgement des produits.

Le propre des Etats civilisés est l'existence du salariat : ce mode d'organisation du travail conduit tous les peuples outillés pour la grande industrie à créer une surproduction relative destinée à l'exportation. Autant se développe l'expansion de la civilisation, autant augmente le nombre des peuples en état de surproduction, et, le globe étant limité, autant diminue la quantité des nations dépourvues de la grande industrie.

Il est très nécessaire de comprendre exactement les phénomènes économiques liés au salariat et au développement de la grande industrie sous ce régime. Enregistrons ces phénomènes chez un peuple, et nous aurons le moyen d'apprécier exactement le mouvement économique général, en appliquant la même méthode à tous les autres cas.

Prenons un peuple dont la production est évaluée à 12.000.000.000, au point de départ de la grande industrie. On ne nous accusera pas d'exagération, si nous représentons par 8 milliards la part des salariés; celle des salariants, des collecteurs des bénéfices propriétaires, fabricants, commerçants, capitalistes, sera équivalente à 4 milliards, 50 0/0 de la première. Si ce peuple double sa production sans augmentation des salaires des travailleurs, — le fait est la règle générale du salariat — les salariés continueront à recevoir 8 milliards et les dirigeants auront la différence, soit 16 milliards.

A la suite d'augmentations successives, la part des dirigeants finit par dépasser leur puissance d'écoulement : alors ils suspendent le travail, les chômages s'en suivent et les diminutions des salaires aggravent la situation en raison directe de l'abaissement de la puissance de consommation ouvrière.

Naturellement, plus on augmentera la surface du globe livrée à l'application de ce système, plus on diminuera l'autre partie servant de débouchée. En d'autres termes les débouchés extérieurs ont une tendance à diminuer par la généralition de la grande industrie; on ne peut donc les considérer comme des moyens pratiques de maintenir l'équilibre entre la consommation et la production.

C— Revenons à notre exemple. Lorsque la production s'est élevée de 12 milliards à 24, si les salariés avaient eu pour eux 12 ou 16 milliards au lieu de 8, les chances d'engorgement auraient été nulles; cela n'aurait pas empêché la part des dirigeants de monter de 4 milliards à 8 milliards.

La solution des crises est dans l'augmentation de la puissance de consommation des classes laborieuses; nous ne disons pas, intentionnellement, dans l'augmentation des salaires, parce que nous tenons compte des circonstances créées par la concurrence internationale. Cette puissance de consommation, peut être nationalement augmentée, sans apporter dans la vie sociale aucune modification brusque, susceptible de mettre le peuple initiateur hors du marché universel.

Cette augmentation peut provenir d'institutions garantistes alimentées par des prélèvements sur la richesse acquise.

Que sont les grosses fortunes ?

Une accumulation considérable de valeurs de produits divers.

Que sont les engorgements économiques, les crises?

Une accumulation excessive de produits.

Par ce rapprochement, il est concevable que tous les secours distribués par la Mutualité, au moyen des ressources tirées des grosses fortunes, donneront aux bénéficiaires une puissance d'achat proportionnée à la cote de ces secours: les débouchés intérieurs seront augmentés d'autant.

Nous l'avons dit, au Familistère, groupe de 2.000 habitants, on distribue annuellement 100,000 fr. en mutualité. En langage économique, cela signifie que ce groupe a une puissance de consommation de cent mille francs, spécialement attribuée à ses membres les plus malheureux, puissance de consommation qu'ils n'auraient pas sans cette institution.

Or, nous l'avons dit plus haut, la même application, généralisée en France, augmenterait de près de deux milliards la puissance de consommation des familles les plus malheureuses des classes laborieuses. Un semblable débouché aurait bientôt dénoué la crise, il créerait un mouvement de production et une circulation de richesse préférables, pour les riches eux-mêmes, aux excès de leurs épargnes actuelles; ils seraient du même coup délivrés de la peur des émeutes et des pillages.

La Mutualité Nationale, comprise comme nous la préconisons, n'est pas une pratique empirique; elle a réellement une portée sociologique. Elle présente cette particularité, une lois fondée sur les bases de l'hérédité de l'Etat, de rendre les crises impossibles et de concorder avec les lois de l'évolution caractérisée par la génération spontanée et continue du progrès social.

En effet, lorsqu'une société aura résolu de prélever un tant pour cent déterminé sur les fortunes acquises, si la fortune publique se maintient stationnaire, ce tantième restera le même; si la fortune publique progresse, ce même tantième, appliqué à un plus grand nombre d'unités, donnera des ressources destinées à élever proportionnellement la consommation intérieure des membres les moins fortunés de cette société.

Tous les valides délaissés par l'industrie privée pourront être employés à l'édification de travaux publics; ces services ainsi construits et entretenus avec les produits de la Mutualité, ne seront pas grevés des charges inhérentes aux entreprises faites avec de l'argent emprunté; l'Etat pourra multiplier les services publics et les livrer à l'usage des citoyens au plus bas prix possible.

Par cette bienfaisante institution, la consommation de la classe ouvrière étant constamment maintenue au plus haut degré, la production sera stimulée par une demande constante; la science industrielle perfectionnera sans cesse ses œuvres et ses moyens.

Sous cet élan, le progrès industriel conduira insensiblement les hommes à un état social permettant aux travailleurs de limiter leurs efforts productifs à une courte durée de temps, et de se procurer, sans peine, un large confort et toutes les choses nécessaires à la culture de l'esprit et aux jouissances d'un ordre élevé.

Historique de la question

L'idée de Mutualité Nationale n'est pas une nouveauté; elle a de tout temps préoccupé les gouvernements; plus d'un, même en période de despotisme, l'a considérée comme une obligation sociale.

Dans les ordonnances de 1545, rendues sous le règne de François Ier, on avait reconnu la nécessité d'établir l'assistance obligatoire, la distribution des secours à domicile, même l'ouverture d'ateliers de travail pour les pauvres des deux sexes.

La résistance de l'Eglise parvint à neutraliser les effets des décisions gouvernementales. Etrange coïncidence entre le rôle des prêtres, sous la monarchie absolue, et celui des économistes dans la démocratie.

La Révolution a inscrit dans le code tout un système d'organisation de la Mutualité Nationale.

La Convention, dans sa révision de la déclaration des droits de l'homme, proclamait comme principes dans son décret du 19 Mars 1793 :

1° *Tout être humain a droit à la subsistance*

par le travail s'il est valide, par des secours gratuits s'il est hors d'état de travailler.

2° *Le soin de pourvoir à la nourriture des pauvres est une dette nationale.*

Plus tard ces principes étaient inscrits dans la déclaration préliminaire de la nouvelle constitution du 24 Juin 1793.

Voici les deux articles les plus précis.

ART. Ier. — Les droits de l'homme en société sont : l'égalité, la sureté, la propriété, *la garantie sociale*, la résistance à l'oppression.

ART. 21. — *Les secours publics sont une dette sacrée. La société doit la subsistance aux citoyens malheureux, soit en leur procurant du travail, soit en assurant les moyens de subsistance à ceux qui sont hors d'état de travailler.*

Le 28 Juin 1793, paraissait un décret relatif à l'organisation des secours à accorder annuellement aux enfants, aux vieillards, aux veuves et aux indigents.

Voici ce document où l'on trouve une véritable application de l'esprit de la Révolution.

Décret de la Convention Nationale.

Du 28 juin 1793, an second de la République, une et indivisible.

Relatif à l'organisation des secours à accorder annuellement aux Enfants, aux Vieillards et aux Indigents.

TITRE PREMIER

(Des Secours à accorder aux enfants)

§ 1er

(Secours aux enfants appartenant à des familles indigentes.)

Art. 1er. — Les pères et mères, qui n'ont pour toute ressource que le produit de leurs travaux, ont droit aux secours de la nation, toutes les fois que le produit de ce travail n'est plus en proportion avec les besoins de leur famille.

Art. 2. — Le rapprochement des contributions de chaque famille et du nombre d'enfants dont elle est composée servira, sauf la modification énoncée au paragraphe 1er du titre III, à constater le degré d'enfance ou de détresse où elle se trouvera.

Art. 3. — Celui qui, vivant du produit de son travail, a déjà deux enfants à sa charge, pourra réclamer les secours de la nation pour le troisième enfant qui lui naitra.

Art. 4. — Celui qui, déjà chargé de trois enfants en bas âge, n'a également pour toutes ressources que le produit de son travail et qui n'est pas compris dans les rôles des contributions pour une somme excédant cinq journées de travail, pourra réclamer ces mêmes secours pour le quatrième enfant.

Art. 5. — Il en sera de même pour celui qui, ne vivant pas du produit de ce travail, et payant une contribution au-dessus de la valeur de cinq journées de travail, mais qui n'excède pas celle de dix, a déjà à sa charge quatre enfants ; il pourra réclamer aussi des secours pour le quatrième enfant qui naitra.

Art. 6. — Les secours commenceront pour les uns et pour les autres aussitôt que leurs épouses auront atteint le sixième mois de leur grossesse.

Art. 7. — Les pères de familles qui auront ainsi obtenu des secours de la nation, en recevront de semblables pour chaque enfant qui leur naitra au delà du troisième, du quatrième et du cinquième.

Art. 8. — Chacun des dits enfants en jouira tant qu'il n'aura pas atteint l'âge déterminé pour la cessation de ces secours, et que leur père aura à sa charge le nombre d'enfants qui ne doivent pas être secourus par la nation.

Art. 9. — Mais aussitôt que l'un de ces enfants, qui était à la charge du père seul, aura atteint l'âge où il sera présumé trouver dans lui même des ressources suffisantes pour se nourrir, ou qu'il cessera d'être de toute autre manière à la charge du père, les secours que le premier des autres enfants avait obtenus cesseront d'avoir lieu.

Art 10. — Il en sera de même pour les autres enfants qui auront successivement obtenu les secours de la nation, au fur et à mesure que le même cas arrivera pour les frères ainés, en telle sorte que le père doit toujours avoir à sa charge le nombre d'enfants désignés par les articles III, IV, et V, et que la nation ne doit se charger que de ceux qui excèdent ce nombre.

Art. 11. — Les enfants qui ne vivaient que du produit du travail de leur père, seront tous à la charge de la nation, si leur père vient à mourir, ou devient infirme de manière à ne pouvoir plus travailler, jusqu'au moment où ils pourront eux-mêmes, se livrer au travail ; mais dans ce dernier cas, l'agence déterminera les secours qui devront être gradués, en proportion des degrés d'infirmité du père.

Art. 12. — En cas de mort du mari, la mère de famille qui ne pourrait fournir par le travail à ses besoins, aura également droit aux secours de la nation.

Art. 13. — Ces secours seront fournis à domicile.

Art. 14. — Si ceux qui les obtiendront n'ont pas de domicile, et que leurs parents, leurs amis, ou des étrangers ne veuillent pas les recueillir en profitant des secours qui seront accordés à chacun d'eux, ils seront reçus dans les hospices qui seront ouverts aux uns et aux autres.

Art. 15. — Les secours à domicile consisteront en une pension alimentaire, non sujette aux retenues, incessible et insaisissable, dont le taux sera réglé tous les deux ans par les administrations qui seront établies dans les sections de la République, sur le prix de la journée de travail.

Art. 16. — Ils ne pourront néanmoins s'élever dans aucune de ces sections, savoir ; pour les enfants, au-dessus de 80 livres, et pour les mères de famille, au-dessus de 120 livres.

Art. 17. — Cette pension commencera pour l'enfant, du jour même de sa naissance, et finira lorsqu'il aura atteint l'âge de 12 ans ; elle commencera pour la mère de famille qui se trouvera comprise dans les rôles de secours en vertu des dispositions de l'article XII ci-dessus, du jour de la mort de son mari, et durera tant que les besoins subsisteront.

Art. 18. — La pension, accordée aux enfants aura, pendant

sa durée, deux périodes ; elle sera entière jusqu'à l'âge de idix ans. A cette époque elle diminuera d'un tiers, et sera ainsi continuée jusqu'à ce que l'enfant ait accompli sa douzième année.

Art. 19.— Néanmoins, si quelques-uns de ces enfants se trouvaient à ces deux différentes époques, à raison de quelques infirmités, dans le cas de ne pouvoir subir ces retranchements ou suppressions, la municipalité du lieu de domicile de l'enfant continuera, après y avoir été autorisée par les administrations supérieures, sur la vu du certificat de l'officier de santé près de l'agence de l'arrondissement, à le porter sur son rôle de secours pour les sommes qui auront été réglées par l'administration sans que dans aucun cas ces sommes puissent excéder le maximum déterminé.

Art. 20.— Celle accordée à la veuve sera toujours proportionnée à ses besoins, et déterminée par les corps administratifs, sur le vu du certificat de l'officier de santé ; elle ne pourra néanmoins jamais excéder le maximum qui sera réglé.

Art. 21.— Les enfants secourus par la nation étant parvenus à l'âge de douze ans, et qui auront du goût ou de l'aptitude pour une profession mécanique, seront mis en apprentissage aux frais de la nation.

Art, 22.— La nation fournira, pendant deux ans, aux frais de l'apprentissage, et à l'entretien des dits enfants, si besoin est.

Art 23.— Cette nouvelle pension sera également, tous les deux ans, fixée par les corps administratifs ; elle ne pourra excéder dans aucun lieu la somme de cent livres pour chaque année.

Art. 24.— Ceux des dits enfants, qui préféreront de se consacrer à l'agriculture, auront également droit à ces seconds secours qui, à leur égard, sont fixés, pour tous les sections de la République à deux cent livres un fois payées.

Art. 25.— Cette somme leur sera délivrée sur leur simple quittance lors de leur établissement, par le receveur de la section de la République, où ils seront domiciliés.

Art. 26.— Ceux qui se présenteront pour réclamer au nom de l'enfant qui va naître, les secours qui lui sont dus, seront tenus de se soumettre à faire allaiter l'enfant par sa mère.

Art. 27.— La mère ne pourra se dispenser de remplir ce devoir, qu'en rapportant un certificat de l'officier de santé établi près l'agence, par lequel il sera constaté qu'il y a impossibilité ou danger dans cet allaitement, soit pour la mère, soit pour l'enfant

Art. 28.— Il sera accordé à la mère, pour frais de couches, une somme de dix huit livres ; il sera ajouté douze autres livres pour une layette en faveur des mères qui allaiteront elles-mêmes leurs enfants.

Art. 29.— Les mères qui ne pourront remplir ce devoir seront tenues de faire connaître aux membres de l'agence de leur commune le lieu où est placé leur enfant, et d'indiquer le nom de la nourrice à qui elles l'ont confié

Art. 30.— Dans ce cas, et dans tous ceux où les enfants secourus par la nation ne seront pas nourris dans la maison paternelle, la pension sera payée directement à ceux qui en seront chargés

Art. 31.— La nourrice qui sera chargée d'un enfant jouissant d'une pension, sera tenue en cas de maladie, soit d'elle soit de l'enfant, d'en donner dans le jour avis à un membre de l'agence dans l'arrondissement duquel elle se trouve, afin que celui-ci en donne de suite connaissance à l'officier de santé.

Art. 32.— En cas de mort de l'enfant qui lui a été confié, elle sera également tenue d'en donner avis dans les trois jours du décès au même membre de l'agence, et de lui apporter l'acte mortuaire qui lui sera délivré gratis sur un papier libre.

Art. 33.— Dans tous les cas où l'on réclamera la pension d'un enfant secouru par la nation, elle ne sera payée que sur un certificat de vie délivré gratis et sur papier libre par un officier municipal ou notable, ou tout autre officier public.

Art. 34.— Si la personne chargée de l'entretien de l'enfant était convaincue d'avoir continué, après la mort de l'enfant, de percevoir la pension qui lui était accordée, elle sera dénoncée à la police correctionnelle, et poursuivie, à la requête de l'agence, en *remboursement de ce qu'elle aura reçu illégitimement*.

§ 2me

(Secours à accorder aux enfants abandonnés)

Art. 1er.— La nation se charge de l'éducation physique et morale des enfants connus sous le nom d'enfants abandonnés.

Art. 2.— Ces enfants seront désormais désignés sous la dénomination d'orphelins; toutes autres qualifications sont absolument prohibées.

Art. 3.— Il sera établi dans chaque district une maison où la fille enceinte pourra se retirer pour y faire ses couches, elle pourra y entrer à telle époque de la grossesse qu'elle voudra.

Art. 4.— Toute fille qui déclarera vouloir allaiter elle même l'enfant dont elle sera enceinte, et qui aura besoin des secours de la nation, aura droit de les réclamer.

Art. 5.— Pour les obtenir, elle ne sera tenue à d'autres formalités qu'à celles prescrites pour les mères de famille, c'est-à-dire à faire connaître à la municipalité de son domicile ses intentions et ses besoins.

Art. 6.— S'il y avait, à quelques unes des époques où ces enfants seront à la charge de la nation, des dangers soit pour leurs mœurs soit pour leur santé à les laisser auprès de leur mère, l'agence, après en avoir référé aux corps administratifs supérieurs, et d'après leur arrêté, les placera suivant leur âge, soit dans l'hospice, soit chez une autre nourrice.

Art. 7.— Il sera fourni par la nation aux frais de gésine et à tous ses besoins pendant le temps de son séjour qui durera jusqu'à ce qu'elle soit parfaitement rétablie de ses couches; le secret le plus inviolable sera gardé sur tout ce qui la concernera.

Art. 8.— Il sera donné avis de la naissance de l'enfant à l'agence de secours, qui le placera de suite chez une nourrice.

Art. 9 — Il sera néanmoins permis à tous les citoyens, autres que ceux secourus par la nation, de se présenter à l'agence pour y prendre un ou plusieurs enfants à la charge de la nation.

Art. 10.— L'Agence, après avoir reconnu qu'il y a sureté et avantage soit pour les mœurs soit pour l'éducation physique de l'enfant et avoir consulté la municipalité sur laquelle l'enfant sera né ou aura été exposé, en fera la délivrance.

Art. 11.— Si ces personnes exigent une pension, on leur accordera pour chaque enfant, celle qui est attachée à chaque âge.

Art. 12. — Si elles y renoncent, leur déclaration sera portée sur le registre où seront transcrites leur demande et la délivrance qui leur a été faite. Le tout sera signé d'elles si elles le savent, et dans le cas contraire par deux membres de l'agence.

Art. 13.— Les personnes qui se présenteront seront tenues de se soumettre aux conditions suivantes : 1° de ne pouvoir renvoyer ces enfants sans en avoir prévenu le membre de l'agence de leur commune, au moins quinze jours d'avance : 2° de faire fréquenter assidument par les enfants les écoles nationales; 3° de les mettre en apprentissage aux époques indiquées, si ces enfants ne préfèrent s'adonner à l'agriculture.

Art. 14. — Il sera toujours libre à l'agence de retirer ces enfants aussitôt qu'elle aura reconnu qu'il y a du danger de les laisser plus longtemps au pouvoir de ces personnes.

Art. 15. — Ces enfants retirés seront mis en nourrice, s'ils sont trop jeunes pour être portés à l'hospice, dans le cas contraire ils seront placés dans le dit hospice.

Art. 16. — Chaque municipalité sera tenue d'indiquer un lieu destiné à recevoir les enfants qui naîtraient de mères non retirées dans l'hospice.

Art. 17. — Quel que soit le lieu indiqué pour ces sortes de dépôts ; chaque municipalité doit y faire trouver tout ce qui est nécessaire pour la santé de l'enfant, et la plus entière liberté pour ceux qui porteront les dits enfants.

Art. 18. — Chaque municipalité pourvoira aux premiers besoins de l'enfant, et fera avertir le membre de l'agence pris dans sa commune lequel à son tour fera appeler une des nourrices reçues.

Art. 19. — Aucune femme ne pourra être reçue à exercer cet emploi qu'après avoir été admise par l'agence de secours, sur le certificat de l'officier de santé.

Art. 20. — Il sera tenu par l'agence registre de cette admission, le certificat de l'officier de santé sera également transcrit sur ledit registre.

Art. 21. — Ces enfants resteront chez leur nourrice pendant tout le temps qu'ils seront à la charge de la nation, en se conformant pour les nourrices aux dispositions de l'article XIII ci-dessus; et, pendant tout ce temps, elles recevront la pension attachée à chaque âge.

Art. 22. — Si, après le sevrage, ou à toute autre des époques où ces enfants seront à la charge de la nation, les nourrices ne veulent plus les garder, et que personne ne se présente pour les prendre ils seront portés dans l'hospice.

Art. 23. -- Cet hospice qui ne formera qu'un seul et même établissement avec celui consacré aux vieillards, sera divisé en deux corps de logis totalement séparés et subordonnés à un régime analogue à chaque espèce d'indigents que l'un et l'autre recevront.

Art. 24. — Les pensions accordées à tous les enfants auront la même durée et les mêmes périodes que celles accordées aux enfants appartenant aux familles indigentes ; en conséquence, les dispositions des articles XV, XVI XVII, XVIII, XIV, XX, XXI XXII, XXIII et XXIV du titre premier, auront lieu à l'égard des uns et des autres.

Art. 25. — Tous les enfants qui seront secourus par la nation, soit chez leurs parents, soit chez des étrangers, seront inoculés, par l'officier de santé, à l'âge et aux époques qu'il croira les plus propres à cette opération.

Art. 26. — Dans chaque hospice, il sera formé, dans un lieu absolument séparé des bâtiments où seront les autres enfants, un établissement propre à y placer ceux d'entre eux qui seront soumis à l'inoculation.

Titre II

(Secours à accorder aux vieillards indigents).

§ 1er

Art. 1. — Le vieillard indigent sera secouru aussitôt que l'âge ne lui permettra plus de trouver dans son travail des ressources suffisantes contre le besoin.

Art 2. — Les secours que la nation doit au vieillard, devant être proportionnés à ses besoins augmenteront, en raison de la diminution proportionnée du produit du travail.

Art. 3. — Ces secours seront de deux espèces ; secours à domicile, secours dans les hospices ; mais ils ne pourront être *obtenus cumulativement par le même individu.*

Art. 4. — Tous ceux qui ont un domicile y recevront les secours que la nation leur accordera.

Art. 5. — S'ils n'ont pas de domicile, ils pourront recevoir ces mêmes secours chez leurs parents ou amis, ou partout ailleurs dans l'étendue de leur département, ou autre division qui représenterait celle-ci.

Art. 6. — Ces secours à domicile consisteront également dans une pension alimentaire, exempte de toute retenue, incessible, insaisissable, dont le taux sera fixé, tous les deux ans sur le prix de la journée du travail par les administrations supérieures.

Art. 7. — Le maximun de ces secours ne pourra s'élever dans aucune division de la République, au-dessus de cent vingt livres.

Art. 8. — Cette pension aura trois périodes, le vieillard parvenu à sa soixantième année en recevra la moitié, les deux tiers, lorsqu'il aura atteint sa soixante-cinquième année, et la totalité lorsqu'il sera arrivé à sa soixante-dixième année.

Art. 9. — Le citoyen qui, sans avoir atteint l'une ou l'autre de ces périodes, sera néanmoins, par une déperdition prématurée de ses forces, dans le cas d'obtenir des secours de la nation, pourra les réclamer en présentant un certificat de deux officiers de santé et de l'agence de secours.

Art. 10.— Il en sera de même pour celui qui étant déjà secouru par la nation, croira avoir droit, à raison de ses besoins, à une plus forte pension que celle attachée à son âge; mais, dans aucun cas, elle ne pourra excéder le maximum déterminé.

Art. 11.— Tout vieillard qui recevra la pension entière pourra, s'il le juge à propos, se retirer de l'hospice qui sera établi dans l'arrondissement où il se trouve, pour y recevoir en nature les secours de la nation.

Art. 12.— Il aura également la faculté d'en sortir, mais seulement après avoir exposé ses motifs aux administrations supérieures, et en avoir obtenu la permission; dans ce cas, il recevra de nouveau, à domicile ou partout ailleurs où il se retirera, la pension dont il jouissait auparavant.

Art. 13.— Le vieillard qui se retirera dans l'hospice, ne pourra être appliqué à aucun genre de travail dont le produit tourne au profit de la maison.

Art 14. — Néanmoins, il sera mis auprès de lui des moyens de s'occuper s'il le juge à propos de la manière la plus convenable à ses goûts et à ses facultés; le produit de ce travail volontaire appartiendra, dans son entier, au vieillard.

Art. 15. — Le vieillard aura dans tous les temps la faculté de disposer du produit de ce travail ainsi que de son mobilier.

Art. 16.— Dans le cas où il n'en disposerait pas, tous ces objets appartiendraient à ses héritiers légitimes; ce ne sera que dans le cas seulement où il ne s'en présenterait point, qu'ils reviendront à la nation.

Art. 17.— Tous les secours accordés sous forme de pension seront payés par trimestre, et toujours d'avance à ceux qui les auront obtenus.

TITRE III

MOYENS D'EXÉCUTION

§ 1re

Formation des rôles de secours.

Art. 1. — Il sera formé annuellement, deux mois avant la session des corps administratifs, par le conseil général de la commune deux rôles de secours : dans l'un, seront compris les enfants ; dans l'autre, les vieillards qu'il croira devoir être secourus par la nation.

Art. 2. — Ceux qui se présenteront pour réclamer des secours remettront au conseil savoir : les femmes, le certificat de grossesse qui sera délivré par l'officier de santé, l'extrait des contributions de leur mari et les extraits de leur acte de naissance. Ces différents actes leur seront délivrés gratis, et sur papier libre.

Art. 3, — Les rôles contiendront le nom de famille de la personne indigente, les causes et les motifs qui l'ont fait porter dans telle ou telle autre classe de traitement. En cas de refus du secours, les motifs en seront portés également en marge du rôle, à côté du nom de la personne qui aura demandé le secours et qui ne sera portée que pour *mémoire*.

Art. 4. — Ces rôles seront publiés et affichés pendant deux mois : chaque citoyen de l'arrondissement aura le droit de faire toutes les observations qu'il croira convenables.

Art. 5. — Ces observations seront inscrites sur un registre qui sera, à cet effet, ouvert au greffe de chaque municipalité et elles seront signées du citoyen, s'il le sait, ou à son défaut, par le secrétaire greffier.

Art. 6. — A l'échéance des deux mois, le conseil général de la commune examinera les observations qui auront été faites, et y fera droit en faisant mention, lors de la formation définitive de ses rôles, des motifs de sa décision.

Art. 7. — Le conseil général de chaque commune est autorisé à rejeter les demandes de secours qui seraient formées par ceux qui croiraient y avoir droit, à raison de leur contribution et du nombre de leurs enfants, s'il est reconnu, après la discussion qui aura lieu en présence du réclamant, ou après qu'il y aura été appelé, qu'ils jouissent, malgré la modicité de leurs impositions, d'une aisance qui les met au dessus des besoins.

Art. 8. — Les rôles, ainsi clôturés, seront envoyés, avec le registre des observations, aux administrations supérieures qui les examineront dans la session du conseil et les arrêteront définitivement.

Art. 9. — Tous les citoyens, qui croiraient avoir à se plaindre des décisions du conseil général de la commune, pourront adresser leurs réclamations aux administrations supérieures qui y feront droit.

Art. 10. — Ceux qui dans l'intervalle d'une année à l'autre croiront avoir droit aux secours de la nation se présenteront à la municipalité de leur domicile et lui adresseront leurs réclamations avec les titres sous lesquels ils les appuient.

Art. 11. — La municipalité donnera son avis et le fera parvenir aux corps administratifs qui prononceront, s'il y a lieu ou non à les comprendre dans un rôle supplémentaire.

Art. 12. — S'ils sont admis et que les besoins continuent, il seront portés sur le rôle général de la prochaine formation.

Art. 13. — Tous les rôles seront renvoyés par les administrations, aussitôt qu'elles les auront arrêtés, à chaque agence du canton.

Art. 14. — Chaque administration enverra, annuellement et toujours d'avance, à chaque agence, les secours qui lui auront été assurés par l'effet de la répartition secondaire qui aura été faite.

§ 2me

Des agences de secours

Art. 1er. — Les agences de secours, qui seront formées dans l'arrondissement de chaque assemblée, seront composées d'un citoyen et d'une citoyenne pris dans chaque commune.

Art. 2. — S'il existait dans l'arrondissement une ville ayant six mille individus, il y aurait deux agences, l'une pour la ville, l'autre pour la campagne.

Art 3. — Cette première agence sera composée de six citoyens et de huit citoyennes pris dans la ville.

Art. 4. — Les membres de chaque agence seront nommés par les conseils généraux des communes de l'arrondissement : aux époques et avec les formalités qui seront indiquées pour l'élection des municipalités.

Art. 5. — Ils demeureront deux ans en place et seront renouvelés par moitié tous les ans.

Art. 6. — La première fois, la moitié sortira au bout d'un an par la voie du sort.

Art. 7. — Les fonctions des agents seront de différentes espèces. Elles consisteront :

1° A distribuer chaque trimestre, aux personnes portées dans les rôles de chaque municipalité, les secours qui leur auront été assignés ; à en surveiller l'emploi ; à examiner si les pensions ne sont point détournées de leur destination : à assurer les secours de l'officier de santé : toutes ces fonctions seront particulièrement confiées aux citoyennes :

2° A déterminer, d'après les demandes des municipalités de l'arrondissement, les travaux qui devront être faits chaque année : à en indiquer la nature, l'étendue et le lieu où ils seront exécutés, et à surveiller ceux qui y seront employés.

Art. 8.— Si quelque municipalité de l'arrondissement croyait avoir à se plaindre de la nature et du placement des travaux arrêtés par l'agence, ou si elle les croyait contraires aux intérêts de l'arrondissement, ou moins pressants que d'autres qu'elle indiquerait : elle adressera les plaintes aux corps administratifs qui, après avoir entendu l'agence et avoir consulté les autres municipalités de l'arrondissement, prononceront sur les réclamations.

Art. 9.— Si, dans le cours de leurs visites, les membres des agences apprenaient que les secours sont détournés de leur véritable destination, ils en avertiront la municipalité où est domicilié l'individu secouru, et le mettront en état de prendre les précautions nécessaires pour remédier à l'abus.

Art. 10.— Les municipalités de l'arrondissement auront la surveillance sur l'agence de secours : mais elles ne pourront qu'adresser leurs plaintes aux corps administratifs qui, après avoir vérifié les faits, et avoir entendu l'agence où les membres inculpés, pourront prononcer la suspension ou même la destitution, suivant la gravité des faits.

Art. 11.— Les agences seront tenues d'adresser, tous les ans, les comptes de leurs gestions aux corps administratifs qui, après avoir examiné et avoir pris auprès des municipalités les renseignements nécessaires sur les faits qui pourront présenter des difficultés, les arrêteront et en feront connaître l'aperçu par la voie de l'impression.

Art. 12.— Il sera envoyé par les corps administratifs deux expéditions des dits comptes ; l'une à l'assemblée nationale et l'autre au conseil exécutif.

Art. 13.— Il sera établi, près de chaque agence, un officier de santé chargé du soin de visiter à domicile et gratuitement tous les individus secourus par la nation, d'après la liste qui lui sera remise annuellement par l'agence.

Art. 14.— L'officier de santé sera tenu de se transporter sur le premier avis qui lui en sera donné par l'agence, chez le citoyen qui aura besoin de ses secours.

Art. 15.— Il sera en outre tenu de faire, tous les mois, une visite chez les citoyens portés aux rôles de secours, et de rendre compte par écrit à l'agence de l'état où ils se trouvent.

Art. 16.— Il formera annuellement un journal de tout ce que dans le cours de ses traitements il aura remarqué d'extraordinaire, de ce qu'il croira utile à l'humanité et avantageux à la République ; il en remettra un double à l'agence et en enverra un autre à l'administration supérieure.

Art. 17. Il sera formé, dans le lieu le plus convenable de l'arrondissement, un dépôt de pharmacie, où l'on ira prendre les remèdes sur l'ordonnance de l'officier de santé, et à qui il est expressément défendu d'en fournir.

Art. 18.— Le traitement de chaque officier de santé est de 500 livres.

Art. 19 — L'officier de santé sera nommé par l'agence à la pluralité des suffrages.

Art. 20.— Il pourra être destitué par l'administration supérieure, sur les plaintes des municipalités, après une vérification des faits et après avoir entendu l'officier de santé et l'agence de secours.

Art. 21.— Il sera également nommé de la même manière que dessus, par chaque agence, une accoucheuse, qui accordera gratis ses secours aux femmes qui seront inscrites sur les rôles.

Art. 22.— Elle sera payée pour chaque accouchement suivant la taxe fixée par l'agence.

Art. 23.— Chaque agence rédigera un règlement pour son régime intérieur, la tenue de ses assemblées et autres objets y relatifs : elle le soumettra à l'approbation des corps administratifs.

Art. 24.— L'officier de santé aura séance dans les assemblées de l'agence, mais seulement avec voix consulative.

Quelques mois plus tard, le 24 vendémiaire, un nouveau décret déterminait les conditions de l'assistance des valides par le travail.

Voici la partie relative aux taux des salaires.

Art. 13. — *Le prix des salaires des indigents, employés aux travaux de secours, sera fixé aux trois quarts du prix moyen de la journée de travail déterminée par le canton.*

Ces décrets ne sont pas abrogés; les citoyens pauvres ont le droit d'en exiger l'application.

Les refus de tous les gouvernements, depuis 1793, d'appliquer cette législation réduisent la révolution aux proportions d'une révolte victorieuse d'une classe égoïste, reniant les aspirations généreuses des mouvements populaires d'où est sortie sa victoire.

La Révolution de 89 est née d'un besoin de bien-être éprouvé par les classes laborieuses.

Les vainqueurs de la Bastille étaient des gens presque nus, des déguenillés, des loqueteux.

Les premiers mouvements populaires ne sont dirigés ni contre le roi, ni contre le clergé, ni contre les aristocrates, ni contre les institutions politiques. On s'attaque directement aux auteurs vrais ou présumés de la misère.

Le papetier Réveillon a exprimé le souhait de voir la journée de travail réduite au-dessous de vingt-cinq sous; on pille sa maison et ses magasins.

Foulon, Berthier ne sont pas massacrés parcequ'ils sont royalistes, mais parcequ'on les considère comme des affameurs. Des révoltes analogues caractérisent le début de la Révolution à Bordeaux, à Marseille, à Rouen.

On ne lit pas mort au roi! à bas la noblesse! à bas les prêtres! sur les écritaux portés par les meneurs de l'émeute contre les accapareurs. On y lit :

« Il a volé le roy de France! Il a dévoré la substance du peuple! Il a été l'esclave du riche et le tyran des pauvres! Il a bu le sang de la veuve et de l'orphelin! Il a trompé le roy! »

En frappant Foulon, la foule inaugurait la Révolution d'une façon clairement significative; ses premiers coups atteignaient les seigneurs de la spéculation et du million.

Ces aspirations de la misère n'étaient pas en contradiction avec les opinions affichées par les meneurs de la bourgeoisie.

Le 15 Août, l'assemblée vote l'inviolabilité royale et l'hérédité des royaumes dans la famille de Louis XVI.

Le 5 Octobre, les affamés soulevés par dix mille femmes affolées par la misère vont chercher le roy à Versailles; cette foule ne menace ni le roy, ni la royauté; elle veut le roi au milieu d'elle parce qu'elle le croit capable de la sauver, de lui donner du pain.

Voici l'appréciation de Michelet :

« Il ne faut pas chercher ici l'action des partis. Ils agirent mais firent peu.

« La cause réelle, certaine pour les femmes, pour la foule la plus misérable ne fut autre que la faim. Leur idée fut celle-ci: le pain manque, allons chercher le roy:... allons chercher le boulanger. »

Avec ce retour du roy coïncide l'arrivage d'approvisionnements, la misère est moins aiguë, la royauté semble avoir regagné le terrain perdu.

A l'approche de l'hiver 1789-1790, la misère s'accentue, l'émeute prend aussitôt des proportions nouvelles.

Le 22 Octobre, les débats de l'assemblée relatifs à l'application du décret du 4 août, concernant les biens du clergé, sont interrompus par l'apparition à la tribune de Jean Jacob, paysan du Jura âgé de 120 ans. Le doyen de l'humanité vient remercier la Révolution de ses premiers actes; cette apparition est une sublime expression de la pensée populaire. Qu'en reste-t-il dans le Code Napoléon revu et corrigé par les réactions blanches, tricolores, orléanistes ou opportunistes?

Lorsque les Fédérations se constituent, lorsque se fait cette coordination du mouvement populaire, sans laquelle la Révolution aurait probablement reculé, quelle est la pensée commune?

Michelet la dégage avec une parfaite lucidité :

« Ce grand rapprochement des hommes qui crée la fédération des communes n'a qu'un point de départ : **l'idée de tous de vouloir nourrir les autres.** »

Suivons les manifestations des fédérations; partout, nous trouvons sur les autels de la patrie les incarnations de la pensée divine de la Révolution: le vieillard, l'enfant, la jeune fille, la femme occupent toujours le premier rang.

Aujourd'hui, si l'on voulait caractériser le sens de nos institutions prétendues correctes avec l'esprit de 89, on remplacerait les autels des Fédérations par des comptoirs avec du 3 0/0, de l'emprunt à jet continu, et des pots-de-vin inépuisables.

Nos augures infaillibles interprètes de l'esprit de 89, n'ont-ils pas imaginé de se préparer à la célébration du centenaire par la fondation d'une société composée de censitaires payant une cotisation de 1000 francs, moyennant laquelle ils auront le droit de décider, sans appel, de l'emploi à faire des versements du fretin populaire, admis à l'honneur de payer une cotisation de un franc et de se taire!

En 1848, l'esprit de la Révolution affirme de nouveau sa pensée et son éternité! On lit, dans le projet définitif de la Constitution de 1848, l'article suivant :

Art. 13. — La Constitution garantit aux citoyens la liberté du travail et de l'industrie.

La société favorise et encourage le développement du travail par l'enseignement primaire gratuit, l'éducation professionnelle, l'égalité des rapports entre le patron et l'ouvrier, les institutions de prévoyance et de crédit, les institutions agricoles, *les associations volontaires et l'établissement, par l'Etat, les Départements et les Communes, de travaux publics propres à employer les bras inoccupés. Elle fournit l'assistance aux enfants abandonnés, aux infirmes, aux vieillards sans ressources et que leurs familles ne peuvent secourir.*

Les adversaires de ces idées, les Coquerel, les Dufaure, les Thiers n'ont jamais osé protester contre leur principe. S'ils ne s'en étaient déclarés partisans, leurs tentatives n'eussent jamais abouti à en faire échouer l'application; ces aspirations étaient tellement puissantes qu'on ne pouvait les vaincre sans la trahison.

M. Coquerel disait : « Une société fraternelle ne mérite pas ce nom, si un seul de ses membres manque du strict nécessaire ».

M. Dufaure, au nom du principe, ne voulait pas qu'on invoquât les difficultés du budget.

M. Thiers demandait la création d'une division des travaux réservés; en temps ordinaires, des membres prépareraient des projets, des devis; ils ouvriraient leurs cartons et prépareraient l'exécution au moment des chômages.

Ces déclarations n'empêchaient pas ces parfaits orléanistes de se rallier au projet contraire à ces principes.

En 1884, l'idée de rendre effective la solidarité humaine se manifeste devant le parlement avec une précision sans précédent.

M. M. Maret, Giard, Laguerre, Tony Révillon présentent une proposition de loi sous le titre de :

Etablissement de la Mutualité Nationale par l'hérédité de l'Etat et l'impôt progressif sur les successions.

Voici les principaux articles de ce remarquable projet.

Art. 1er. Les parents au delà du 4me degré ne succèdent pas.

Art. II. Les successions recueillies par les descendants en ligne directe qui n'ont pas réclamé le bénéfice d'inventaire sont affranchies de tous droits de mutation, lorsqu'elles ne dépassent pas un capital de 20.000 francs.

Art. III. Les successions recueillies par un enfant unique, par les ascendants en dehors de leurs reprises, par les descendants bénéficiaires, par les collatéraux, par l'époux survivant, les libéralités testamentaires, les legs particuliers universels ou à titre universel, sont, à l'exclusion de tous autres droits, frappés d'une retenue progressive réglée ainsi qu'il suit :

Au-dessous de 2 000 fr de capital	1 0/0
De deux mille à cinq mille	3 —
De cinq mille à dix mille	5 —
De dix mille à vingt mille	7 —
De vingt mille à cinquante mille	10 —
De cinquante mille à cent mille	15 —
De cent mille à cinq cent mille	20 —
De cinq cent mille à un million	30 —
D'un million à cinq millions	40 —
Au-dessus de cinq millions	50 —

Art. V. Lorsque la retenue à opérer sur une succession sera inférieure au cinquième de cette succession, les héritiers seront libres de la solder en espèces ou par abandon de telle portion qu'il leur conviendra, meuble ou immeuble, d'après l'estimation de l'inventaire.

Faute par eux de s'entendre et dans le cas où la retenue est d'un cinquième, ou plus, de la succession, il y aura lieu de procéder au partage d'après les règles du code civil.

Art. 15. — Les ressources provenant de l'application de la présente loi seront employées :

1° A subventionner les Caisses de la Mutualité Nationale.

2° A des dépenses générales et dans ce cas elles correspondront à des dégrèvements d'impôts.

TITRE II

Art. 16. L'assurance mutuelle est obligatoire pour tous les citoyens majeurs; l'indigent seul peut en être dispensé temporairement.

Art. 17 Chaque année, au mois de novembre, les électeurs éliront au suffrage universel un comité chargé de l'administration de la caisse mutuelle communale.

Le comité ainsi élu, rédigera le règlement local.

Art. 18. Il fixera :

1° Le nombre des personnes dispensées de la contribution ;

2° Le chiffre moyen des salaires locaux;

3° Le minimum de la contribution à payer par les personnes vivant de ressources autres que le salaire.

Peuvent être assimilés aux salaires pour le taux de la contribution, les appointements des employés de l'administration municipale et des industriels, lorsqu'ils ne dépassent pas la valeur des salaires locaux et lorsqu'ils ne donnent pas droit à une retraite.

Art. 19. Il fixera également :

1° Le taux de l'indispensable à la subsistance en tenant compte des âges, des sexes et des circonstances locales ;

2° Le taux de la subvention à accorder aux malades, celui de la retraite des vieillards, lequel ne saurait être inférieur au taux de l'indispensable.

Ce même projet propose la dotation de la mutualité par un prélèvement de 2 0/0 sur les salaires, par la moitié des revenus de l'hérédité de l'Etat et par des subventions communales

Conforme à l'esprit de 89, ce projet de loi conserve tous les avantages stipulés par les décrets de la Convention; il les complète même en indiquant des ressources budgétaires fixes.

Récemment, les électeurs de l'Aisne, département agricole, ont donné la majorité à un programme législatif réclamant l'application des décrets de la Convention relatifs à l'assistance sociale.

Après ces constatations, les partisans sincères de la consécration du droit à la vie n'ont plus à produire de nouveaux projets ; s'ils ne partagent toutes les vues contenues dans la proposition Maret, ils peuvent intervenir par la voie d'amendement.

Les opportunistes de derrière les fagots ne sont pas de cet avis. Ils viennent de présenter un projet d'assistance sociale. Les explications préliminaires sont largement conçues : en les lisant, on croirait leurs auteurs résolus à ne pas amoindrir la question. Les premiers articles de la proposition de loi sont nettement affirmatifs sur les droits de tous à la subsistance. Mais, hélas ! les signataires de ces pompeuses déclarations s'arrêtent aux centimes additionnels comme moyen de dotation du budget de l'assistance sociale !

Nous nous prononçons en faveur du projet Maret, parce-qu'il n'amoindrit pas l'œuvre de la Convention ; parce qu'il la dote de ressources rationnelles, en ce sens qu'elles sont prélevées, en grande partie, sur la richesse accumulée, sur les grosses fortunes, au lieu d'être prises indirectement sur le travail par l'impôt, comme le proposent les derniers des opportunistes.

Responsabilité Sociale.

Les anciennes disettes, dont les hommes ne pouvaient conjurer les effets désastreux, étaient attribuées à la volonté divine. Les prêtres, intéressés à la conservation des privilèges confondaient avec ces calamités les misères causées par les mauvais gouvernements ; ils promettaient une éternité bienheureuse en récompense de la résignation des malheureux.

Les temps sont changés. La nouvelle religion et ses prêtres, le capital et les économistes dévoilent à tous que les chômages et les suspensions de salaires proviennent uniquement de la surproduction, de l'excès des richesses ... Pour justifier cette aberration, les économistes prêchent le respect de la loi sans aucune compensation présente ou future.

Espèrent-ils empêcher le peuple de comprendre les véritables causes de l'accumulation des produits ?

Les travailleurs, au lieu d'accepter cette explication comme une preuve rationnelle de leurs souffrances, l'interprèteront sagement comme un témoignage irrécusable de l'injustice des lois réglant la répartition des richesses ?

Cette surproduction ne provient pas d'une erreur partielle : elle est, au contraire, une résultante forcée du salariat en époque de grande industrie.

De la surproduction constante, de la certitude de son augmentation si on ne veut tempérer le salariat par le garantisme, de l'évidence de pouvoir accélérer encore la production si on voulait suivre tous les élans du progrès; de tous ces faits, doit naître dans les consciences populaires un état d'esprit conforme aux idées suivantes :

« Puisqu'il y a encombrement dans les magasinages puisqu'il y a beaucoup d'ateliers fermés et un grand nombre d'ouvriers sans travail, puisqu'il serait facile d'augmenter, encore la production, il est donc possible de laisser aux classes dirigeantes toutes les jouissances, toutes les occasions de consommation dont elles disposent maintenant, d'entretenir les approvisionnements suivant les besoins de ces mêmes classes, *et de continuer à produire en vue d'améliorer la situation des classes laborieuses, par la mise en activité des travailleurs en chômages et des usines fermées* ».

Ce raisonnement si logique, si sensé ne peut manquer de frapper les cerveaux ouvriers. Sous cette conception, les travailleurs seront portés à s'emparer des moyens de production, si le capital continue à se montrer incapable de préparer un avenir si nettement entrevu.

Lorsque cette lumière sera faite dans les cerveaux des prolétaires, comment les croire assez naïfs pour accepter, comme définitif, un ordre social créé à peine depuis quelques dizaines d'années et défendu par les augures de l'économie politique, osant ériger en article de foi cette absurde prétention : *Les travailleurs doivent se résigner à la misère, parce qu'il y a engorgement de richesses !*

La constatation simultanée du perfectionnement des moyens de production et l'arrêt de la circulation des produits par engorgement est un phénomène nouveau dans la vie des nations ; cette nouvelle phase de l'humanité exige une constitution nouvelle des sociétés.

Des classes dirigeantes conscientes surveilleraient cet accroissement ; elles s'appliqueraient à trouver une répartition des richesses en rapport avec les facilité des les produire ; elles éviteraient ainsi le retour des désordres populaires ; chacun pourrait envisager l'avenir avec sérénité, au lieu de s'épouvanter des sourds grondements des classes laborieuses.

L'extinction du paupérisme n'est plus une utopie ; des ressources suffisantes sont accumulées entre les mains des millionnaires ; la Mutualité Nationale alimentée par l'hérédité de l'Etat est le moyen pratique de canaliser la distribution des richesses, en vue du bonheur commun

L'utopie, utopie grosse de dangers, c'est la volonté d'ajourner plus longtemps l'équilibre de la production par la consommation intérieure !

L'utopie c'est de ne pas chercher l'ordre social dans ce équilibre !

L'utopie, c'est de ne pas sentir cette conception devenir la pensée commune du prolétariat, sous la propagande des penseurs et des militants résolus !

L'utopie c'est de prétexter, pour expliquer l'inaction, le défaut d'unanimité des classes laborieuses; devenues conscientes dans leur ensemble qu'elles repousseront, comme insignifiantes, des mesures transitoires et progressistes susceptibles d'être accueillies, maintenant, par elles, comme des actes de générosité et d'humanité !

L'utopie, c'est d'être capable de multiplier la production et de prêcher l'éternité du paupérisme !

La Mutualité Nationale est le pondérateur rationnel de nos sociétés.

Si on en retarde la fondation, les déshérités prononceront la déchéance des classes dirigeantes.

Alors, la précipitation du peuple désireux de regagner le temps perdu et l'inexpérience des travailleurs aboutiront inévitablement à des erreurs et à des excès désastreux.

La masse a besoin d'être dirigée.

Aux hommes instruits, expérimentés de ne pas perdre tout droit à cette direction.

La situation des société civilisées est comparable à celles d'un moissonneur entouré de magnifiques moissons, ennivré par la contemplation des récoltes couchées à ses pieds, au point de ne pas s'apercevoir des signes précurseurs d'un ouragan ; il ne voit pas les épais nuages percés de temps en temps par la lueur des éclairs, il n'entend pas les premiers grondements du tonnerre ; il resterait inconscient des précautions à prendre, si la destruction de ses biens et son désespoir ne le forçaient à comprendre trop tard la folie de ses illusions.

En Belgique, en Angleterre, en Allemagne, en Russie, en France, en Amérique, l'atmosphère social est chargé de gros et noirs nuages politiques, profondément soudés les uns aux autres, les sourds grondements des émeutes ont déjà retenti et les sinistres rayons des incendies ont sillonnés ces ténèbres, comme les signes avant-coureurs de profonds déchirements prêts à entraîner l'humanité.

Les classes dirigeantes, les gouvernants persisteront-ils à ne point voir, à ne point entendre?

Notre troisième République peut donner à notre pays l'éternelle gloire d'entraîner tous les autres peuples, vers l'adoption du garantisme social, par une hardie et généreuse inauguration de la Mutualité Nationale.

Osera-t-on célébrer le centenaire, avant d'avoir appliqué la plus grande conception des indomptables lutteurs de '89, Misère et Philosophie.

20 Juillet 1886. S. DEYNAUD.

LE DIRECTEUR GÉRANT : GODIN

LIBRAIRIE DU FAMILISTÈRE

GUISE (Aisne)

OUVRAGES de M. GODIN, Fondateur du Familistère

Le Gouvernement, *ce qu'il a été, ce qu'il doit être et le vrai socialisme en action.*

Ce volume met en lumière le rôle des pouvoirs et des gouvernements, le principe des droits de l'homme, les garanties dues à la vie humaine, le perfectionnement du suffrage universel de façon à en faire l'expression de la souveraineté du peuple, l'organisation de la paix européenne, une nouvelle constitution du droit de propriété, la réforme des impôts, l'instruction publique première école de la souveraineté, l'association des ouvriers aux bénéfices de l'industrie, les habitations ouvrières, etc., etc.

L'ouvrage est terminé par une proposition de loi à la Chambre des députés sur l'organisation de l'assurance nationale de tous les citoyens contre la misère.

In-8° broché, avec portrait de l'auteur . . . . 8 fr.

Solutions sociales. — Exposition philosophique et sociale de l'œuvre du Familistère avec la vue générale de l'établissement, les vues intérieures du palais, plans et nombreuses gravures :

Édition in-8° . . . . 10 fr.
Edition in-18 . . . . 5 fr.

Mutualité sociale et Association du Capital et du Travail *ou extinction du paupérisme par la consécration du droit naturel des faibles au nécessaire et du droit des travailleurs à participer aux bénéfices de la production.*

Ce volume contient les statuts et règlements de la Société du Familistère de Guise.

In-8° broché, avec la vue générale des établissements de l'association . . . . 5 fr.
Sans la vue . . . . 4 fr.

Mutualité nationale contre la Misère. — *Pétition et proposition de loi à la Chambre des députés* brochure in-8°, extraite du volume « *Le Gouvernement* » . . . . 1 fr. 50

Les quatre ouvrages ci-dessus se trouvent également : Librairie Guillaumin et Cie, *14, rue Richelieu, Paris*

BROCHURES A 40 CENTIMES

Les Socialistes et les Droits du travail	0,40 cent.	*La Politique du travail et la Politique des privilèges.*	0,40
La Richesse au service du peuple	0,40 cent.	*La Souveraineté et les Droits du peuple.*	0,40

OUVRAGES RECOMMANDÉS AUX COOPÉRATEURS

Histoire de l'association agricole de Ralahine (Irlande). Résumé des documents de M. E. T. Craig, secrétaire et administrateur de l'association. Ouvrage d'un intérêt dramatique, traduit par Marie Moret . . . . 0,75 cent.

Histoire des équitables pionniers de Rochdale, de G. J. Holyoake. Résumé traduit de l'anglais, par Marie Moret . . . . 0,75 cent

ROMAN SOCIALISTE

La Fille de son Père. Roman socialiste américain, de Mme Marie Howland, traduction de M. M., vol. broché . . . . 3 fr. 50

La première édition de ce roman publiée par M. John Jewett, l'éditeur de « *la Case de l'Oncle Tom* », eut un grand succès en Amérique. Ce Roman est aux questions sociales qui agitent le monde civilisé, ce que « *la Case de l'Oncle Tom* » fut pour la question de l'esclavage.

Le DEVOIR, Revue des Questions sociales

ORGANE DE L'ASSOCIATION DU FAMILISTÈRE

PARAIT TOUS LES DIMANCHES

France : Un an	10 fr. »	Union-postale : Un an	11 fr. »
— Six mois	6 fr. »		
— Trois mois	3 fr. »	Autres Pays	13 fr. 50

La Librairie des Sciences psychologiques, 5, rue Neuve-des-Petits-Champs, Paris, reçoit également des abonnements au journal *Le Devoir*.

COLLECTION DU « DEVOIR »

1er volume broché	3 fr.	4me volume broché	8 fr.
2me » »	3 »	5me »	9 fr.
3me » »	6 »		

Les 6me, 7me, 8me et 9me volumes ne se vendent qu'avec la collection entière, les 9 volumes brochés ensemble 90 fr., franco.

HÉRÉDITÉ NATIONALE

Les études sociales de M. Godin sur le droit d'hérédité nationale constituent aujourd'hui les cinq ouvrages suivants :

Mutualité nationale contre la misère. — brochure de 130 pages, extraite de son volume « *Le Gouvernement* » et terminée par une proposition de loi. . . . . 1 fr. 50

L'Hérédité de l'État ou la Réforme des impôts . . . . 0 fr. 25

Ni Impôts, ni Emprunts— L'Hérédité de l'Etat, base des ressources publiques . . . 0 fr. 25

Travail et consommation par l'hérédité nationale . . . . 0 fr. 25

L'Hérédité nationale—objections, questions et réponses . . . . 0 fr. 25

Ces études se recommandent à l'attention de tous les penseurs par cette raison fondamentale qu'elles indiquent un moyen sûr et pacifique de se procurer les ressources faute desquelles tout progrès est entravé, toute réforme sociale même comprise et acceptée rendue impossible.

L'urgence d'éteindre le paupérisme et de donner aux classes laborieuses dans les nations civilisées des garanties qui, jusqu'ici, leur ont fait défaut, est ressentie aujourd'hui par tous les peuples dans l'ancien comme dans le nouveau monde.

Toutes les nations sont travaillées, à ce sujet, d'idées plus ou moins révolutionnaires, dont l'écho se répercute dans chacune d'elles.

La nationalisation du sol compte aujourd'hui de nombreux partisans en Angleterre et aux Etats-Unis. C'est par milliers d'exemplaires chaque mois, que se vend l'ouvrage : *Progress and Poverty* de Henry Georges, le plus ardent champion du mouvement agraire.

Or, l'institution de l'hérédité nationale sur les bases proposées par M. Godin, c'est-à-dire concurremment avec l'institution de la mutualité nationale, nous fait entrer de suite, sans confiscation des biens de personne, sans préjudice porté à qui que ce soit, sans conflits d'aucune sorte, dans la voie de la pacification sociale et de la sécurité pour tous, non seulement pour les classes laborieuses exposées aujourd'hui à mourir de faim et de misère si le travail leur fait trop longtemps défaut ; mais aussi pour les classes riches qui ne peuvent sans danger voir monter autour d'elles les flots croissants du paupérisme.

Nous appelons donc la plus sérieuse attention de tous les amis de la paix et du travail sur les études de M. Godin concernant le droit d'hérédité nationale, moyen pacifique de solution du grand problème de la misère et des crises industrielles, qui troublent aujourd'hui, profondément toutes les nations civilisées

AVIS

Nous rappelons à nos lecteurs que les quatre brochures concernant l'hérédité de l'Etat, indiquées ci-dessus au prix de 25 centimes l'exemplaire, sont à leur disposition au prix de **80 centimes les quatre.**

Nous enverrons, franco, contre la somme de **deux francs 20 centimes ces quatre** brochures accompagnées de **Mutualité nationale contre la misère.**

N° 10

ÉTUDES SOCIALES

SCRUTIN NATIONAL

AU BULLETIN DE LISTE
et Renouvellement partiel annuel

Faire de l'existence humaine le premier objet de l'attention sociale ;
Aimer, vénérer, respecter, servir l'existence humaine ;
La protéger au-dessus de toutes choses dans l'individu, dans la famille et dans la société :
Telle est la mission de la politique.

VUE DU FAMILISTÈRE DE GUISE — PALAIS SOCIAL

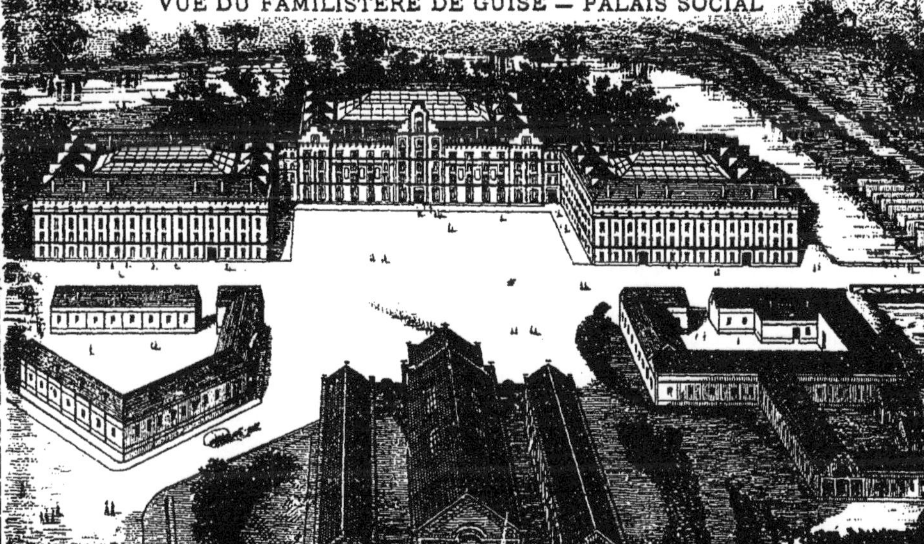

Prix 25 centimes

EN VENTE à la Librairie du Familistère de Guise (Aisne)

PROGRAMME POLITIQUE D'ACTUALITÉ

RÉFORMES POLITIQUES

Placer la protection et le respect de la vie humaine au-dessus de toutes choses dans la loi et dans les institutions.

Eviter la guerre, la remplacer par l'arbitrage entre nations.

Faire des garanties de la vie humaine la base de la constitution politique et sociale du gouvernement.

Consolider la République en inaugurant la souveraineté nationale par l'organisation du suffrage universel.

Fonder cette organisation du suffrage sur la base du *scrutin de liste nationale* pour l'élection des députés et du *renouvellement partiel et annuel* de la Chambre.

Election et dépouillement à la commune.

Recensement départemental au chef-lieu du département.

Recensement national à Paris.

Proclamation du quart des députés à élire parmi les candidats qui auraient obtenu le plus de voix au premier tour de scrutin.

Affichage de cette proclamation dans toutes les communes de France, avec la liste de tous les candidats qui auraient obtenu plus de 10.000 voix.

Second tour de scrutin, le troisième dimanche après l'affichage de la liste des candidats sortis du vote.

Proclamation des députés restant à élire parmi les candidats ayant obtenu le plus de voix au second tour.

Ce système aurait pour conséquences :

La moralité dans les élections ;

La liberté de l'électeur dans le choix de ses candidats, avec la presque certitude de donner un vote utile ;

L'égalité des citoyens devant l'urne, chaque électeur votant, partout la France, pour autant de noms qu'il y a de ministères, c'est-à-dire de départements des affaires publiques ;

La possibilité de la représentation proportionnelle et par conséquent des minorités ;

La représentation par les supériorités ;

Le contrôle des électeurs sur leurs mandataires.

Cette organisation du suffrage universel démocratiserait la candidature et la rendrait possible aux hommes de talent et de mérite, sans fortune.

Elle moraliserait le régime représentatif, les députés qui failliraient à leur programme et à leurs engagements étant vite remplacés.

Avec ce système, les députés élus par le collège national seraient les députés de la France ; ils ne seraient plus élus qu'en raison de leur conduite législative; ils seraient responsables devant la nation de l'observation loyale de leurs engagements et du programme qui leur aurait mérité l'élection.

RÉFORMES CIVILES

Abolition progressive et régulière des abus de l'impôt en prélevant les ressources nécessaires à l'Etat sur la richesse acquise ; mais en faisant ce prélèvement après la mort des personnes et non de leur vivant.

A cet effet, établissement du droit d'hérédité de l'Etat dans les successions.

Droit d'hérédité progressive sur les héritages en ligne directe et par voie testamentaire ; l'Etat prélevant peu de chose sur les petites successions, mais élevant son droit progressivement jusqu'à 50 0/0 sur les fortunes dépassant cinq millions.

Droit complet de l'hérédité de l'Etat en ligne collatérale et sur tous les biens n'ayant ni héritiers directs ni légataires.

Abolition de l'impôt sur les biens tombés en héritage à l'Etat, mais substitution à cet impôt d'un revenu sur tous les biens revendus par l'Etat et d'un fermage sur tous les biens loués par lui.

Suppression régulière, par ce moyen, des fermages payés aux propriétaires intermédiaires ; la propriété immobilière devant être exploitée par ceux qui la détiennent soit comme fermiers, soit comme propriétaires.

RÉFORMES SOCIALES

Institutions de garanties sociales en faveur des classes laborieuses et pauvres par l'hérédité de l'Etat.

Protection à l'association entre le capital et le travail. Participation des ouvriers aux bénéfices.

SCRUTIN NATIONAL

AU BULLETIN DE LISTE

et Renouvellement partiel annuel

Faire de l'existence humaine le premier objet de l'attention sociale ;
Aimer, vénérer, respecter, servir l'existence humaine ;
La protéger au-dessus de toutes choses dans l'individu, dans la famille et dans la société :
Telle est la mission de la politique.

SOMMAIRE. — I. Les divergences socialistes et les besoins de réformes. — II. Le suffrage universel, première réforme à opérer. — III. Les errements du suffrage universel. — IV. Le scrutin de liste nationale devant les députés sortis du suffrage restreint. — V. Liberté et égalité politiques. — VI. Influence de la réforme électorale. — VII. Dangers du renouvellement à long terme. — VIII. Principaux motifs d'adoption du scrutin de liste nationale avec renouvellement annuel de la moitié des corps élus. — IX. Défauts du vote par circonscriptions électorales. — X. Fonctionnement du scrutin de liste nationale. — XI. Le scrutin de liste nationale et l'émancipation ouvrière. — XII. La représentation proportionnelle. — XIII. Le bulletin cumulatif. — XIV. Le mandat impératif. — XV. La législation directe. — XVI. Du nombre des députés. — XVII. Comment les Députés seront réellement les exécuteurs de la volonté du peuple.

I. — Les divergences socialistes et les besoins de réformes.

Partout les masses s'agitent et partout on constate :

1° Un travail excessif à peine rémunéré.

2° La misère profonde des classes ouvrières.

3° La résistance des classes riches à faire droit aux doléances des classes pauvres.

4° Et (ajoutons ce qui s'avoue moins) le sentiment de la révolte chez les déshérités.

Ces causes profondes de désorganisation sociale s'aggravent rapidement par les effets d'une concurrence anarchique avilissant de plus en plus le prix des produits, en même temps que celui des salaires.

Les gouvernements sont impuissants à concevoir aucun remède à cet état de choses. Par ce fait ils font comprendre au peuple la nécessité, pour lui, de trouver un moyen d'acquérir une influence réelle sur la direction des affaires de l'État. Les modes de suffrage employés jusqu'ici pour l'exercice de la souveraineté du peuple n'ont été qu'illusions. Les travailleurs commencent à comprendre qu'il leur faut un moyen plus sûr de représentation de leurs droits sur la direction des affaires publiques.

D'où il résulte que la question du travail devient en quelques pays une question politique, une question de gouvernement, et que ce sera bientôt la même chose dans toutes les nations.

Ce que les gouvernements ne font pas, les ouvriers qui pensent le font à leur place : ils étudient les problèmes sociaux et préparent les convictions chez leurs frères souffrants.

Rapidement, il devient clair pour tout le monde des déshérités qu'une injustice profonde pèse sur lui, qu'un remède est indispensable aux maux dont il souffre, et que, tant que le Gouvernement sera exclusivement aux mains des possesseurs de la richesse, les masses ouvrières ne pourront obtenir aucune réforme favorable ni aux droits ni aux besoins des travailleurs.

En même temps, le suffrage universel dans les différentes nations d'Europe qui ne le possèdent pas, devient le point de mire des masses, comme moyen d'action. Cela est fait d'une façon inconciente encore et sans aucune conception nouvelle

PROGRAMME POLITIQUE D'ACTUALITÉ

RÉFORMES POLITIQUES

Placer la protection et le respect de la vie humaine au-dessus de toutes choses dans la loi et dans les institutions.

Eviter la guerre, la remplacer par l'arbitrage entre nations.

Faire des garanties de la vie humaine la base de la constitution politique et sociale du gouvernement.

Consolider la République en inaugurant la souveraineté nationale par l'organisation du suffrage universel.

Fonder cette organisation du suffrage sur la base du *scrutin de liste nationale* pour l'élection des députés et du *renouvellement partiel et annuel* de la Chambre.

Election et dépouillement à la commune.

Recensement départemental au chef-lieu du département.

Récensement national à Paris.

Proclamation du quart des députés à élire parmi les candidats qui auraient obtenu le plus de voix au premier tour de scrutin.

Affichage de cette proclamation dans toutes les communes de France, avec la liste de tous les candidats qui auraient obtenu plus de 10.000 voix.

Second tour de scrutin, le troisième dimanche après l'affichage de la liste des candidats sortis du vote.

Proclamation des députés restant à élire parmi les candidats ayant obtenu le plus de voix au second tour.

Ce système aurait pour conséquences :

La moralité dans les élections ;

La liberté de l'électeur dans le choix de ses candidats, avec la presque certitude de donner un vote utile ;

L'égalité des citoyens devant l'urne, chaque électeur votant, partout la France, pour autant de noms qu'il y a de ministères, c'est-à-dire de départements des affaires publiques ;

La possibilité de la représentation proportionnelle et par conséquent des minorités ;

La représentation par les supériorités ;

Le contrôle des électeurs sur leurs mandataires.

Cette organisation du suffrage universel démocratiserait la candidature et la rendrait possible aux hommes de talent et de mérite, sans fortune.

Elle moraliserait le régime représentatif, les députés qui failliraient à leur programme et à leurs engagements étant vite remplacés.

Avec ce système, les députés élus par le collège national seraient les députés de la France ; ils ne seraient plus élus qu'en raison de leur conduite législative; ils seraient responsables devant la nation de l'observation loyale de leurs engagements et du programme qui leur aurait mérité l'élection.

RÉFORMES CIVILES

Abolition progressive et régulière des abus de l'impôt en prélevant les ressources nécessaires à l'Etat sur la richesse acquise ; mais en faisant ce prélèvement après la mort des personnes et non de leur vivant.

A cet effet, établissement du droit d'hérédité de l'Etat dans les successions.

Droit d'hérédité progressive sur les héritages en ligne directe et par voie testamentaire ; l'Etat prélevant peu de chose sur les petites successions, mais élevant son droit progressivement jusqu'à 50 0/0 sur les fortunes dépassant cinq millions.

Droit complet de l'hérédité de l'Etat en ligne collatérale et sur tous les biens n'ayant ni héritiers directs ni légataires.

Abolition de l'impôt sur les biens tombés en héritage à l'Etat, mais substitution à cet impôt d'un revenu sur tous les biens revendus par l'Etat et d'un fermage sur tous les biens loués par lui.

Suppression régulière, par ce moyen, des fermages payés aux propriétaires intermédiaires ; la propriété immobilière devant être exploitée par ceux qui la détiennent soit comme fermiers, soit comme propriétaires.

RÉFORMES SOCIALES

Institutions de garanties sociales en faveur des classes laborieuses et pauvres par l'hérédité de l'Etat.

Protection à l'association entre le capital et le travail. Participation des ouvriers aux bénéfices.

SCRUTIN NATIONAL
AU BULLETIN DE LISTE
et Renouvellement partiel annuel

Faire de l'existence humaine le premier objet de l'attention sociale ;
Aimer, vénérer, respecter, servir l'existence humaine ;
La protéger au-dessus de toutes choses dans l'individu, dans la famille et dans la société :
Telle est la mission de la politique.

SOMMAIRE. — I. Les divergences socialistes et les besoins de réformes. — II. Le suffrage universel, première réforme à opérer. — III. Les errements du suffrage universel. — IV. Le scrutin de liste nationale devant les députés sortis du suffrage restreint. — V. Liberté et égalité politiques. — VI. Influence de la réforme électorale. — VII. Dangers du renouvellement à long terme. — VIII. Principaux motifs d'adoption du scrutin de liste nationale avec renouvellement annuel de la moitié des corps élus.— IX. Défauts du vote par circonscriptions électorales.— X. Fonctionnement du scrutin de liste nationale. — XI. Le scrutin de liste nationale et l'émancipation ouvrière. — XII. La représentation proportionnelle.— XIII. Le bulletin cumulatif. — XIV. Le mandat impératif. — XV. La législation directe. — XVI. Du nombre des députés. — XVII. Comment les Députés seront réellement les exécuteurs de la volonté du peuple.

I. — Les divergences socialistes et les besoins de réformes.

Partout les masses s'agitent et partout on constate :

1° Un travail excessif à peine rémunéré.

2° La misère profonde des classes ouvrières.

3° La résistance des classes riches à faire droit aux doléances des classes pauvres.

4° Et (ajoutons ce qui s'avoue moins) le sentiment de la révolte chez les déshérités.

Ces causes profondes de désorganisation sociale s'aggravent rapidement par les effets d'une concurrence anarchique avilissant de plus en plus le prix des produits, en même temps que celui des salaires.

Les gouvernements sont impuissants à concevoir aucun remède à cet état de choses. Par ce fait ils font comprendre au peuple la nécessité, pour lui, de trouver un moyen d'acquérir une influence réelle sur la direction des affaires de l'État. Les modes de suffrage employés jusqu'ici pour l'exercice de la souveraineté de peuple n'ont été qu'illusions. Les travailleurs commencent à comprendre qu'il leur faut un moyen plus sûr de représentation de leurs droits sur la direction des affaires publiques.

D'où il résulte que la question du travail devient en quelques pays une question politique, une question de gouvernement, et que ce sera bientôt la même chose dans toutes les nations.

Ce que les gouvernements ne font pas, les ouvriers qui pensent le font à leur place : ils étudient les problèmes sociaux et préparent les convictions chez leurs frères souffrants.

Rapidement, il devient clair pour tout le monde des déshérités qu'une injustice profonde pèse sur lui, qu'un remède est indispensable aux maux dont il souffre, et que, tant que le Gouvernement sera exclusivement aux mains des possesseurs de la richesse, les masses ouvrières ne pourront obtenir aucune réforme favorable ni aux droits ni aux besoins des travailleurs.

En même temps, le suffrage universel dans les différentes nations d'Europe qui ne le possèdent pas, devient le point de mire des masses, comme moyen d'action. Cela est fait d'une façon inconciente encore et sans aucune conception nouvelle de la pratique du droit de suffrage. C'est pourquoi il convient de faire en sorte qu'une nouvelle inauguration du suffrage universel ne se fasse pas en Europe, sans être débarrassée des vices et des lacunes que l'exercice de ce droit revêt en France.

Jusqu'ici le suffrage universel s'exerçant par le scrutin uninominal de canton ou par scrutin de liste de circonscription départementale. il en est résulté que la représentation n'a été accessible qu'à la richesse, sauf rares exceptions; car, il faut dépenser au moins 15 mille francs pour se faire élire député et, souvent, 30 à 50 mille francs dans les élections partielles. La députation est donc à peu près inaccessible aux candidats ouvriers. Il faut changer cet état de choses; il faut que dans le mouvement européen qui va se produire en faveur du suffrage universel, les guides du mouvement sachent concevoir une organisation du suffrage vraiment démocratique et de nature à inaugurer le véritable exercice de la souveraineté du peuple.

Ce n'est ni le scrutin uninominal de canton ni le scrutin de liste de circonscription départementale ou provinciale qui donneront ces résultats. Leur expérience a été faite en France et l'on a pu voir qu'elle a tourné au seul avantage de l'exploitation bourgeoise, tout comme le scrutin censitaire. Il faut un autre système pour réaliser le gouvernement vraiment démocratique et socialiste dans lequel les ouvriers auront la large place à laquelle ils ont droit.

J'ai déjà démontré, dans l'étude sociale, intitulée: *La réforme électorale et la révision constitutionnelle*, quel sera ce mode d'organisation du suffrage.

Ce sera le suffrage universel par scrutin de liste nationale, avec renouvellement de la moitié des Chambres chaque année.

Ce mode de scrutin sonnera l'heure de l'émancipation des classes ouvrières; il permettra à tous les électeurs de se concerter d'un bout à l'autre de la nation, et de se répartir la représentation suivant la proportion numérique des différentes classes de la société.

Les masses laborieuses ne seront plus obligées d'accepter les candidats que les comités électoraux bourgeois leur imposent aujourd'hui

L'électeur sera libre dans le choix de ses candidats.

Il y aura égalité des citoyens devant l'urne, tous les électeurs votant pour un même nombre de candidats, nombre fixé par la loi et correspondant aux divisions administratives du pays, telles que les Ministères des Finances, de l'Intérieur, de l'Instruction publique, du Travail, de l'Agriculture, du Commerce, des Travaux publics, des Affaires étrangères, de la Marine et de la Guerre. Ainsi, chaque électeur aura la satisfaction de voter pour les hommes qu'il croit capables d'exercer une salutaire influence sur chacune de ces grandes divisions administratives et gouvernementales, c'est-à-dire sur les intérêts nationaux.

La moitié des Chambres étant réélue chaque année, la tradition des projets de loi serait maintenue; la législature ne serait jamais interrompue et les réformes nécessaires aboutiraient.

Le représentant ou le député se sentirait sous le jugement annuel du suffrage universel, non pas sous celui d'une circonscription dont il aurait flatté les appétits ou les passions, mais sous le jugement de la France entière qui ne serait pas accessible aux faiblesses locales et ne donnerait son suffrage qu'aux députés qui auraient agi dans l'intérêt du peuple en votant des lois utiles et favorables au travail.

La représentation ouvrière entrant pour une forte partie dans la confection des lois, les questions des droits du travail ne seraient plus mises de côté; la tribune ne serait plus un théâtre de discussions oligarchiques, elle deviendrait le théâtre des réformes pacifiques faisant place à tous les citoyens dans la commune patrie.

Alors, le peuple cesserait de prêter attention aux formules irraisonnées qu'on lui jette en pâture, faute de pouvoir lui donner d'autres espérances telles que :

Révolution sociale ;

Confiscation ou expropriation du capital et des biens-fonds;

Extermination des bourgeois ;

Incendie des fabriques ;

Liquidation sociale.

Toutes ces formules désespérantes livrées à l'ignorance des masses disparaîtraient comme par enchantement, dès que le suffrage universel aurait pris dans l'organisation socialiste et démocratique du pays la place qui lui appartient.

C'est ce que les groupes socialistes de Paris ont déjà, en partie, compris en inscrivant en tête de leur programme électoral de 1885 :

Article 2 : « Assemblée unique et permanente « nommée pour trois ans, et renouvelable annuel-

« lement par tiers sur l'ensemble des départe-
« ments ».

Mais le renouvellement partiel n'est qu'une partie du projet de réforme que nous livrons depuis longtemps à la méditation des hommes de progrès. Il faut en même temps, par le scrutin de liste nationale, amener, à la Chambre, des députés s'occupant sérieusement des intérêts du peuple et des réformes, et donnant au travail les garanties dont il a besoin.

Avec le scrutin de liste nationale, il ne serait plus nécessaire d'évoquer les moyens extra-légaux.

Car, avec une Chambre ainsi élue, les députés du peuple mettraient vite arrêt à tous les monopoles, en faisant rentrer la propriété et la richesse au domaine national dans la proportion que la sagesse du législateur jugerait nécessaire ; non pas par l'expropriation ni la confiscation, mais par une loi bien simple sur l'hérédité, loi qui restituerait à la nation, aussitôt la mort des personnes, une partie de toutes les grandes fortunes et tous les biens tombant en ligne collatérale. On constituerait ainsi de puissantes ressources et une puissante organisation de mutualité nationale garantissant aux travailleurs un premier exercice de leur droit aux bienfaits de la richesse, ce fruit du travail humain et des forces de la nature. (1)

II. -- Le suffrage universel première réforme à opérer.

Dans toutes les nations civilisées, on réclame des réformes en faveur des classes ouvrières ; partout, on sent qu'une profonde modification du sort des travailleurs est à opérer, qu'il est non moins urgent de modifier le régime actuel de répartition des richesses incessamment enfantées par l'agriculture et l'industrie ; mais la confusion s'établit dans les esprits lorsqu'il s'agit de préciser les moyens d'opérer ces réformes et de fixer l'ordre de celles à établir les premières.

Il semble pourtant facile de distinguer entre celles d'un intérêt de premier ordre et celles d'un intérêt secondaire. Les premières embrassent les intérêts universels du peuple ; les secondes n'envisagent que des abus particuliers à une des sphères de l'activité sociale.

(1) Voir pour plus de renseignements mes quatre Études sociales sur *l'Hérédité de l'État* et *Mutualité nationale, contre la misère.*

Il est de la plus grande importance d'opérer le classement de ces réformes, et de placer au premier plan celles qui peuvent exercer l'influence la plus générale sur le bonheur du peuple.

Aujourd'hui, les peuples sont une puissance dans les nations, et c'est de cette puissance qu'il faut attendre l'influence nécessaire sur la législation et les affaires publiques pour ouvrir aux classes travailleuses la place qui leur est due.

C'est donc dans l'exercice réel et régulier de la souveraineté du peuple que se trouve la première réforme à faire surgir dans toutes les nations civilisées.

Organiser la puissance populaire, organiser la démocratie, organiser, en un mot, le suffrage universel, voilà la première des réformes à introduire dans toutes les nations.

Cette réforme bien étudiée, bien comprise et bien appliquée aurait la puissance d'entraîner toutes les autres réformes avec ordre et mesure.

J'appelle donc, avec instance, l'attention des chefs et des guides des partis populaires sur cette importante réforme.

Il ne faut pas qu'ils s'occupent de suffrage universel en Europe sans demander le scrutin de liste nationale et le renouvellement annuel de la moitié des assemblées législatives.

Je n'appellerai pas aujourd'hui l'attention des Chambres françaises sur ce sujet ; je l'ai fait en 1884 avant leur réélection sans pouvoir ébranler les convoitises. L'oligarchie du capital est maîtresse des Chambres ; elle n'a qu'un désir : éterniser le pouvoir entre ses mains ; par conséquent, elle ne peut ni consentir, ni vouloir le suffrage universel s'exerçant par bulletin de liste nationale ; elle ne peut vouloir davantage le renouvellement annuel de la moitié des Chambres. Car, chaque année, toutes les nullités, toutes les incapacités, tous les violateurs des engagements pris, tous les fraudeurs de programmes, seraient mal à l'aise pour venir se représenter devant le suffrage universel de la nation, afin d'être jugés et appréciés, selon leur mérite, par la France entière.

Ils sentent trop bien que les masses populaires ne se laisseraient pas séduire comme les comités faiseurs d'élection, que les intérêts de clocher auraient disparu, que les captations de consciences individuelles seraient devenues impraticables.

Devant le suffrage universel de la nation tous les moyens de corruption s'anéantissent comme par enchantement ; l'intérêt du pays et de la sociét peuvent seuls être en jeu; et le député indigne est immanquablement éliminé.

C'est dans les masses populaires que se régénéreront le dévouement et l'honnêteté publics; et c'est en appelant les masses à constituer les Chambres par le scrutin de liste nationale qu'on extirpera de toutes les nations les pourritures politiques.

Que les guides des peuples y regardent !

Envisagé ainsi, le suffrage universel n'est plus une question politique, il devient la première de questions sociales qu'il importe de faire triompher.

Que peuvent, en effet, espérer les peuples tant qu'ils seront à la merci de gouvernants plus ou moins inamovibles, nommés sous l'influence de la richesse, et que tout sollicite à s'occuper des intérêts de leurs ambitions propres, au lieu de s'occuper des intérets du peuple ? Absolument rien !

Que peuvent, au contraire, espérer les peuples de mandataires choisis par l'opinion nationale et sur la gestion desquels les électeurs pourront, chaque année, faire peser le jugement de l'opinion du pays tout entier? Absolument tout!

Les pouvoirs élus dans de telles conditions seront aussi puissants pour réaliser le bien dans la nation que les pouvoirs actuels en sont incapables. Les réformes sociales auront lieu parce que les mandataires élus du suffrage universel se sentiront sous la volonté de la nation entière, unie et solidaire dans ses intérêts matériels, intellectuels et moraux. Le scrutin de liste nationale peut seul opérer cette unification.

Il est donc d'un intérêt social de premier ordre que l'exercice du suffrage universel soit modifié en France, et qu'il soit inauguré en pays étranger de manière à donner aux classes pauvres comme aux classes riches, aux ouvriers comme aux patrons, l'exercice libre de leurs droits politiques et sociaux, sans déguisement, sans ces combinaisons machiavéliques ayant pour but de restreindre ce que la loi semble accorder.

La dure expérience des abus qu'a subis notre pays sous le suffrage universel dévoyé et corrompu par le despotisme, doit servir de leçon et d'exemple aux peuples des autres nations et, surtout, aux masses ouvrières.

Les nations chez lesquelles fermente l'idée du suffrage universel seraient bien mal avisées, si elles détruisaient le suffrage censitaire, pour mettre, sous une autre forme, l'élection de leurs représentants et la constitution de leur gouvernement à la merci de la richesse.

En 1848, lorsque le suffrage universel a été proclamé en France, les politiciens qui étaient à la tête de la réforme n'avaient en vue que l'égalité politique des citoyens. Aujourd'hui, ceux qui cherchent à guider les peuples dans la voie de leur émancipation, ont mieux à faire : ils doivent placer le suffrage universel libre, véridique et rationnel, au premier rang des réformes sociales, parce que c'est par lui que les masses peuvent marcher sûrement à la conquête de leurs droits sociaux. Cela peut se faire pacifiquement et sans trouble, mais à la condition de ne pas laisser, par un mode vicieux d'application, l'exercice de ce droit à la discrétion des possesseurs de la richesse, comme cela s'est passé en France depuis la proclamation du suffrage universel.

Le scrutin de liste nationale avec renouvellement annuel de la moitié des Parlements est le moyen d'échapper à ce danger ; il est plus que cela, il est le moyen de conjurer les périls qui menacent les sociétés civilisées de catastrophes plus ou moins rapprochées, mais inévitables, si le suffrage universel ne donne au peuple les moyens d'obtenir justice par le bulletin de vote.

Classes dirigeantes, c'est de vous que cela dépend ; c'est vous qui pourriez, comme par enchantement, dénouer le nœud gordien des questions sociales ; c'est vous qui pourriez éteindre les grèves et les revendications des masses ouvrières ; c'est vous qui pourriez donner à la société la prospérité et la paix. Le ferez-vous ?

J'ai peur que non !

Je crains beaucoup que les besoins de réforme exaspérés par la résistance des classes dirigeantes, n'aient pour issue fatale que la violence et la terreur; mais, ce que je tiens à démontrer, c'est que les classes dirigeantes pourraient éviter de tels cataclysmes. Si on ne le fait pas, on aura du moins eu le choix des moyens. Mais, hélas ! l'histoire nous apprend que jusqu'ici le progrès ne s'est accompli que dans la douleur, et il se peut bien que nos sociétés civilisées ne soient pas encore assez intelligentes de leurs véritables intérêts pour agir autrement.

Il serait pourtant bien plus sage de remettre les destinées des peuples au sort des luttes du suffrage et de la discussion que de les remettre au sort de la violence et des armes.

Quoi qu'il arrive, c'est par l'organisation du suffrage universel qu'il faut commencer ou qu'il faudra finir ; car, si nous supposons la révolution violente accompli, on ne sera pas plus avancé, si les vices de l'organisation du suffrage universel demeurent ensuite ce qu'ils sont. Alors, comme aujourd'hui, la corruption gangrènera les corps législatifs et le gouvernement. Il est donc beaucoup plus sage de commencer par la réforme du suffrage universel, que d'être obligé, après bien des malheurs, de finir par là.

En commençant par organiser l'exercice de la souveraineté du peuple, en organisant rationnellement le suffrage universel même, on aura plus fait pour le progrès social et le bonheur du peuple que par toutes les révolutions possibles.

III. Les errements du suffrage universel.

Depuis son institution le suffrage universel a donné lieu à beaucoup d'appréciations en des sens fort opposés. Les partis monarchiques n'ont pas hésité à voir en lui le fait le plus étranger à leur foi politique ; mais, à ses fautes mêmes, le suffrage universel a peut-être dû de surmonter tous les périls qu'il avait à courir.

D'abord, en semblant excuser le crime du 2 Décembre, le suffrage universel fut immédiatement considéré par la réaction et le despotisme comme un instrument dont ils pouvaient se servir à leur profit ; sans quoi il est très probable qu'alors le suffrage universel eut été sacrifié. Nul doute que ce fût à sa servilité apparente qu'il dût d'être alors consacré, par ses véritables ennemis eux-mêmes, d'une façon définitive dans notre droit politique. Les plébiscites et les candidatures officielles n'en seraient pas moins des taches indélébiles pour le suffrage universel, si elles ne retombaient sur le despotisme et les partis qui les ont imposées au peuple.

Quoi qu'il en soit, ces fautes ont donné lieu à un discrédit du suffrage dans la pensée des hommes impatients de réformes. Ceux-ci ont pu croire que le peuple était à toujours incapable de faire un usage judicieux de ses droits politiques, et un certain nombre parmi eux est allé jusqu'à nier la valeur du suffrage universel, comme droit politique. Dans ces entraînements les partis ont été trop pressés de conclure.

Certes, les masses populaires ont agi inconsidérément dans l'usage qu'elles ont fait du suffrage universel, mais à qui la faute, si ce n'est aux classes dirigeantes elles-mêmes ? Comment les masses populaires, mises tout d'un coup en possession d'un droit nouveau, ne se seraient-elles pas trompées ? Comment auraient-elles su tirer de leur droit le meilleur parti possible, quand elles ne se voyaient d'amis nulle part, quand, après les événements de juin 1848, les pouvoirs publics, d'accord avec les classes riches, se sont mis à conspirer pour pervertir l'usage populaire du droit de suffrage ?

Qu'eût-il fallu faire, au contraire, après avoir inauguré en France l'institution du suffrage universel ? Mettre de suite les hommes éclairés et amis du bien du peuple, à la recherche de l'organisation démocratique et sociale du bon fonctionnement du droit de suffrage, afin d'arriver à une constitution des pouvoirs en accord avec le principe même du suffrage universel.

Au lieu de cela, pouvoirs publics et classes dirigeantes se sont mis à l'envi à rechercher les moyens de pervertir l'usage que le peuple devait faire de son droit de vote ; si bien que le peuple, lui-même, en est arrivé à reconnaître qu'on lui donnant le suffrage universel on a agi envers lui à la façon antique : mis des verges aux mains des esclaves pour fouetter les esclaves mêmes.

Mais le moment arrive où le suffrage universel doit se retourner contre ses exploiteurs et devenir l'instrument de l'émancipation définitive des peuples. Eclairé sur son rôle dans la société, il va se soustraire aux influences malsaines de ceux qui ont eu jusqu'ici la prétention de le diriger, et entrer dans la voie de la liberté et de l'égalité politiques, de l'indépendance électorale et du contrôle annuel de la conduite de ses mandataires.

Il reparera ainsi lui-même les erreurs et les fautes qu'il a commises sous la direction de ses tuteurs mal intentionnés.

La vérité, c'est que le suffrage universel deviendra un merveilleux instrument de progrès politique et social, le jour où il donnera à l'électeur :

1° — La liberté de voter par bulletin de liste nationale pour des candidats de son choix.

2° — L'égalité devant le scrutin dans toute la nation.

3° — Le droit de vote annuel pour le renouvellement de la moitié de la Chambre.

Le suffrage universel s'exerçant dans ces conditions se trompera difficilement.

Mais, dans le cas où il commettrait une erreur

dans ses choix, sous l'influence de l'attention que la presse apportera à discuter les actes des députés pendant le cours des législatures, le suffrage universel sera assez édifié pour redresser, chaque année, dans l'élection nationale partielle, les erreurs qu'il aurait pu commettre.

IV. -- Le scrutin de liste nationale devant les députés sortis du suffrage restreint.

En mai 1884, j'adressai aux Chambres françaises ma proposition de réforme du suffrage universel.

Naturellement, nos assemblées françaises, Chambre des députés et Sénat, passèrent cette proposition sous silence.

Au lieu d'adopter le scrutin de liste nationale avec renouvellement annuel de la moitié de la Chambre, nos députés se bornèrent à remplacer le scrutin d'arrondissement par le scrutin de liste départementale; et, au lieu d'adopter le renouvellement annuel, ils allongèrent le mandat du député, s'accordant ainsi une plus longue période d'indépendance à l'égard du suffrage universel.

Ma proposition fut peu remarquée des grands journaux. *Le Rappel* seul, je pense, y consacra deux articles et m'invita à exposer les moyens pratiques d'application; ce que je fis dans le *Rappel* du 10 février 1885, article qui fut reproduit dans le *Devoir* du 15 février suivant.

Alors, chacun de nos députés envisagea la refonte de la loi électorale au point de vue des chances de sa réélection, sans se préoccuper s'il y avait mieux à faire dans l'intérêt du pays.

Au lieu d'introduire dans la loi le renouvellement annuel de la moitié des Chambres, chacun des députés s'est dit : Le renouvellement serait pour moi une cause de dépenses que je veux éviter; il aurait en outre, pour moi, l'inconvénient:

De faire discuter ma conduite parlementaire tous les deux ans.

De m'obliger à dénigrer et à calomnier mes concurrents, comme eux ne manqueraient pas de le faire en ce qui me concerne.

De m'obliger à courir la candidature par tout le département.

De m'obliger à prendre devant les électeurs des engagements que je ne tiendrais pas toujours.

Ce sont là des ennuis et des causes de contrainte et d'assujettissement qu'il me faut éviter. Avec le mandat à court terme et le renouvellement annuel, j'aurais sans cesse l'esprit tendu sur la nécessité de voter des lois qui plaisent aux électeurs; avec le mandat à long terme, au contraire, je suis en repos pendant un certain temps et n'ai à m'occuper, ou à avoir l'air de m'occuper de faire des lois sérieusement avantageuses au peuple qu'au moment de me représenter devant le corps électoral.

Mais ces réflexions intimes de la généralité des députés sont aujourd'hui dans la pensée des électeurs réfléchis ; ils peuvent comprendre que l'on ne mettra terme à l'impuissance des Chambres et à la paralysie du régime parlementaire que par la refonte du système électoral.

V. -- Liberté et égalité politiques.

Avec le scrutin uninominal de circonscription comme avec le scrutin de liste départementale, l'électeur n'est guère autre chose qu'un instrument de vote : il n'a aucune action possible sur la valeur des élections ; il est obligé de se conformer à l'une des listes s'il veut donner un vote servant à quelque chose. Le citoyen est donc en réalité l'esclave des listes dressées par les faiseurs d'élection et, une fois l'élection faite, l'influence du citoyen disparaît.

Ce n'est pas ainsi que doit s'exercer la souveraineté du peuple.

L'électeur doit être un citoyen libre de donner ses voix à qui bon lui semble ; et le suffrage universel doit être organisé de manière à ce que tous les bulletins de vote soient utilement recensés, en faveur des minorités comme en faveur des majorités.

En est-il ainsi lorsque l'électeur a la certitude que, si son bulletin porte d'autres noms que ceux compris sur les listes des comités électoraux, ses voix seront perdues ?

L'électeur n'est donc pas libre dans ses choix ni dans son vote.

Pour ce qui est de l'égalité des citoyens devant la loi, par quelle aberration le législateur a-t-il contrevenu lui-même aussi outrageusement à ce principe, en donnant à certaines fractions du pays le droit de voter pour 36 députés, lorsqu'il ne donne à d'autres que le droit de voter pour 2 ou 3 ? Peut-il en être ainsi dans une démocratie? Peut-il y avoir des privilèges ? Tous les citoyens ne doivent-ils pas avoir, chacun, les mêmes droits politiques ?

Ces motifs ne touchent pas les hommes qui foulent aux pieds les principes de justice et d'équité politiques ; mais ce n'en est pas moins la preuve que l'organisation du suffrage universel est à l'état de véritable ébauche.

On conçoit qu'il en soit ainsi, si l'on fait attention que le suffrage universel est d'institution récente, et que le despotisme de l'Empire en a voulu faire un instrument de gouvernement à sa dévotion ; mais si les Bonaparte ont cherché à détruire les libertés et la souveraineté du peuple, ce n'est pas la République qui doit les prendre pour modèle; elle doit, au contraire, chercher le moyen de rendre ces libertés efficaces.

La République doit donc consacrer la liberté et l'égalité des électeurs devant la loi électorale, en faisant que tous les citoyens votent pour un même nombre de candidats à leur libre choix.

Le scrutin par bulletin de liste nationale de 10 à 12 noms satisfait complétement à ces conditions.

VI. -- Influence de la réforme électorale.

Cette réforme dans l'exercice du suffrage universel, quoique bien simple en elle-même, apporterait dans le régime législatif des modifications profondes ; le Parlement ne recélerait plus ces nullités complaisantes, ces machines à voter qui ont jusqu'ici fait les majorités de tous les gouvernements opposés au développement des libertés publiques et à toutes les réformes sociales.

La députation ne serait plus composée de ces députés élus sous l'empire de considérations purement locales ; l'égoïsme cesserait d'être la base de l'élection ; le suffrage universel, dans sa complète indépendance, porterait au Parlement toutes les sommités intellectuelles qui se seraient rendues utiles au peuple.

Les élus du suffrage universel, sortis du scrutin de liste nationale, se sentiraient les élus de la France, l'émanation du suffrage général de la nation; les obligations qui s'imposeraient à eux seraient celles de l'intérêt général.

Les influences locales, les sollicitations deviendraient impuissantes à détourner de leur rôle les pouvoirs publics ; l'influence de la France s'imposerait à la direction des affaires.

La volonté de la France deviendrait d'autant plus celle des députés, que le renouvellement annuel, par moitié, de la Chambre, placerait chaque année le Parlement devant le verdict du suffrage universel. La direction politique du pays ne serait plus abandonnée sans contrôle; le peuple souverain ferait, chaque année, comprendre son opinion et ses besoins à ses mandataires; ceux-ci seraient vite amenés à les étudier et à s'occuper de donner à l'opinion publique les satisfactions que celle-ci réclamerait.

VII. -- Dangers du renouvellement à long terme.

La réforme électorale que je propose ne sera pas acceptée d'emblée. Elle s'imposera vite cependant à la conscience publique, mais les forces rétrogrades feront tous leurs efforts pour en paralyser les bons effets. Le premier assaut que lui livreront les esprits réactionnaires consistera à faire semblant d'accepter le renouvellement partiel, mais avec le scrutin de liste départementale et avec le mandat de la plus longue durée possible.

Ensuite, au lieu du renouvellement annuel par moitié de la Chambre, ils demanderont le renouvellement partiel à la façon aristocratique du Sénat.

Telle sera la tactique des députés qui envisagent la députation comme une sinécure.

Elle leur laissera la chance de rester député à long terme, par conséquent de continuer à bénéficier de la corruption parlementaire. Voilà le danger. Il est à craindre que ce soit là l'opinion qui prédomine lorsque cette mesure viendra à l'examen du corps législatif. C'est pourquoi je dévoile dès aujourd'hui l'écueil, afin qu'on l'évite s'il est possible et que, dans tous les cas, les nations qui ont à inaugurer le suffrage universel ne tombent pas dans le piége.

Toutes les manœuvres et les critiques des réactionnaires auront pour but d'empêcher la réforme du suffrage universel, en faisant perdre de vue que la véritable rénovation du suffrage et du Parlement réside dans l'adoption du scrutin de liste nationale de dix ou douze noms, et dans le renouvellement annuel de la moitié de la Chambre. Voilà ce que doit être la mesure pour être rationnelle et efficace ; tous les retranchements et tempéraments que les réactionnaires y apporteront n'auront d'autre conséquence que de diminuer les bienfaits de la mesure, si ce n'est de les paralyser tout à fait.

VIII. — Principaux motifs d'adoption du scrutin de liste nationale avec renouvellement annuel de la moitié des corps élus.

Etablir le point de départ des pouvoirs publics sur la base du juste et du droit réels ; faire disparaître les hypocrisies des lois et des habitudes qui confisquent la souveraineté du peuple au lieu d'en assurer l'exercice ; tel est le but de mon système et tels sont les premiers motifs qui doivent décider en faveur du perfectionnement du suffrage universel.

Si la réforme que je propose ne respecte pas l'équité et la justice sociales ; si elle ne respecte pas le libre exercice de la souveraineté nationale ; si elle ne donne pas à tous les citoyens l'égalité du droit au vote, au suffrage et à la représentation ; si elle ne fait pas du suffrage le plus bel instrument de l'émancipation populaire, alors ma proposition est imparfaite ; qu'on la rejette, mais qu'on avise à faire mieux. Car, il ne suffit pas de dire que le suffrage universel est une chose secondaire, parce qu'il n'a donné jusqu'ici que des résultats insignifiants ; le suffrage universel est et restera le principe de la souveraineté du peuple ; et c'est par le suffrage bien organisé que le peuple opérera toutes les réformes sociales utiles et durables. C'est pourquoi, je place l'organisation rationnelle du suffrage universel au premier rang des réformes sociales à opérer.

Je n'ai, certes, pas la prétention de voir admettre sans discussions ni critiques, l'idée du scrutin de liste nationale, pour l'élection des députés et celle du renouvellement partiel et annuel des Assemblées politiques ; mais, tout en reconnaissant que cette critique doit s'exercer, il me semble nécessaire d'engager le lecteur à ne point perdre un seul instant de vue qu'avec tous les modes d'élection mis en usage jusqu'ici, les droits politiques du citoyen, proclamés dans la forme, n'ont pas été respectés en pratique ; qu'aucun mode d'élection n'a jusqu'ici laissé à l'électeur son indépendance et sa liberté ; que pas un seul n'a placé la généralité des citoyens dans la possibilité de voter pour des candidats de leur choix, l'électeur ayant toujours été condamné à voter pour les candidats qui s'offraient à son suffrage ou pour les candidats que les comités électoraux lui imposaient. Cette atteinte portée au droit souverain de l'électeur, dès le principe de l'exercice de ce droit, est un fait des plus graves qui vicie toutes les conséquences dérivant du droit de vote ainsi appliqué.

Il est donc à remarquer que le scrutin de liste nationale avec renouvellement partiel, annuel, fait disparaître ces atteintes au libre exercice du suffrage ; qu'en restituant à l'électeur :

La liberté du choix,

L'égalité devant l'urne,

Et la faculté du contrôle sur les élus, ce système base l'exercice du suffrage sur le respect du droit et de la justice à l'égard de l'électeur, qualité qui, à elle seule, donne à ce mode de suffrage une supériorité incontestable.

A tous ces titres, ma proposition mérite l'attention des hommes d'Etat et de tous ceux qui s'occupent du sort des peuples. Je fais donc appel à tous les partisans de l'émancipation des classes laborieuses, en leur présentant l'organisation du suffrage universel comme la première des questions sociales à résoudre pour entrer sérieusement dans la voie des autres réformes.

Quelque opinion sociale et politique qu'on professe, il faut pour réaliser cette opinion user de moyens pratiques ; il n'y en a que deux :

La force ou le droit.

La force, c'est le despotisme d'un seul ou de plusieurs ;

Le droit, c'est la souveraineté du peuple s'exerçant en liberté et quand il est nécessaire.

Le scrutin de liste nationale avec renouvellement annuel de la moitié des corps élus satisfait au droit de souveraineté du peuple et aux besoins de notre temps.

Il est certain qu'à notre époque d'effervescence générale le suffrage universel, s'il était organisé sur les bases de la justice, deviendrait la soupape de sûreté sociale. En donnant à tout électeur : la liberté du choix de ses candidats, l'égalité par le droit de voter pour un même nombre de députés et le contrôle annuel sur les élus du suffrage universel par le renouvellement partiel, on modifierait la plate-forme des revendications sociales, au lieu de maintenir celles-ci sur le terrain de la révolution violente. La lutte des partis et des intérêts se concentrerait sur le terrain électoral et l'obtention des réformes par voie législative.

IX. — Défauts du vote par circonscriptions électorales.

Les élections par scrutin uninominal de canton — justement appelées élections de clocher — ont donné des résultats tellement déplorables qu'on a été obligé de changer la loi.

Ce mode de scrutin avait produit, autour des députés, cette fourmilière de solliciteurs, cause puissante de corruption et de stérilité des pouvoirs publics. Le scrutin uninominal de canton avait beaucoup d'autres défauts que j'ai précédemment examinés; mais, son vice principal, source de tous les autres — et auquel on n'a pas remédié par le scrutin de liste départementale — réside dans le fait de ne pas laisser à l'électeur la liberté de choisir son candidat, de le contraindre ou à s'abstenir de voter ou à voter pour les candidats qui se présentent dans le canton, et d'exiger, enfin, que le candidat ait de la fortune, ce qui met la représentation à la discrétion de la richesse.

Ces défauts, le scrutin de liste départementale ne les atténue en rien; il les aggrave, au contraire, sous le rapport de la dépense. Une élection départementale, lorsque différentes listes sont en présence, coûte de 60 à 100 mille francs pour chacune des listes concurrentes. On conçoit avec quelle difficulté on admet sur ces listes un candidat sans fortune, lorsque les dépenses de publicité, d'affiches, de bulletins, de journaux, de service postal, et de distribution doivent être supportées par les candidats.

Le scrutin de liste départementale, en raison des abus qu'il soulève à son tour, met donc plus en relief encore l'absurdité et l'impossibilité du système de recrutement des députés par circonscriptions territoriales, tant départementales que cantonales. Le maintien de ce système est l'opposition la plus flagrante aux aspirations démocratiques et socialistes du temps présent.

Le vote par circonscription, c'est le gaspillage des ressources publiques et privées; c'est le soulèvement des haines locales; c'est la corruption des mœurs politiques; c'est la constitution de l'oligarchie de la richesse; c'est l'exclusion des classes moyennes et ouvrières de la représentation; tels sont, sommairement, les résultats évidents du vote cantonal et du vote départemental.

X. — Fonctionnement du scrutin de liste nationale.

Que donnera le scrutin de liste nationale par bulletin de dix noms? Si l'on juge l'arbre à ses fruits, on le connaît aussi à son essence. Or, ce sont les principes de liberté, d'égalité et de justice qui constituent l'essence même du système électoral que je propose. Ce système laisse aux citoyens la liberté du choix des représentants, il leur donne l'égalité devant l'urne et il rend la candidature et l'élection accessibles à toutes les classes de citoyens.

Voilà les principes essentiels du scrutin de liste nationale; à eux seuls, ils permettent de pressentir de bons fruits du suffrage ainsi constitué.

Mais, comment se feront les élections? demandent ceux qui ne trouvent pas suffisant qu'on procède en respectant la liberté, l'égalité et les droits des citoyens. A ceux-là, il ne suffit pas de démontrer que le scrutin de liste nationale respecte les principes de la justice, il faut aussi démontrer le côté pratique du système, quoiqu'il soit évident qu'une chose conforme à la justice, à la liberté, à l'égalité et au droit, soit essentiellement possible et pratique.

Essayons donc de représenter le scrutin de liste nationale en action. Etablissons l'hypothèse que le moment des élections nationales approche pour la première fois. Les préoccupations des partis s'éveillent, les journaux agitent la question électorale et se mettent en quête des notoriétés à produire.

Si nous tenons compte des influences de l'habitude et de la routine et, surtout, de la puissance qu'exercent les intérêts matériels sur la masse des citoyens, les premières élections nationales se passeront sans changement bien apparent.

Les comités locaux, sous l'influence de la liberté, se formeront plus que jamais pour discuter ou même établir les listes électorales. Les intérêts locaux ou départementaux essayeront de conserver leur influence électorale dans le pays. Les intérêts régionaux joueront donc encore un certain rôle. Ils feront, surtout, ressortir les hommes qui, dans la contrée, réuniront les sympathies des gens possédant la richesse. Mais on ne sera pas, comme aujourd'hui, absolument obligé de constituer sa liste avec les hommes qui se porteront dans le département. On choisira ses candidats partout la France, et tel électeur du nord pourra voter pour des candidats du midi et vice-versâ; ce qui facilitera singulièrement la composition des listes pour beaucoup d'électeurs.

Partout, des noms seront livrés à la publicité dans les journaux des départements. Les grands journaux s'en empareront et établiront des listes suivant les différents partis et les différentes opinions. Les républicains radicaux, les républicains formalistes, les républicains opportunistes, les conservateurs, les socialistes, les monarchistes, les cléricaux, les impérialistes mettront en avant leurs candidats.

Les partis se subdiviseront en nuances qui auront des listes différentes. Partout, en France, la presse établira des listes générales, régionales, départementales faisant valoir leurs candidats.

Chaque citoyen, chaque électeur sera en mesure de faire son choix et son bulletin.

Les différents partis feront, s'ils le veulent, imprimer des bulletins, des affiches. C'est la liberté pour tout le monde.

A côté des partis politiques se formeront des comités de l'émancipation ouvrière, des comités de libre-échangistes, des comités de protectionnistes, tous ces comités désignant leurs candidats, les signalant à la France, appelant leurs partisans de tous les départements à unir leurs votes sur les listes qu'ils leur proposeront.

Les partis puissants chercheront à se répartir la nation, par régions, de façon à nommer un plus grand nombre de députés ; de leur côté, les partis en minorité chercheront à unir leurs votes afin de porter, au moins, un minimum de députés à la Chambre. Mais tout cela ne liera personne, n'enchainera personne. Chaque électeur, au milieu de tout ce mouvement électoral et de tous les renseignements qui en résulteront, jouira de la plus complète liberté.

XI. — Le scrutin national et l'émancipation ouvrière.

Le phénomène le plus saillant qui se produira avec le scrutin de liste nationale sera le concert, l'entente rapide des masses ouvrières sur toute l'étendue du territoire ; ce sera comme une traînée de poudre. Les causes intéressées qui retiendront les influences locales à leurs anciennes habitudes agiront dans un sens absolument différent chez les masses ouvrières. Déshéritées de toute possession, ces classes n'ont qu'un intérêt, celui du travail et des travailleurs. Elles s'uniront et s'entendront au nom de cet intérêt.

Ce seront les ouvriers qui mettront le plus vite à profit le scrutin de liste nationale.

Il est des personnes qui se demandent si le scrutin de liste nationale produira quelque changement dans l'élection des députés, c'est-à-dire dans le choix même des représentants de la nation. La principale réponse est dans le fait du déplacement de la plate-forme électorale. Avec le scrutin de liste nationale, l'élection sera ce que le peuple voudra qu'elle soit, tandis qu'avec les scrutins tels qu'ils ont été pratiqués jusqu'à présent, les élections ont été ce que les ont faites les intrigues des pouvoirs et des comités.

La richesse a eu toute influence sur les élections, elle a fait passer les candidats qu'elle a choisi. Avec le scrutin de liste nationale, les masses ouvrières auront la prépondérance ; les candidats qu'elles nommeront ne leur seront plus imposés ; les préfets, les administrations et les comités seront impuissants à imposer des candidatures; et, avec le renouvellement partiel et annuel, le suffrage universel saura vite réformer, écarter les mandataires indignes de la confiance du peuple.

Mais, tout ce mouvement va effrayer les hommes qui jugent nécessaire de toujours diriger les masses. Ils ne croient pas à cette maxime : *Vox populi, vox Dei*. Ils pensent que la richesse seule a la science des destinées des sociétés. Ils ne voudraient pas laisser le suffrage universel à la liberté. Quelle erreur est la leur ! Ne sont-ce pas aujourd'hui ces classes riches et dirigeantes qui font le plus grand obstacle au progrès ? Ne vaudrait-il pas mieux, pour conserver la paix sociale, ouvrir la porte toute grande à la représentation des classes laborieuses que d'attendre les réformes de la révolution violente !

Dès que le suffrage universel sera établi sur la base véridique et rationnelle du scrutin de liste nationale et du contrôle annuel, il se sentira en possession du pouvoir réel d'opérer pacifiquement les réformes qu'il ne peut aujourd'hui attendre que de la force. Alors, il pourra compter sur l'appui de la loi ; car, les députés du peuple ne seront plus choisis parmi les hommes opposés aux réformes ; ils seront, au contraire, élus en raison des réformes qu'ils promettront de réaliser et ne seront réélus que s'ils tiennent leur engagement.

Au lieu de circonscrire le mouvement électoral dans un cercle étroit d'intérêts presque privés, le suffrage au bulletin de liste nationale transformera la plate-forme électorale en l'étendant à la nation et en faisant place à toutes les combinaisons réclamées par la liberté.

Jusqu'ici, en tous pays, les élections ont pour but le triomphe des partis politiques les uns sur les autres, à l'exclusion des classes prolétariennes.

Avec le scrutin de liste nationale, les électeurs auront pour principal objet les questions d'économie sociale ; les partis politiques s'effaceront avec leurs prétentions, pour faire place aux préoccupations tendant à réaliser le bonheur du peuple.

Le suffrage universel s'évertuera à faire reconnaitre et défendre ses droits par les moyens pacifiques d'une représentation vraie et sincère, représentation qui s'obtiendra par l'application libre des théories faites sur les différents modes d'élection et de représentation, lesquelles trouveront place dans le vote national, comme je vais le démontrer.

XII. -- La Représentation proportionnelle.

Beaucoup de bons esprits, ennemis des despotismes et des volontés qui s'imposent, s'inspirant des principes d'équité et de justice, estiment que la représentation devrait être proportionnelle à l'importance des volontés de la nation.

L'idée de la représentation proportionnelle est certainement fondée en équité politique, mais la justice ne peut s'appliquer que dans les milieux et les conditions qui lui sont propres, c'est-à-dire conformes au droit et à la vérité. Or, les théories sur la représentation proportionnelle n'ont pu, jusqu'ici, aboutir, parce que la vérité n'a pas encore été introduite dans nos mœurs politiques en fait de droit de suffrage, ce droit même n'ayant encore été ni compris ni, par conséquent, respecté.

Partout, les lois soumettent le suffrage, les électeurs et les élections à des conditions et à des règles qui sont un obstacle à la réalité de la souveraineté du peuple et à l'exercice libre du droit de suffrage.

Tout le monde sait que, dans le cas de majorité absolue, la moitié plus un des électeurs nomme les députés, et que la moitié moins un ne nomme rien du tout. Dans ce cas, la moitié des électeurs est donc obligée de subir l'élection que lui impose l'autre moitié et d'être, par conséquent, privée de représentation.

Un autre inconvénient se produit lorsque deux partis sont à peu près en balance dans une élection. Il suffit qu'un troisième parti de quelque importance présente une liste aux électeurs pour compromettre le résultat du scrutin le jour de l'élection, et donner lieu à un scrutin de ballotage.

Dans le cas d'élection à la majorité relative, le fait est bien plus grave. En effet, si trois opinions se partagent le scrutin, le parti qui aura un peu plus du tiers des voix s'impose aux deux autres tiers ; et si quatre opinions ou davantage sont en présence, une minorité infime peut imposer son choix à la masse.

La représentation proportionnelle procède d'une autre manière. Elle a pour base le nombre des électeurs de chaque opinion et de chaque nuance d'opinion ; elle se présente donc comme un desiderata de justice que, jusqu'ici, le mode de suffrage en usage a complètement sacrifié. Le suffrage universel fonctionnant sous le régime du scrutin de liste nationale remédierait aux inconvénients de la majorité absolue et à ceux bien plus graves encore de la majorité relative, en faisant place à la représentation proportionnelle dans la plus large étendue.

Jusqu'ici, la représentation proportionnelle est restée en défaut parce que, dans tous les modes d'application imaginés pour elle, on a essayé de l'adapter à des habitudes électorales qui avaient toutes le défaut de sacrifier la liberté du suffrage. On ne s'est pas élevé à l'idée d'unir la représentation proportionnelle au groupement libre des électeurs. On a toujours cherché à faire mouvoir la représentation proportionnelle dans le cercle étroit des circonscriptions électorales, d'un nombre limité de listes et d'un nombre insuffisant d'électeurs.

Les procédés, les calculs et les systèmes de votation qu'on a proposés ou appliqués sont, généralement, difficiles à comprendre et, dans tous les cas, gênants et embarrassants pour les électeurs.

L'électeur est membre du corps souverain ; tout doit lui faciliter l'exercice de son droit. Il fait choix de ses candidats, il a du papier devant lui ; il écrit leurs noms et compose sa liste comme il l'entend ; il porte ce bulletin dans l'urne. De quel droit, si l'on veut respecter la liberté du suffrage, refuserait-on ce bulletin pour obliger l'électeur à écrire les noms de ses candidats sur un papier spécial, d'après des règles auxquelles il ne comprend rien et qu'il ne veut même pas apprendre ?

Cela va à contre-sens de la liberté du vote et, en cherchant des garanties par de tels moyens, on tombe dans des abus aussi graves si ce n'est plus graves que ceux qu'on veut éviter.

La liberté du suffrage réclame pour l'électeur la faculté de composer son bulletion à son gré, en toute indépendance des personnes et des règles quelles qu'elles soient.

La difficulté d'établir une base suffisamment fixe devant servir à la représentation proportionnelle, a été jusqu'ici le plus grand obstacle à l'adoption de ce principe de représentation.

Rien n'est plus difficile, en effet, que de classer les électeurs dans de prétendues catégories pour lesquelles s'établirait la proportionnalité, lorsque ces catégories ou les listes qui les représentent sont elles-mêmes des fictions établies en violation des droits que l'électeur doit trouver dans le suffrage.

L'électeur doit pouvoir distribuer et partager ses votes comme il le juge à propos. Au contraire, toutes les théories de représentation proportionnelle ont eu, jusqu'ici, l'inconvénient de placer l'électeur sous une discipline qui ferait de lui un soldat bien plus qu'un membre du souverain.

Le corps politique ne doit pas être divisé en fractions par la loi. C'est le vote, ce sont les électeurs qui doivent seuls établir ce fractionnement.

Il faut réaliser la libre expression du suffrage. On ne peut assujettir l'électeur à des règles électorales sans lui enlever cette liberté.

Serait-il possible, par exemple, de considérer, comme divisions rationnelles et durables, les qualifications accidentelles et éphémères de républicains, radicaux, modérés, conservateurs, socialistes, monarchistes, impérialistes, etc., en ce qui concerne la France; de radicaux, libéraux, catholiques, indépendants, en ce qui concerne la Belgique ; de Whigs,Torys,etc..pour l'Angleterre; toutes classifications accidentelles dont on cause néanmoins très-gravement pour asseoir des systèmes électoraux, assigner des places aux partis, en déterminer le nombre ou l'importance.

La seule méthode rationnelle pour établir un système électoral, durable et véridique, c'est de se baser sur l'exercice bien compris de la souveraineté du peuple.

Avec le scrutin national, la plupart des mesures proposées concernant les listes deviennent sans objet.

L'unité de collége avec le scrutin de liste nationale a cet immense avantage de permettre de constituer, dans le sein de la nation, autant de sous-colléges électoraux qu'il y a de partis, de fractions de partis,d'opinions et d'intérêts distincts. Ces sous-colléges s'établissent d'eux-mêmes par l'essor naturel de la liberté.

Admettons, par exemple, une idée sociale, bonne et viable, mais ne possédant à son origine qu'un nombre très-limité de partisans, lesquels sont épars sur toute l'étendue de la nation. Avec les scrutins de circonscriptions, ces partisans sont contraints de passer presque inaperçus et de rester sans représentation au corps législatif; tandis qu'avec le scrutin de liste nationale, tous les citoyens professant une même opinion peuvent se liguer, d'un bout à l'autre du pays, se concerter et convenir d'une liste pour laquelle ils voteront tous. De sorte que les minorités éparses peuvent arriver à réunir quelques centaines de mille voix et, par leur entente, envoyer à la Chambre un petit groupe de députés.

En admettant même quelques divergences dans les bulletins, les partisans des idées nouvelles auraient toujours chance, avec le système que je propose, de voir arriver à la Chambre les noms les plus notoirement connus de leur parti.

Le scrutin de liste nationale est donc le moyen le plus complet, le plus parfait pour permettre la cohésion, le ralliement des minorités et leur donner la possibilité d'exercer leur part d'influence sur les lois du pays. Et il produit cela sans calculs ni formalités préalables, calculs et formalités qui ont toujours l'inconvénient d'être des entraves au suffrage et de prêter à l'arbitraire.

XIII. -- Le bulletin cumulatif.

Si l'on veut même pousser la représentation des minorités jusqu'à ses dernières limites, on peut, avec le scrutin de liste nationale, aller jusqu'à rendre possible aux idées naissantes de se faire représenter par un seul député ou par plusieurs, en permettant aux électeurs de grouper leurs votes sur un ou plusieurs candidats.

On arrive à ce résultat par le bulletin cumulatif.

Expliquons le cas.

Le bulletin cumulatif consiste dans la faculté laissée à l'électeur de disposer de toutes les voix auxquelles il a droit, en faveur d'un même candidat. En principe, le vote accumulé est la conséquence de la liberté du vote et du droit électoral rationnellement compris et étendu à sa plus grande limite. Il est bon de remarquer que la liberté laissée à l'électeur de disposer des voix auxquelles il a droit, en faveur d'un seul candidat ou de plusieurs, est parfaitement conforme à l'équité et à la justice. L'électeur peut donner ses dix votes au même candidat au lieu de voter pour dix personnes; il peut également partager ses votes d'une manière quelconque en un autre nombre de candidats, sans porter aucun préjudice ni aucune atteinte au droit des autres électeurs. L'électeur, en favorisant un seul candidat, abandonne à ses concitoyens la faculté d'en favoriser neuf; les minorités et les majorités se font donc équilibre dans la juste proportion de leur nombre, sans que nul citoyen empiète sur le droit d'aucun autre.

Si l'on divise le chiffre de dix millions d'électeurs par 500, nombre de députés à élire, on obtient vingt-mille voix par député, comme quotient général. Mais si l'on admet le bulletin cumulatif, vingt mille électeurs pouvant porter dix fois le même nom sur leur bulletin, seraient en mesure de donner deux cent mille voix à un seul candidat. C'est là un quotient électoral minimum raisonnable pour une élection au scrutin de liste nationale, puisqu'il permettrait la représentation à une opinion n'ayant en France qu'une moyenne de 230 électeurs par département.

On voit, par cet exemple, combien facilement la représentation proportionnelle peut être étendue et pratiquée avec le scrutin de liste nationale.

On pourrait considérer comme élus au premier tour du scrutin la moitié des députés pris parmi ceux qui auraient obtenu le plus de voix au-dessus de 200.000, chiffre que, du reste, le législateur pourrait modifier et déterminer suivant les besoins révélés par le suffrage universel lui-même.

Le bulletin cumulatif ou le vote accumulé trouve donc aussi son emploi le plus rationnel et le plus étendu sous le régime du vote national par bulletin de liste. C'est la preuve la plus évidente que ce vote permet la représentation proportionnelle à tous les degrés, et qu'il se prête à toutes les combinaisons électorales laissées cette fois à la libre initiative et à la volonté des électeurs.

Le scrutin de liste nationale donne donc satisfaction à tous les systèmes électoraux proposés jusqu'ici; il se prête à toutes les garanties cherchées pour amener l'équité et la justice dans les élections. Il répond à toutes les formules de représentation, sans imposer à l'électeur aucune étude préalable pour l'exercice de son droit. L'électeur fait ou fait faire son bulletin; il y inscrit dix votes comme il l'entend, et il porte ce bulletin dans l'urne.

Par cette simple opération, le vote national donne satisfaction à toutes les opinions et à tous les partis, dans la proportion du nombre de leurs partisans, si l'accord des volontés de ceux-ci le permet. Le vote est enfin la représentation fidèle de l'état des esprits, des opinions et des partis.

XIV. — Le mandat impératif.

Toutes les formes de suffrage trouvent place dans le scrutin national. Le mandat impératif lui-même si embarrassé pour s'introduire dans nos mœurs électorales peut, avec le scrutin de liste nationale, recevoir une application rationnelle impossible à trouver dans le fonctionnement actuel du suffrage.

Voyons comment les choses se passent présentement.

Supposons une circonscription électorale du suffrage restreint sous une forme quelconque. Un corps d'électeurs, adeptes fervents d'une doctrine politique ou sociale, a devant lui un candidat partisan de cette doctrine. Les électeurs font à ce candidat la condition impérative de produire et défendre la doctrine qui leur convient ou de résilier son mandat, s'il vient à changer d'avis.

Ce candidat est élu. De deux choses l'une : ou il est de bonne foi et alors l'engagement était inutile, le député n'étant pas homme à trahir ses convictions; ou il est de mauvaise foi, et alors il restera député quand même, jusqu'à l'expiration de la législature. Dans les deux cas, le mandat impératif n'aura eu qu'une bien faible influence.

Mais si les électeurs, au lieu d'être restreints dans l'exercice de leur droit de vote, par la circonscription électorale, et de conférer à leur député un mandat de plusieurs années, pouvaient exercer leur action sur la France entière et exprimer en fin d'exercice, par le renouvellement annuel, leur avis sur la façon dont leur député aurait rempli son mandat, ils pourraient s'entendre soit pour renforcer son action en lui adjoignant un second député, soit pour maintenir à la Chambre un représentant de leur opinion, si le premier avait contrevenu à leurs désirs; sauf, en outre, à ne plus donner leurs voix, l'année suivante, au mandataire infidèle.

Comme on le voit, le scrutin de liste nationale facilite l'application du mandat impératif.

Mais, sous ce nouveau régime, ces mêmes électeurs, au lieu d'être embarrassés pour choisir dans une circonscription limitée un représentant de leur opinion, ayant la France entière ouverte devant eux acclameraient, le plus souvent, leurs maîtres en politique et, bien loin d'imposer à leur chef de file un mandat défini, ils le suivraient dans sa conduite à la Chambre et tireraient enseignement des actes mêmes qu'ils lui verraient accomplir, pour le triomphe ou le développement de leurs idées communes.

Néanmoins, si l'on voulait encore pratiquer le mandat impératif sous le régime du scrutin national, la chose serait facile. Il suffirait à un parti de s'organiser, d'avoir un comité central donnant ses avis à des comités locaux, lesquels agiraient sur toute la France en faveur des candidats qui accepteraient le mandat impératif. Le comité central se réunirait toutes les fois qu'il le jugerait à propos, pour recevoir les communications que le ou les députés au mandat impératif auraient à lui faire sur leur ligne de conduite.

Dans l'état actuel de l'organisation du suffrage universel, le mandat impératif pêche par la base; car son application suppose le scrutin uninominal de circonscription. Or, ce mode de scrutin est absolument condamné par l'expérience. Refaire ce que le despotisme de l'Empire nous a imposé n'est pas un progrès. Après avoir fait des députés les valets du despotisme, le scrutin de circonscription en ferait les valets des coteries, non pour le bien des législatures, mais pour conduire les électeurs et les élus à toutes les tentations de la corruption individuelle et, par contagion, à la corruption du pays tout entier.

Le mandat impératif, quoiqu'on en ait pu penser, serait avec le régime des circonscriptions électorales l'asservissement du député à quelques meneurs, bien ou mal intentionnés ; car, on se servirait du mandat impératif de toutes les manières, autant et plus pour le mal que pour le bien. Le mandat impératif avec les circonscriptions électorales serait la représentation à deux degrés, les meneurs imposant aux mandataires, tout ce que les intérêts égoïstes savent imaginer sous un régime de suffrage oligarchique.

Du reste, ce ne sont pas quelques individus qui doivent avoir autorité pour juger les actes du député mais la nation tout entière, parce que les députés font œuvre nationale. Oui, il faut que tous les députés soient jugés par le suffrage universel tout entier. Le scrutin de liste nationale est seul capable de ce verdict.

Ce ne serait pas en obligeant le député à venir devant un groupe d'électeurs s'expliquer sur ce qu'il a fait à la Chambre qu'on rendrait la Chambre elle-même plus capable de nous donner une bonne législation.

Les assemblées délibérantes se réunissent pour s'éclairer par la discussion et pour prendre des décisions sur les questions de leur ressort. Ces décisions sont prises à la majorité. Aucune décision ne pourrait avoir lieu, si chaque député se renfermait dans un mandat défini sur toutes les questions. Le mandat ne peut donc s'entendre que du but que l'élu doit poursuivre pour répondre aux intentions de ses électeurs, mais en conservant la faculté d'en chercher les moyens. Le mandat implicitement compris dans l'élection du député, c'est de travailler dans l'intérêt général du peuple, c'est d'agir en vue du bien de tous. Tout député qui donne à son mandat un autre but que celui du bien général commet une faute, si ce n'est un crime.

Pour qu'un corps délibérant puisse travailler et faire un bon travail, il faut que, par la discussion, l'unité d'action puisse s'établir. Or, l'unité d'action ne serait pas possible, si le peuple envoyait à la Chambre des mandataires ayant des mandats impératifs absolus.

Ce n'est donc pas le mandat impératif qui sera la solution de la véritable organisation du suffrage, ce sera le mandat national, le mandat donné par tout le corps électoral, au moyen du scrutin de liste nationale, et avec renouvellement partiel annuel. Comme nous l'avons dit, ce système pourra comporter le mandat impératif pour les fractions du corps électoral qui le voudront ainsi; mais, ce sera surtout le programme en vertu duquel le député se présentera et aura été élu qui servira à le faire juger et apprécier. Lorsqu'un député se présentera devant le suffrage universel de la nation, les électeurs sauront s'il a rempli les promesses qu'il avait faites, s'il s'est conformé au programme qu'il s'était lui-même tracé et, dans le cas où il aurait failli à ce mandat, il sera impitoyablement écarté; car, les électeurs ne manqueront plus de candidats.

Le scrutin de liste nationale avec renouvellement annuel de la moitié des Chambres répond donc, par un moyen rationnel, à l'intention de contrôle qu'ont en vue les électeurs qui proposent le mandat impératif; et il le fait en respectant la liberté, chose la plus précieuse pour l'électeur comme pour l'élu.

Mais, avec le scrutin de liste nationale, le mandat impératif fera place à une pratique supérieure: Les électeurs, au lieu d'imposer un programme au candidat, choisiront le candidat en raison de ses mérites, de ses talents et de ses opinions. Ils appelleront à les représenter des hommes incarnant des idées, ce qui vaut mieux et est infiniment plus sûr que d'obliger des candidats à se charger de la défense d'idées avec lesquelles ils ne sont pas en accord le plus souvent.

XV. — La législation directe.

La législation directe (1), qu'il n'entre pas dans mon sujet de développer ici, est un mode d'intervention des citoyens dans la confection des lois, mode plus rationnel que celui du mandat impératif et de beaucoup supérieur. La législation directe consiste à soumettre au suffrage des citoyens la loi élaborée et discutée par le corps législatif. Les électeurs se prononcent par *oui* ou *non* sur l'adoption ou le rejet de cette loi. De cette façon aucune loi contraire au sentiment public ne peut être promulguée dans la nation ; le peuple souverain a la sanction définitive des lois qui touchent à toutes les institutions sur lesquelles il veut se réserver le veto.

Le régime de la législation directe a cet avantage d'obliger l'assemblée législative à tenir compte, par avance, de l'opinion publique, sous peine de voir rejeter les lois qu'elle propose. C'est donc un motif pour les législateurs d'étudier les lois avec impartialité et de chercher à satisfaire aux vœux de la nation.

Mais, dans un grand pays, les lois d'ordre secondaire sont nombreuses ; le peuple nomme ses mandataires pour qu'ils expédient avec célérité toutes les affaires urgentes. Les lois d'ordre administratif n'ont pas besoin d'être soumises à l'acceptation du peuple souverain. C'est dans les élections annuelles qu'il apporte les correctifs nécessaires au gouvernement du pays. Par conséquent, adopterait-on le régime de la législation directe, que cela n'enlèverait rien à l'utilité sociale du scrutin de liste nationale et du renouvellement partiel, annuel, des corps élus. Ce mode de scrutin et de renouvellement est toujours, même avec la législation directe, le plus sûr élément de contrôle du peuple sur ses mandataires et le moyen le plus efficace d'entretenir l'émulation et la vie dans toutes les fonctions nationales.

XVI. — Du nombre des députés.

Avant de terminer ces études sur le suffrage universel, il me reste une question à poser : Est-il nécessaire, dans une nation comme la France, d'avoir 500 députés pour faire de bonnes lois ?

(1) La législation directe est particulièrement traitée dans mon ouvrage : *Le Gouvernement.*

N'est-il pas évident que, dans l'état actuel de notre pays, une centaine d'hommes doués des qualités nécessaires gouverneraient mieux la France que nos députés dont 480 sont en quête des intrigues fomentées par les vingt autres, pour savoir à quel saint ils doivent se vouer.

Mais, ne suffirait-il pas que les députés fussent en nombre suffisant pour composer autant de comités de dix membres qu'il y aurait de Ministères dans la nation, soit :

1° Affaires intérieures ;
2° Affaires étrangères ;
3° Finances, Crédit, Mutualité nationale ;
4° Travail, Industrie, Commerce et Agriculture;
5° Instruction publique, Sciences et Arts ;
6° Travaux publics;
7° Postes et Télégraphes ;
8° Justice ;
9° Défense nationale;
10° Marine.

Dix ministères avec chacun un comité de dix membres, soit cent députés, au lieu de 500 et même de 800, car les sénateurs n'auraient plus de raison d'être avec le scrutin national.

Ce nombre de représentants serait certainement suffisant pour bien étudier les lois et toutes les réformes nécessaires, surtout si l'on soumettait les lois à la sanction du peuple. Alors, la nation pourrait, avec grande économie, faire à ces députés une position plus respectable et, par conséquent, attendre d'eux des travaux sérieux et approfondis.

Les élections feraient connaître les lois attendues par le pays. Les journaux ne manqueraient pas ensuite, au cours des législatures, de signaler quelles commissions retiendraient ces lois dans leurs cartons ; quels rapporteurs ne déposeraient pas leurs rapports et, sous la puissance du contrôle annuel exercé par le suffrage universel, on ne verrait plus des assemblées de 800 personnes siéger pendant 4 années, et n'avoir fait que des travaux presque insignifiants pendant une aussi longue législature.

Une assemblée législative de cent membres nommée sous le régime du scrutin de liste nationale et du renouvellement annuel par moitié, ferait plus, en six mois, que ne font aujourd'hui les huit cents députés et sénateurs pendant une législature de quatre années !

Lorsqu'on se préoccupe des prétendues difficultés pratiques du scrutin de liste nationale à cause du nombre de députés à élire, c'est bien le cas de se demander si ce nombre est réellement nécessaire; si, au contraire, il n'est pas un obstacle à la bonne administration, à la bonne direction des affaires publiques et à l'élaboration des réformes utiles?.

Que le grand nombre des députés ait sa raison d'être sous les gouvernements autoritaires, cela se conçoit; c'est un contre-poids que la nature des choses impose aux nations pour résister au despotisme monarchique, lorsque le moment s'en fait sentir.

Mais dans une civilisation où le gouvernement d'un seul a fini son temps, où le peuple s'est élevé au sentiment de son droit souverain, où il a conquis l'exercice du suffrage universel, afin de donner aux citoyens les plus capables et les plus intelligents le mandat de gouverner les intérêts moraux, intellectuels et matériels de la nation, le point le plus important n'est-il pas surtout de faire arriver au pouvoir les hommes véritablement capables d'embrasser tous les intérêts nationaux.

J'estime donc que cent députés, nommés sous le régime électoral que je propose, seraient plus propres à constituer le gouvernement progressif d'une nation, que les 500 députés et les 300 sénateurs que nous avons aujourd'hui.

Il est bien entendu que je n'émets cette opinion qu'à titre de simple remarque et que le scrutin de liste nationale peut s'appliquer tout aussi bien au nombre de cinq cents députés qu'à celui de cent, si un examen plus approfondi faisait reconnaître que le grand nombre des députés est nécessaire à une bonne représentation du pays. Mais, jusqu'à ce que cela soit démontré, j'estime que nos législateurs pourraient être beaucoup moins nombreux qu'ils ne sont actuellement.

XVII. -- Comment les députés seront réellement les exécuteurs de la volonté du peuple.

Si l'on examine ce dont est capable un homme intelligent, travaillant avec maturité et méditation, on est en droit de rechercher pourquoi les assemblées nombreuses deviennent impuissantes à rien produire.

L'incapacité, l'impuissance parlementaires tiennent à ce que la plupart des députés ne sont mus que par des sentiments de prépondérance, d'ambition ou d'intérêts individuels; aucune pensée patriotique ni sociale n'anime leur esprit. Le bien du pays, en vue duquel ils ont été élus, est complètement éclipsé chez eux par l'amour des vanités mondaines ou le souci des intérêts personnels.

Il est pourtant un exemple d'une assemblée qui a fait des prodiges de législation, c'est la Convention nationale.

Pourquoi en a-t-il été ainsi? C'est que, sous la pression des événements, les députés du peuple étaient obligés de s'occuper des intérêts de la nation pour la nation elle-même.

Alors, les questions personnelles n'étaient pas en éveil. Sous la poussée des besoins publics, les députés ne songeaient qu'aux intérêts de la patrie. Les questions de personnes ne venaient pas prendre place dans leurs délibérations; les questions nationales absorbaient toute leur attention. Voilà pourquoi la Convention a été si prodigieusement remarquable. Mais, dès que les compétitions, dès que les questions individuelles eurent pris, dans l'esprit des représentants du peuple, la place des questions nationales et patriotiques, tout fut perdu.

Le secret de la réforme parlementaire consiste donc à bannir des assemblées législatives les causes qui entraînent les députés du peuple à donner à leur ambition individuelle la prépondérance sur le dévouement aux intérêts du pays.

Il faut que l'entraînement au bien social soit permanent; il faut que le député se sente constamment sous le regard de ses électeurs et sous le coup des obligations que lui crée son programme.

Pour cela, il faut que la nation française inaugure le plus vite possible le scrutin national et le renouvellement annuel comme étant les deux seuls moyens par lesquels on pourra :

1° Mettre le corps législatif à l'unisson des véritables besoins sociaux.

2° Maintenir le député dans la pensée constante d'accomplir ses devoirs de mandataire du peuple et de remplir le programme qui a été la cause de son élection.

3° Empêcher que le mandat de député ne devienne un instrument propre à servir les ambitions individuelles au lieu de servir les intérêts du pays.

En établissant le scrutin de liste nationale et le renouvellement annuel, la France montrera vite à l'Europe étonnée ce que peut la République pour le bonheur des peuples, et l'Europe se fera républicaine.

GODIN.

Fondateur du Familistère, Ancien Député.

L'un des Gérants : A. DOYEN. — Guise. — Imp. Baré.

ÉTUDES SOCIALES

N° 1 - Le Familistère, - brochure illustrée contenant cinq vues du Palais social et de ses dépendances, fait connaître les résultats obtenus par l'Association du capital et du travail fondée au Familistère, association ouvrière au capital de 4.600.000 francs . . . . 0 fr. 40

Dix exemplaires 2 fr. 25

N° 2 - La Réforme électorale et la Révision constitutionnelle . . . . . 0 fr. 25

N° 10 - Scrutin national au bulletin de liste et renouvellement partiel annuel 0 fr. 25

Ces deux études indiquent le moyen pratique de donner au suffrage universel, la liberté de ses mouvements par des dispositions vraiment démocratiques ; elles démontrent que c'est là le premier pas à faire pour la consolidation des institutions républicaines ; que sans la réforme du système électoral qui sert aujourd'hui à la composition des deux grands corps de l'Etat, l'impuissance législative ne fera que s'accentuer et qu'on ne pourrait, alors, attendre la réforme du régime parlementaire que d'événements imprimant à la volonté des hommes de nouvelles directions.

N° 3 - L'Arbitrage international et le Désarmement européen . . . . . . 0 fr. 25

Exposition de ce que coûte aux nations le régime de la paix armée; démonstration du jour véritable sous lequel les peuples doivent aujourd'hui envisager la guerre. Les raisons qui militent en faveur de l'arbitrage international pour le règlement des difficultés entre nations, et le tableau de nombreux différends déjà résolus par l'arbitrage sont exposés dans cette brochure.

N° 5 - Associations ouvrières - Enquête de la commission extra-parlementaire au ministère de l'intérieur. Déposition de M. GODIN, fondateur de la Société du Familistère de Guise. . 0 fr. 25

Cette brochure contient un exposé du fonctionnemnnt des services industriels et sociaux dans l'association du Familistère.

HÉRÉDITÉ NATIONALE

Cinq **Études sociales** sont consacrées à la question d'*Hérédité nationale*. Elles portent les numéros et titres suivants :

N° 4 - L'Hérédité de l'État ou la Réforme des impôts . . . . 0 fr. 25

N° 6 - Ni Impôts, ni Emprunts — L'Hérédité de l'État, base des ressources publiques 0 fr. 25

N° 7 - Travail et consommation par l'hérédité nationale . . . . 0 fr. 25

N° 8 - L'Hérédité nationale, objections questions et réponses . . . . . . 0 fr. 25

N° 9 - Extinction de la misère par la mutualité nationale . . . . . . 0 fr. 25

auxquelles il faut joindre, si l'on veut avoir tout ce qui a été écrit sur la question :

Mutualité nationale contre la misère. --- brochure de 130 pages, extraite du volume de M. GODIN « *Le Gouvernement* » et terminée par une proposition de loi. . . . . 1 fr. 50

Ces études se recommandent à l'attention de tous les penseurs par cette raison fondamentale qu'elles indiquent un moyen sûr et pacifique de se procurer les ressources publiques faute desquelles tout progrès est entravé, toute réforme sociale même comprise et acceptée rendue impossible.

L'institution de l'hérédité nationale sur les bases proposées par M. Godin, c'est-à-dire concurremment avec l'organisation de la mutualité nationale, nous fait entrer de suite, sans confiscation des biens de personnes, sans préjudice porté à qui que ce soit, sans conflits d'aucune sorte, dans la voie de la pacification sociale et de la sécurité pour tous, non-seulement pour les classes laborieuses exposées aujourd'hui à la misère si le travail leur fait défaut ; mais, aussi, pour les classes riches qui ne peuvent sans danger voir monter autour d'elles le flot croissant du paupérisme.

www.ingramcontent.com/pod-product-compliance
Ingram Content Group UK Ltd.
Pitfield, Milton Keynes, MK11 3LW, UK
UKHW031923260826
14628UKWH00003B/1370

9 782013 558136